日本現代詩散策

日本現代詩散策

金光林 著

푸른사상

1995년 11월 22일 세이쥬(靑樹)사에서 간행된 세계시인총서⑤ 시라이시(白石)가즈코편 『キムクヮンリム』(金光林)시집』 출판기념회에서 한국현대시를 강연하는 모습.

필자의 일역시 출판기념회에서 축사를 하는 일본의 대표 여류시인 신카와 가즈에(新川和江 1929~)

1970년 서울에서 개최된 국제 펜대회때 내한한 기타가와 후유히코(北川冬彦 1900~1990)옹과 첫대면, 그후 자택을 세차례나 방문했다.

1993년 일본의 국제적인 여성시인 시라이시(白石)가즈코(우측1931~)의 안내를 받아 일본 전후시의 대표 다무라 류이치(田村隆一 1922~1998)의 자택을 방문, 장시간 음주 환담했다.

1992년 도쿄(東京) 다이아몬드 호텔 커피숍에서 일본 민주1세대 대표시인 다니까와 슌따로(谷川俊太郎 1930~)와 대담. 옆에서 권태명이 속필

일본 최대의 시 동인체「지큐(地球)」의 리더인 아키야 유타카(秋谷 豊 1922~)와는 1979년 서울에서 개최된 세계시인대회 이래 해마다 베풀어지는 지큐시제를 통해 친교를 도모해 왔다.

일본의 원로시인 이와세 마사오(岩瀨正雄 1907~)옹 9순때 도요바시(豊橋) 시립전시장에서. 우측은 동인지「ゆすりか」발행인 후지모리 사토미(藤森里美 1941~)와함께.

아시아의 3형제 시인으로 알려진 중앙의 천치 엔우(陳千武 1922~)우측의 다카하시 기쿠하루(高橋喜久晴 1926~) 그리고 좌측이 필자 김광림(金光林 1929~)

기지마 하지메(木島始)의 양띠 연하장의 전각

日本現代詩散策

머리말

지난 2000년 8월 15일에 나는 ≪日本現代詩人論≫ 발간을 앞두고 이에 대한 〈머리말〉을 쓴 바 있다.
그 속에서 나는 이런 말을 했다. "지난 1960년대 후반부터 일본 시인들과의 교류가 시작되면서 한·일 양국 현대시를 소개하기 시작했다."고 피력하면서 월간 ≪現代詩學≫에다 1990년대 중반에서부터 3년 가까이 〈日本現代詩散策〉을 연재한 사실도 언급하고 있다. 그런데 여기에서 말하는 일본현대시 산책은 일본의 昭和, 戰後의 중요 시인들 19명을 나름대로 본격적인 〈詩人論〉으로 다뤄보느라 했는데 이번에 펴내는 ≪日本現代詩散策≫은 그야말로 가벼운 산책기분으로 다룬 것들이라 하겠다.
여기에서는 주로 일본의 가장 큰 동인체인 〈地球〉에서 해마다 베푸는 행사나 아시아 시인회의 및 세계시인대회에서 사귄 시인들을 나름대로의 안목으로 다룬 그들의 작품세계랄까. 그러고 보니 詩人論에 버금가는 것은 한, 둘뿐이고 인터뷰나 대담을 비롯해서 인상기와 촌평도 없지 않다.
내가 최초로 만난 외국시인 北川冬彦와 일본 전후시의 큰 별 田村隆一는 이미 고인이 되었지만 나머지 시인들은 새로운 세기를 맞아 더욱 활기를 띠고 있다. 즉 90대중반의 岩瀨正雄를 위시하여 80대, 70대 시인이 대부분이고 최연소자가 本多 壽인데 모두 쟁쟁한 현역들이다.

  나는 이 책에서 직·간접적으로 친분이 두텁거나 사소한 교분이라도 있는 시인 40명 가까이 다뤄보았다. 발표 지면은 주로 월간 문예지 ≪文學과 創作≫이었다.

  이 일본 현대시 산책은 내가 절필하는 순간까지 지속할 생각이지만 막상 지금까지 써온 글을 한 권의 책으로 묶으려니까 시대적인 격차가 있어(대체로 80년대부터 써온 글이어서) 이에 대한 독자의 양해를 바라 마지 않는다.

20003년 4월 5일

저자 씀

차 례

머리말 · 2

I	일본 전후시의 동향 — 동인지 활동을 중심으로 9
	내가 만난 일본의 시인들 19
	출생지(原鄕)란 무엇인가 — 세 일본 시인들의 경우 33
	90代 현역 시인들의 詩作 — 6개월 앞을 생각지 않는다 49
	일본 시인들 무엇을 어떻게 쓰고 있는가 59

II	내가 최초로 만난 외국 시인
	— 北川冬彦와의 한 時間과 그 이후 99
	이데올로기는 좋아하지 않는다 — 田村隆一와의 한나절 114
	물건으로서의 노예의 즐거움 — 孤口難防의 시인, 田村隆一 124
	공포와 전율의 충격적인 비전
	— 일본의 문제 시집 ≪四千의 날과 밤≫ 139
	어른도 아이도 함께 읽는 시
	— 민주 1세대의 대표 시인 谷川俊太郎 142

Ⅲ	국제적 유대와 폭넓은 시도 — 다재다능한 木島 始 ……………… 153
	知的이며 動的인 유닉한 시인 — 일본의 新遊牧民, 長谷川龍生 … 167
	1998년의 神話를 쓴 국제감각 — 지역과 인종을 초월한 白石 가즈코 180
	이제야 듣는 양심의 소리 ………………………………………… 187
	동정 아닌 분노, 약자와의 일체감 ……………………………… 190
	종군위안부를 다룬 속죄시 ………………………………………… 203

Ⅳ	生과 死의 불굴의 시인 — 岩瀨正雄의 노익장 ………………… 217
	소설과 시의 뛰어난 양수걸이 — 伊藤桂一의 시집 ≪개나리 띠≫ … 229
	邊境에의 志向 — 秋谷 豊와의 첫 대면 ………………………… 236
	求道者的 파토스의 詩 — 高橋喜久晴 소묘 ……………………… 245
	詩로서 맞선 죽음 — 藤本直規의 경우 …………………………… 251

Ⅴ	인생파의 詩人 — 小海永二에 대하여 …………………………… 265
	고집스레 천착해 가는 자기 세계 — 木津川昭夫와 片岡文雄 …… 272
	1998년도 '地球賞' 수상 작품 — 尾花仙朔, 柴田三吉의 시 ……… 286
	일본 시인들이 다룬 이산의 아픔 ………………………………… 295

◐ 찾아보기 • 321
◐ 韓 · 日 現代詩 交流의 私的 斷面 ● 交流 年譜 • 325

I

일본 전후시의 동향
내가 만난 일본의 시인들
출생지(原鄕)란 무엇인가
90代 현역 시인들의 詩作
일본 시인들 무엇을 어떻게 쓰고 있는가

일본 전후시의 동향
― 동인지 활동을 중심으로

　일본의 전후시하면 일본의 패전이나 전후의 현실에 영향을 미친 젊은 시인들, 이를테면 새로운 의미와 독자성을 가지고 등장한 신인들의 시세계를 말한다. 일본의 전후시는 전 세대 즉 1920년대와 30년대의 모더니즘과 리얼리즘에 대한 역전적 계승으로 나타나 있는데 전후 10년 동안에 가장 활기찬 활동을 보인 시인은 '荒地' 그룹을 비롯해서 '日本未來派', '列島' 그룹에 속해 있는 동인들이라 할 수 있다.
　이들 전후시의 특징적인 경향을 한마디로 집약한다면 사회적인 주제 내지는 제재와의 적극적인 실랑이라고 말할 수 있겠는데 그 중에서도 가장 전후의 주제를 통일적이라기보다 결정적으로 나타낸 것은 '荒地' 그룹이라 하겠다.

'荒地' 그룹의 전후의식

　이들이 51년에 간행한 시지 ≪荒地≫에 의하면 권두에 〈X에의 獻辭〉

라는 공동의 선언문을 싣고 있는데 전후의 새로운 상황 속에 살고 있는 시인은 어떻게 존재해야 할 것이냐의 문제를 다루고 있다.

이들은 현대를 황지라 보고 "파멸에서의 탈출, 망하는 데 대한 항의는 우리들에게 있어서 자기의 운명에 대한 반역적 의지이며 생존 증명이기도 하다. 우리들에게나 너에게 미래가 있다면 현재의 삶에 절망하지 않는 데 있다"고 말한다. 그리고 "평안을 모른다는 것, 질문한다는 것, 주의력의 기관인 귀를 예민하게 작동시키고 스스로 삶의 인식을 깊이 하기 위해 끈질기게 지적 탐구를 지속해 간다는 것—이렇듯 절실한 노력에 의해 우리들은 현대의 황지에 맞서 가지 않으면 안된다"고 새로운 인간성 탐구에의 결의를 보이고 있다.

이 그룹에 소속된 주요 시인은 鮎川信夫, 田村隆一, 三好豊一郎, 中桐雅夫, 木原孝一, 北村太郎, 黑田三郎 등인데 이들도 戰前에는 모름지기 ≪新領土≫나 ≪VOU≫ 등 모더니즘의 흐름 속에서 시를 쓰고 있었다. 이 그룹은 시의 전체성 회복, 즉 과거의 모더니즘을 새롭게 비판하는 데서 출발하고 있다. 다시 말하면 전전의 모더니즘의 시에서는 시인의 내부 세계와 외부세계의 상관관계에는 거의 아랑곳하지 않았지만 ≪荒地≫에서는 전쟁이 그들에게 "휴머니즘의 무질서와 혼란과 唯物的인 근대의 세계관의 파렴치 때문에 종교적, 윤리적인 절대가치가 망각되고 전통의 상실과 권위의 붕괴에 의해 현대는 언어에의 불신시대가 되고 있다."는 사실의 각성에서 출발하고 있는 것이다.

戰前 모더니즘의 시는 주체사상이 없는 시를 언어의 예술로 여겼지만 전쟁으로 말미암아 그와 같은 예술의 衣裳은 박탈당하고 만다. 바로 그런 기법과 감각을 이어받은 '荒地' 그룹은 전쟁과 전후의 황폐를 통해 시를 언어의 예술로부터 의미의 문학에 옮겨 놓으려 했다. 시의 표현 속에 주체적인 현실 비판이나 문명 비평을 끌어들이려 한 것이다.

≪荒地≫ 동인들의 특징은 여러 가지를 들 수 있겠지만 가장 뚜렷한

것은 과거 모더니스트들의 독자적 형식에서 벗어나 외부세계에 대한 호소력을 지니게 되었다는 사실이다. 관객을 의식한 드라마의 대사적 형식을 취하고 있는 것을 보게 된다. 그와 같은 연대의식은 과거의 일인칭 '나'를 '우리들'이라는 복수로 바꿔놓고 있는 것을 이들에게서 볼 수 있다. 또한 외형적인 특징은 작품의 톤의 높이라 할 수 있는데 일상성을 벗어난 감정의 높이와 정신적 결정도의 높이로 나타나 있다.

    돌 속에 눈이 있다 우수와 권태로 감겨진 눈이 있다

    그 사람은 검은 옷을 걸치고 내 문 앞을 지난다 겨울의 황제 쓸쓸한 나의 황제! 白晳의 이마에 문명의 그늘을 드리우고 유럽의 무덤까지 걸어간다 햇빛을 등에 받으며 그대의 자기 처벌은 처절하다

    꽃을! 그대는 손을 내민다 이성과 진보의 시대 끝에 세계의 겨울이 시작되려 하고 있습니다 유럽의 미녀는 허깨비에 불과하며 누가 그대의 손에 입맞춤을 하겠습니까 솔개 빛 운명에 메말라버린 그대의 손바닥에 發芽 상태가 있는 것일까요
    꽃을 꽃과 같은 傷痕을!

다무라(田村隆一)의 〈황제〉라는 시에서 "꽃을 꽃과 같은 傷痕을!"하고 절규할 때

    매장하는 날은 말씀도 없고
    입회하는 사람도 없었다
    憤激도 비애도 불평의 유약한 의지도 없었다
    하늘을 향해 눈을 치뜨고
    자네는 다만 무거운 구두 속에 발을 들이밀고 조용히
    누워 있었다.

"안녕, 해도 바다도 믿을 것이 못돼"
M여, 지하에 잠든 M여,
자네의 가슴의 상처는 지금도 아픈가

아유카와(鮎川信夫)가 〈죽은 사내〉의 끝 연에서 "안녕, 해도 바다도 믿을 것이 못돼/M여, 지하에 잠든 M여,/자네의 가슴의 상처는 지금도 아픈가"할 때 이들에게서 격앙된 일종의 로맨틱한 고음을 만나게 된다. 전후의 황폐 속에서 암담한 미래를 향하는 인간의 삶과 죽음을 테마로 한 '황지' 그룹의 비장한 감동을 담은 작품들은 전후의 젊은이들에게 커다란 공감을 불러 일으켰다. 뿐만 아니라 숱한 아류를 낳아 일본 전후시에 '荒地的'이라는 하나의 타입을 형성하기에 이르렀다.

그러나 이와 같은 '황지' 그룹의 정신주의도 한국동란을 계기로 전후 일본의 자본주의가 절대 안정기에 접어들면서 해소되었다. 다시 말하면 외부 현실에서 극한상황 따위의 실감이 없어지고 일상적인 안정의 분위기, 즉 생활의 육성이 회복되면서 그들의 주요테마는 더 이상 존속하기 어렵게 되어 각기 개별적인 길을 걷게 되었다.

'日本未來派'와 '列島' 그룹

이와 같은 '황지'의 움직임과 때를 같이하여 별도로 활발한 작품활동을 한 그룹이 '일본미래파'와 '열도'그룹이다. 이 두 그룹의 시적 성격은 '일본미래파'가 포비즘적인 현실주의에 입각해 있다면 '열도'그룹은 전쟁과 전후체험을 모더니즘과 리얼리즘의 통합으로 시도하고 있는 시인들이라 할 수 있겠다.

'일본미래파'의 중심 멤버였던 이케다(池田克己)는 탄력성 있는 리얼리스트이지만 현실 수용에 있어 전후적인 것보다는 오히려 전전의 견고한 야수파적인 미학과 모럴에 입각해 있다. 이 그룹의 上林猷夫나 扇谷義男, 長島三芳 등은 다분히 모더니즘의 색채가 짙으며 土橋治重나 緒方 昇, 及川 均 등은 寓意的인 인생파의 입장을 취하고 있다. 이들은 말한다.

"일본미래파는 하나의 사상이나 관념의 공통에 의해 결부되고 발생된 것은 아니다. 각자가 그 나름대로 패전 후의 혼돈 속에서 미래를 향해 다다르려고 하는 사랑이나 정성의 협동에 의한 연대의 장소인 것이다. 이러한 가운데서 일본 현대시의 사회성이나 사상성의 파악, 현대시의 올바른 성격을 진지하게 추구하고 있다"고.

이들의 주장과 같이 '일본미래파'에는 공통된 전후정신의 특수한 연결이 있는 것 같지 않다. 각자가 자기 나름대로의 시 세계를 추구하는 그라운드 역할을 하고 있는데 불과하다. 다만 이 그룹의 이색적이고도 유니크한 존재로 土橋, 緒方, 及川 등을 손꼽을 수 있는데 이 세 시인에게 공통되는 성격은 유머와 풍자정신이라 할 수 있다. 가령 도바지(土橋治重)의 〈복숭아꽃〉을 보면

    복숭아꽃을 바라보고 있으면
    갑자기 꽃잎이 지고 있다
     (나는 내 안에도
      복숭아꽃이 피어있는 것을 알게 됐다)
    복숭아꽃은 나의 복숭아꽃에게
    자리를 양보하기 위해 지고 있는 것이다

도입부의 첫 연부터 인생론적인 寓意性을 펴고 있는 것을 알 수 있다. 이들에게는 전혀 전후의식 같은 것이 보이지 않는다. 주제나 수법에

있어 전전과 다름없는 시인들이라 하겠다. 이들과는 대조적으로 上林이나 扇谷, 長島 등의 작품은 사상적인 비명을 주제로 삼고 있는 것을 보게 된다. 가령 감바야시(上林猷夫)는 〈濁流〉에서

    그것에는 전혀 질서가 없다
    모든 것이 밑바닥 깊숙이 소용돌이쳐서 밀려나간다
    이때다 싶은 듯이
    장애물이 있으면 부딪친다
    그런 성질의 것이다
    굵은 나무 조각의 旗, 두개골 따위를 높이 쳐들어
    동료의 이놈 저놈 할 것 없이
    희희낙락한 쌍통을 하고 있을까
    惡 속에만 있는 광채이다
    약탈과 폭행 앞의 흥분이다
    더욱이 그들 대단한 세력의 긴장된 멋이여
    여기 바위 그늘에 피어있는 黃菊 한 송이,
    양쪽 기슭 겹친 의자들의 어리둥절함은, 얼마나 꼴불견인가

  일종의 처절감 마저 맛보게 한다. 그의 강렬한 에스프리에는 비통을 딛고 넘어서려는 안간힘이 보인다. 특히 주검을 다룬 시 〈東京驛 부근〉에서는 무언의 還國者에 대한 통탄으로 시종되어 있다.
  이와는 달리 '열도' 그룹의 野間 宏, 安東次男, 關根 弘, 長谷川龍生, 黑田喜夫 등의 시인들은 모더니즘의 시와 비슷한 시기에 있었던 프롤레타리아 시를 역시 같은 방법으로 逆轉的으로 계승하고 있다. 전전의 프롤레타리아 시가 정치운동의 성급한 요청 때문에 정치적 의미와 예술적 의미의 이원적인 모순에 빠져 정치 우위에 끌려 다녔지만 전후의 '열도' 그룹은 이를 전쟁과 전후의 체험에 의해 비판하고 초현실주의와 그들이 계승하고 있는 리얼리즘의 통합을 도모하려 했다. 다시 말하면 언어의

예술성과 의미의 문학성을 종합하여 내부 세계와 외부 현실과의 보다 깊고 확실한 대립이 가능해진다고 생각했던 것이다.

그러나 이 그룹도 역시 '열도' 그룹과 때를 같이하여 새로운 현실 상황에 부딪치자 해체되고야 만다.

'第三期'의 시인들, 기타

50년대에 들어서서 숱한 전쟁의 체험을 내면화하여 반추한다는 과제를 강제하지 않는 데서 출발하여 그 존재를 뚜렷이 한 시인으로는 谷川俊太郞, 山本太郞, 秋谷 豊, 大岡 信, 高野喜久雄, 淸岡卓行, 谷川 雁, 茨木のり子, 飯島耕一, 中村 稔, 中江俊夫, 吉野 弘, 吉岡 實 등을 들 수 있다.

이들은 일본 현대시의 '第三期'에 해당하는 새로운 시인들로 '第一期'의 모더니즘 시와 프롤레타리아 시가 퇴조한 다음에 '第二期'의 '사계'派가 출현한 30년대 중반과 '황지', '열도'의 해체에 잇따라서 50년대 전반에 등장한 '제3기' 시인들 사이에는 유사점이 있어 보인다. 다만 '사계'와 다른 점은 이들이 언어의 예술성과 의미의 문학성이 자연주의적인 정서에 의해 포착되었는데 반해 '제3기'의 시인들은 내부 세계를 구체적으로 논리화시킨 굳센 구조를 인정하지 않을 수 없다. 이들에 대한 평가는 전후적인 조건을 고려에 넣지 않더라도 가능하다. 그것은 이들 시인의 대부분이 서정시형의 시적 의식을 갖고 있기 때문일 것이다. 대체로 전후적인 의식이 희박한 편이지만 전혀 그런 의식과는 상관이 없는 청신함을 지닌 시인도 있다.

저 푸른 하늘의 파도소리가 들리는 언저리에
무엇인가 어처구니없는 물건을
나는 떨어뜨리고 온 모양이다.
투명한 과거의 역에서
遺失物係 앞에 섰더니
나는 더욱 슬퍼지고 말았다.

　다니카와(谷川俊太郞)의 〈슬픔〉에서 보듯이 전후의식 같은 것은 드러나지 않고 일상적 사회적인 것에의 시선을 볼 수 있다. 한편 비교적 순수한 서정주의의 시인이라 할지라도 전전의 서정시인과 비교할 때 훨씬 강한 사회적 관심을 갖고 있는 것을 알 수 있다. 얼핏보아 이들의 시가 구체적으로 정치적이거나 경제적 혹은 사회적 상황에서 멀어져 있는 듯이 보일 때 시와 현실과의 사이에 팽팽한 것을 느끼게 된다.

책을 번지면
우리들 안에 먼 시계가 펼쳐진다
마른 줄기를 굶주린 번갯불이 쓰러뜨릴 때
이렇듯 불안한 밤중에
사람들은 서로의 존재를 확인한다
등불을 켜듯이
사람은 너의 열려진 곳에 와서
조용한 휴식을 찾아낸다
흐뭇한 기도나 사랑을 찾아낸다
그중 하나는 세계 사람들에게 연결된다
모든 지혜의 표시
너의 슬픔에 빛나는 소리에 의해
우리들의 인생은 위안을 받는다
불타는 덤불을 가로질러
사람이 한낮에 줄곧 걸어온

강력한 여름날의 사상과 더불어

아키야(秋谷 豊)의 〈독서〉라는 시에서 우리는 온건한 서정을 대할 수 있지만 근본적으로 사회적 관심이나 실존적 관심이 단절되지 않고 있는 것을 보게 된다.

다니카와의 우주감각이든 高野喜久雄의 형이상학이든 澤村光博의 신앙이든 牟禮慶子나 金井 直, 安水稔和 등의 심정적 모럴이든 이 모두가 그들의 생활의 뿌리에서 생겨난 것임을 알 수 있다. 심지어 환상주의자로 알려진 嶋岡 晨까지도 다채로운 수사적 이미지 속에 굴절된 사회의식을 끌어들이고 있다. 심지어는 사회적 관심을 떠나서는 서정을 지탱할 수 없는 시인도 있다. 茨木のり子나 吉野 弘 등이 그들이라 할 수 있다.

전후시단의 주역들

지금까지의 동향을 총괄적으로 말해서 전전의 모더니즘의 시나 프롤레타리아의 시, 그리고 '四季'派의 서정시라는 세 가지 시 개념의 전형은 전후에 있어서 각각 '荒地'나 '日本未來派', '列島', 그리고 '第三期'의 시인들에 의해서 거의 역전되고 있다해도 과언이 아닐 것이다.

이밖에 전후의 주요시인을 동인지별로 살펴보면 《歷程》의 安西 均, 會田綱雄, 鳥見迅彦, 那珂太郎, 嵯峨信之, 江森國友, 風山瑕生, 吉原幸子, 粒來哲藏, 新藤千惠, 澁澤孝輔, 石垣りん, 新藤凉子 등을 들 수 있다. 특히 현대의 진공지대가 지니고 있는 적막감을 주요 테마로 삼고 있는 安西, 會田, 鳥見 등의 작품은 현대의 참혹을 멋지게 표현하고 있어 주목된다.

≪時間≫에는 櫻井勝美, 藤富保男, 北川多紀, 木村嘉長 등이 있다. 櫻井는 우리들의 생활 속에서 잊고 있는 사물이나 형상의 이상한 얼굴을 발굴해내고 있는데 이 충격적인 세계는 현실의 배경을 뒤지는 네오리얼리즘의 수법에서 오는 것 같다.

≪凶區≫의 天澤退二郎, 渡邊武信, 管谷規矩雄, 鈴木志郎康 ≪드럼통≫의 吉增剛造, 會田千衣子 ≪山河≫의 富岡多惠子 등이 50년대 이후의 새로운 시 세계를 개척하며 있고 原爆시인 峠 三吉와 原 民喜는 유니크한 작품을 마지막으로 요절했다.

이렇게 대충 훑어보아도 전후시인의 수는 실로 엄청나다. 이처럼 많은 시인들이 모두 주목할만한 값어치가 있는 시의 작자인지는 좀더 두고 봐야할 일이지만 아무튼 이들이 전후의 일본 시단의 주역들인 것만은 확실하다.

한 걸음 더 나아가서 앞서 내세운 어느 그룹이나 혹은 다른 어떤 작은 그룹에 속해 있는 시인과 애당초 뚜렷한 流派를 가지지 않고 비교적 고독하게 시를 영위하는 시인들이 더 많다는 사실을 덧붙이며 생각나는 대로 이들의 이름을 들어보면 다음과 같다.

井上 靖, 吉本隆明, 天野 忠, 白石かずこ, 瀧口雅子, 中村千尾, 石原吉郎, 高田敏子, 磯村英樹, 山本道子, 高良留美子, 城侑, 石川逸子, 高橋睦郎, 寺山修司, 加藤郁乎, 清水哲男, 荒川洋治, 三木 卓, 宗 左近, 北川 透, 岩田 宏, 長田 弘, 辻 征夫, 川崎 洋, 入澤康夫, 掘川正美, 衣更着信, 高橋宗近, 木島 始, 生野幸吉, 鈴木喜綠, 平林敏彦, 山田今次 등인데 이들은 각기 그 나름대로의 시 세계를 개화시키며 있는 것이다. 일본의 전후시단이야말로 百家爭鳴의 감이 없지 않다.

내가 만난 일본의 시인들

언어와 풍습과 생각이 다른 해외 시인과 만나는 일은 언제나 호기심을 자아낸다.

언제든 만날 수 있는 국내 시인 사이에서는 서로가 빤히 상대방의 의도를 들여다보고 있어서 별반 흥미를 느끼지 못하지만 처음이거나 오랜만에 대하는 해외 시인에게서는 모종의 새로움에 대한 기대감 같은 것을 갖게 된다.

내가 못 가진 무엇을 그가 갖고 있으며 그가 못 가진 무엇을 내가 갖고 있는 것일까—하고. 여기에는 비교 의식이 꿈틀대게 마련이다.

우리는 너무 자기 것을 소중히 지키기에만 급급하여 남의 것을 배우고 받아들이는 일에 소홀해 있었던 것 같다.

우리 시가 세계 수준에 올라 있다고 자부하는 시인이나 독자를 만나면 나는 아연해진다. 그동안 우리가 얼마나 많은 천재 시인을 배출했으면 신시가 비롯된 지 70년여만에 우리보다 26년을 앞선 일본 ≪新體詩抄≫(1882)나 휘트맨의 ≪풀잎≫에서 기산하여 40년을 앞선 세계의 자유시를 따라붙었는지 의문시되기 때문이다.

단적으로 보들레르의 ≪악의 꽃≫(1857)과 서정주의 ≪花蛇集≫(1941)이 출간된 시기를 비교해 봐도 그 차이를 짐작할 수 있다.

그러고 보면 세계 수준 운운은 우물안 개구리의 넋두리거나 한 여름밤의 잠꼬대 같은 것이 아닌지 모르겠다.

일본의 경우 명치유신이래 닥치는 대로 구미 선진국의 것을 받아들여 이제 남의 것도 제것인양 동화시킨 상태에서 세계 수준을 의식하고 있는 듯하다. 그래도 프랑스 시단에만은 아직 고개를 쳐들지 못하고 있는 것 같다.

지금 일본에는 7·8·90대의 노시인이 수십 명이나 건재한다. 여기에서 말하는 건재한다는 것은 현역으로 시작활동을 하고 있다는 뜻이다. 시인의 명맥을 잇기 위해 어쩌다 작품을 내보이는 그런 것이 아니라 동인체에 가담하여 젊은이들 못지 않게 시작을 하고 있다는 것이다.

내가 지난 1980년 초겨울에 일본의 동인시지 ≪地球≫가 주최한 국제시인회의(11.24~11.27)에 참석할 의사를 굳힌 데는 내 나름대로의 이유와 명분이 있었다. ≪地球≫의 리더인 아키야(秋谷 豊)와의 친분으로 도일의 계기가 마련되긴 했지만 실상 나는 이 기회가 아니면 영영 만나지 못할지도 모른다는 한 시인과의 재회를 바랬던 것이다.

일본 현대시의 기수였던 기타카와(北川冬彦)와는 70년에 서울에서 있은 국제 펜대회 때 조선호텔 로비에서 잠시 만났을 뿐 그후 줄곧 서신왕래와 작품교류를 통해 교분을 지속해 온 사이이다. 대면은 대체로 저택방문에서 이루어졌지만.

그리고 1978년 제4차 세계시인대회 때 서울에서 만난 일본의 시인들, 특히 칠순의 도바시(土橋治重)와의 만남도 기대하고 있었다. 나의 소원은 쉬 이루어졌다. 우리 일행이 묵게 될 다이아몬드 호텔에 도착했을 때 우리를 맞아준 한 일본 시인이 기타카와씨가 내가 오기를 기다리고 있더라고 귀띔해 주었다.

미리 국제시인회의에 참석하게 된 사연을 알리지 못한 것이 미안스럽기도 했다. 곧 전화를 했으나 기타카와와는 직접 통화가 되지 않았다. 다키(多紀) 부인도 부재중이어서 전화를 받는 여인에게 한국에서 온 아무개라고만 일러 놓았다.

얼마 후 숙소로 전화가 걸려왔다. 다키 부인의 목소리였다. 잠깐 외출한 사이에 전화를 주셔서 미안했다며 기타카와는 집에 있어도 전화를 못 받는다고 했다. 지난해 해수욕을 하다가 큰 파도에 휩쓸렸으나 다행히 바위에 얹혀 살았으며 그 때 귀가 망가졌다는 이야기였다. 그리고 기타카와 부부가 내 호텔을 방문하겠다는 것이다. 나는 굳이 사양했다. 윗사람을 찾아뵈어야지 찾아오시게 할 수 없다는 윤리 의식이 작용했다기보다 인사치레가 아니라는 생각에서였다.

"찾아오시기 어려우실 텐데요."
"안내할 분이 있어서……"
"아 그랬던가요"

방문일자를 도착 다음날로 정했다. 회의 전날이자 일요일이었다. 부인의 말이 기타카와는 새벽 3시까지 집필을 하기 때문에 오후면 좋겠다는 것이다. 하긴 직장이 없는 일본의 시인들은 남들이 잘 때 깨어 있었다. 한밤중에 전화를 걸어도 실례가 되지 않았다.

실제로 함께 갈 때 이기동이 도바시에게 전화를 걸어 밤중에 인사를 나누게 했다. 신주쿠(新宿)에서 전철을 타고 구니다찌 역에 내려 한참 헤매 다니는 바람에 두 시간이면 족히 갈 수 있는 곳을 세 시간이나 걸려 어두워서야 당도했다. 역에서 택시를 타고 미다가라 유치원으로만 가면 되는 것을 안내를 맡은 이기동도 미처 몰랐던 것이다. 유치원 동편의 일본식 2층 가옥이었다. 재작년에 화재를 만나 폭삭하고 다시 지은 집인데 2차대전 때는 공습으로 집을 태운 일이 있다고 했다. 두 번이나 화마가 할퀴고 간 기타카와 집에서 화로를 끼고 앉아서 노시인과 나는

10년만의 대좌를 했다.

"당신이 보내준 도자기가 화재 때 없어졌어요."

그는 미안하고 아깝다는 듯이 말했다. 그 자기는 내가 이천에서 그의 시를 넣어 구어낸 것이었다.

"또 구어 보내드리지요."

언제든 만들어낼 수 있는 대수롭지 않은 것이니 상심하지 말라는 뜻으로 이렇게 위로했다. 그는 타다 남은 몇 권의 책자를 들고 와서

"이것이 남았더군요."

하며 프랑스 원서를 제시했다. 불에 그을린 자국이 있었다. 그 중 앙리 미쇼의 ≪빠사쥬(Passages)≫를 펴면서 권두에 인용된 짧은 글을 가리켰다.

"앙리 미쇼가 일본의 고전에까지 손을 뻗치고 있더군요."

하며 놀라움을 표시했다. 나는 생판 모르는 글이라서

"아, 그렇습니까!"

하며 놀라운 듯이 맞장구를 쳤다. 문득 몇 해 전에 입수한 ≪앙리 미쇼 예술론집≫이 생각났다.

"이거 사조사의 번역본으로 나와 있습니다."

했더니 이번엔 그가 놀란다.

"아, 그랬던가요"

서울에 돌아오는 즉시 앙리 미쇼가 관심을 가진 〈徒然草〉의 구절을 읽어보았다. 놀라운 말이 인용돼 있었다.

    弘融僧都가 "물건을 반드시 一具로 갖추려 하는 것은 바보의 소행이니라. 불구일수록 좋은 것을"이라고 말했거늘 어느덧 이를 외워 버렸도다.

    무엇이든 모든 일이 잘 갖춰지면 부질없는 노릇이다. 하다만 것을

> 내갈겨 두는 것은 재미있고 살아남는 재주니라. "안쪽이나 뒤쪽을 만들 때도 반드시 다하지 않는 데를 남기는 법이니라."라고 어떤 사람이 말했도다. 선현이 지은 내외의 글에도 章段이 빠진 데가 있는 것을
>
> — 吉田兼好 〈徒然草〉 14세기

다듬고 짜임새 있는 언어의 연금이나 레토릭에 사로잡혀 있는 시에 차차 식상하기 시작한 나에겐 희한한 돌파구라도 만난 듯 싶은 구절이었다.

"요즘 집필하고 계신 것은?"

"캄보디아의 학살을 주제로 한 시극을 구상중입니다. 자료도 상당히 모았지요. 인권을 무시하는 나라에 대한 계고장으로 쓰렵니다."

나는 대회 중에 또 만날 것을 약속하고 물러났다. 현관까지 따라나온 기타카와는 한 모서리가 깨어진 청자를 가리키며,

"이거 최병일씨가 보낸 겁니다. 지난번 화재 때 이 모양이 됐어요. 이 청자의 원명이 뭐지요?"

兮山이 청자를 시로 쓴 것이 있는데 싶었으나 얼른 떠오르지 않아 우물쭈물했다.

"돌아가시거든 알려 주십시오. 그리고 최씨에게도 안부를……"

최씨는 예전에 기타카와 등의 ≪亞≫의 동인이었다. 돌아와 알아보니 그 청자는 青磁象嵌雲鶴文梅瓶이었다.

기타카와와의 두번째 만남은 시인회의 첫날 그가 주제 발표를 하고 난 다음 맨 앞줄에 앉은 그의 옆자리에서였다. 잡문을 정리한 것이라며 두툼한 책을 건네주었다. 르뽀르따쥬를 묶은 ≪남북의 여인들≫이었다. 그는 이 책자의 寸言에서 "한 편 한 편이 얼핏보아 같은 사람의 작품이 아닌 것으로 생각되게끔 썼다. 장 콕토가 '스틸을 바꿔라. 양상을 바꿔

라. 하지만 늘 같은 사람이어야 한다.'라는 피카소의 말을 늘 염두에 두었던 것처럼 나도 같은 생각인 것을 상기한다."고 부언하고 있다. 홍융 승도의 말과도 맥락이 닿아 있는 듯하여 주목되었다.

세 번째는 저녁 파티석상에서였는데 다키 부인이 내일 시간이 나는 대로 전화를 달라고 했다. 다음 날은 시인회의에 참석한 20개국의 시인들이 단체로 가마쿠라에 가는 바람에 전화를 못 했고 그 다음 날은 우리끼리 몇이 어울려 후지(富士)와 하꼬네(箱根) 관광을 나섰다가 저녁 늦게서야 연락을 취했다. 이틀간을 꼬박 기다린 눈치였다. 내일 점심 시간에 호텔로 오겠다고 했다. 내가 방문한 답례인 듯 했다. 점심은 기타카와 부부와 나 셋이서 고쿄(皇居)가 바라다 보이는 일식점에서 새우튀김과 미꾸라지 전으로 먹었다. 세 시간 가까이 우리는 이야기를 나누었다. 다키 부인이 나의 스케줄을 귀띔하지 않았던들 기타카와는 나와의 대화를 더 계속했을 것이다. 참으로 아쉬운 작별이었다.

회의 첫날 주최측을 대표하여 아키야(秋谷 豊)가 개회사를 하고 일본문예가협회 이사장 야마모도(山本健吉)의 인사말이 있었다. 우리나라에서는 김소운이 〈동양의 시심〉이란 주제를 발표했고 구상, 조병화, 임성숙 등이 시낭독을 했다.

일본의 다니카와, 요시하라, 시라이시 등의 낭독은 프로다운 능란한 데가 있었다. 다른 외국 시인들의 작품 중에 인상에 남는 것은 영국의 제임스 카카프(James Kirkup)의 〈禪의 전설〉이었다. 다년간 일본에 머물러 대학의 강의를 맡고 있는 그 나름대로의 선에 대한 명상이 재미있었다.

"스승이여, 인생의 깊은 뜻을
어떻게 하면 찾아낼 수 있습니까?"
"가장 먼 황야로 가보게

그리고 찾았거든
돌아와 나에게 일러주게."

제자는 가장 먼
황야에 갔다.
일 년 동안
그는 명상을 했다.
하지만, 그가 돌아와 스승에게
발견한 것을 이야기하자 스승은 말했다.
"아니다, 너는 아직 찾지 못했다"

그래서 제자는 가장 먼
황야에 되돌아갔다.
5년 동안
그는 명상을 했다.
하지만, 그가 돌아와서 스승에게
발견한 것을 이야기하자 스승은 말했다.
"아니다, 너는 아직 찾지 못했다"

그래서 제자는 다시금
가장 먼 황야에 되돌아갔다.
그리고 그것을 찾지도 않았는데
곧 그것을 발견했다.

하지만, 그가 그것을 찾았을 때
그는 돌아와 스승에게 말하지 않았다.

그때 스승은
그가 그것을 찾은 것을 알았다.

선문답이나 禪詩에서 흔히 만날 수 있는 발상인데 유럽의 시인이 이 토록 동양의 秘義에 심취해 있다는 사실에 주목하지 않을 수 없었다.

나는 파티석상에서 주로 일본과 대만의 시인을 만났다. ≪地球≫의 멤버가 아닌 다른 동인체에서 참석한 것은 출연을 위해 특별히 초청되어 나왔거나 제4차 세계시인대회에 왔던 인연으로 한국에서 온 우리들을 만나기 위해 얼굴을 내민 시인들이었다.

지난 5월에 71세로 새 장가를 든 도바시에게 축하의 인사를 했더니 회의가 끝나면 다시 만나고 싶으니 전화를 꼭 달라고 했다. 그는 한국에 왔을 때 홀아비 신세를 한탄(?)하며 나에게 중신을 부탁한다고 조크를 건넨 일도 있는 늙은 청년이었다. 나도 자리를 달리하여 느긋이 이야기를 나누고 싶었다. 파티 도중 다카하시, 대만의 천지엔우와 어울려 그 자리에서 빠져 나왔다. 호텔에 돌아가 세 사람만이 하고싶은 이야기가 있어서였다. 그들이 우리나라에 왔을 때 개별적으로 논의된 바 있는 한·중·일 3국의 앤솔러지 발간 문제를 구체화하기 위해서였다. 연간으로 돌아가며 3개 국어로 발간하자는 데 합의를 보았다.

첫 호는 1981년 가을에 일본에서 먼저 발간하기로 했다. 이 앤솔러지는 3국의 동인지로서 일본은 ≪地球≫에서, 대만은 ≪笠≫의 멤버가 모태가 되어 꾸려나갈 듯하다. 같은 주제의 작품을 한 지면에 게재하는 만큼 상호 비교가 될 테니 작품 위주의 선택이 불가피하게 될 것 같다.

국제시인회의 마지막 날의 시 낭독에는 우리나라에서 김여정, 김혜숙 두 여류, 그리고 필자가 나섰다. 관람석 여기저기에 마이크를 설치해 놓고 앉은 채로 낭독을 하기도 하고 각국의 시인들이 무대에 함께 올라가서 마이크를 돌려가며 낭독을 하는가 하면 개별적인 장시 낭독도 있었다.

대회 첫날과 마지막 날의 낭독을 통해 나의 관심을 끈 것은 시 낭독과 음악을 곁들인 창작 무용의 발표였다. 아키야의 시집 ≪히말라야의 여우≫를 무용화하여 시 낭독과 영상을 통해 입체화한 것이다.
　우리나라에서도 시에다 무용을 곁들인다거나 시적 분위기를 자아내는 판토마임의 안무라든가 혹은 시의 입체적인 효과를 시도해 봄직하다.
　≪地球≫에서도 이번 국제시인회의를 기념하여 기념상을 제정, 현상모집을 한 모양이다. 응모 대상자는 고교생에서 팔순의 노인에 이르기까지, 상당한 詩歷을 가진 시인도 다수 응모하고 있다한다. 우리나라의 경우 일반 현상모집에는 기성은 거의 외면하다시피 하고 있는데 일본에서는 유명, 무명이 함께 참여하고 있다.
　회의 도중 국제시인회의 기념상 시상식이 곁들여졌는데 당선작을 두 편이나 내고 있다. 그 중 짧은 것을 소개해 본다.

夏時刻

　　　　　　　內藤保幸

　　다라이 물에 발을 담그고
　　툇마루에서 독서를 하며
　　해안통에서
　　여자의 간드러진 목소리.
　　강렬한 햇볕이다.
　　세계는.

　　1957년 5월 26일 태생의
　　메이라고 불리는 소녀,
　　메리 플로라 벨의 일을 생각하고
　　찬 토마토 주스의 뚜껑을 뽑는다.

이 뜰의
손바닥 정도 고인 물에
푸른 하늘이 하나.
휘파람이라도 불며
흘려버릴까.
'아름답게 방심했던' *
모습 그대로.

담배는 Seven Stars로
정하고 있다.
배울 나이는 벌써 전에
지나쳤을 것이다.
양산을 펼쳐든 아내를
본다, 허깨비인가.
드디어 잎새 뒷면을 통해
유년을 번지다.
싫증내지 않는군,
이 경솔함.
非業의 죽음 따위
인연이 없다.

(오후에는 해안에 나가
여름 표면에 서 볼까)

독경소리가
오늘은, 좋군
한차례 비가 오면 또
씻겨질건가.
하지만 모질군,

이 목숨.

*石垣링의 〈인사〉에서

작품 심사를 맡은 하세가와(長谷川龍生)는 이 작품에 대해 선후감을 다음과 같이 말하고 있다.

"테마 그대로의 작품이다. 소고기로 치면 보통살이다. 특상이라고는 할 수 없다. 북받쳐 오르는 감성을 억누르고 얼마간 조용하고 권태감이 있는 데서 소재를 갖춘 테크닉은 사지만 그 이상의 효과는 나와 있지 않다. 무엇인가 또 하나의 둔덕이 있었으면 싶은데 노린 것이 평범하고 일상 주변의 일이어서 없는 것을 조르는 격일는지 모른다."라고

서울에서 걸린 감기가 날씨가 포근한 도쿄에서도 떨어지지 않았다. 어울리면 술을 마시고 잠을 설치다보니 피곤이 겹쳐서 그런지도 몰랐다.

이제 대회도 끝나고 도바시와 만날 약속만이 남았다. 사이다마겐(埼玉縣)의 야시오(八潮)에 있는 그를 찾아갈 수도 없어 전화를 걸었더니 나를 데리러 오겠다는 것이다. 숙소 근처에서 가볍게 저녁이나 들며 환담을 할 생각이었는데 그는 굳이 나를 자기 집으로 끌고 가다시피 했다. 한 시간 남짓 달리는 전철 속에서 나는 꾸벅꾸벅 졸았다. 감기약에 취했던 모양이다. 그는 연신 무슨 말인가를 건네 오는데 귓등으로만 들려 고개를 끄덕일 뿐이었다. ≪風≫77호에 특집 한 나의 시작(이기동 역) 가운데 더러 오식이 난 것을 사과하는 말을 어렴풋이 들은 듯했다. 도시바 집은 도쿄 교외를 연상케 하는 조용한 거리에 있었다. 기타카와 집과 비슷한 인상의 2층 집이었다. 현관에 들어서자 오십이 채 안돼 보이는 젊은 미모의 부인이 맞아 주었다. 꿇어앉아 나붓이 인사를 한다. 나도 돌연한 방문을 사과하며 정중히 고개를 숙였다. 고다츠(일본식 화

로)가에 나를 안내한 도바시는 발을 안으로 들이밀라고 권했다. 도무지 요령부득이라 조심조심 발을 안으로 밀어 넣었다. 발바닥이 마루바닥 같은 데 닿았다. 마치 책상에 걸터앉은 기분이었다. 이렇게 앉아서 밥도 먹고 글도 쓸 수 있는 편리한 기구였다.

　잠시 후 술과 안주가 나왔다. 지금까지 눈으로 보는 음식을 핥아오다가 큼직한 접시에 듬뿍 담긴 생선회랑 불고기를 대하니 회가 동했다. 술도 술집에서 흔히 마실 수 있는 그런 종류의 것이 아니었다. 양조장을 하는 ≪風≫동인이 특별히 빚은 것이란다. 한 모금 마셔보니 맛이 희한했다. 자신이 감기를 앓고 있는 것도 잊어버리고 一杯 一杯 又一杯하다 보니 거나해졌다. 새 부인은 불고기를 연방 구어 올렸다. 먹어도 먹어도 자리가 나지 않았다. 남편이 주방에 술을 데우러 간 사이 부인이 대신 말동무를 했다.

　"부인의 요리 솜씨가 대단합니다."
　"웬걸요! 일전 ≪風≫편집 때 선생님의 작품 재미있게 읽었어요."
　"아 그랬던가요. 특집으로 다뤄 주셔서 고맙습니다. 헌데 부인께서도……"
　"네, 시를 쓰고 있습니다. 이거 변변치 않은 제 시집입니다만……"
　구레미요(吳美代) 시집 ≪忙≫이었다. 순간 나는 지금까지 수수께끼로 남았던 두 분의 결합이 수긍되었다. 두 분은 시의 사제지간이었다. 구레미요는 시를 따라 모든 것을 다 버리고 도바시에게 온 것이다. 주인이 돌아와 부인에 대한 설명을 덧붙였다.

　"이 사람의 조상은 한국인이 아니면 중국인일 겁니다. 시는 나하고 다릅니다."
　"선생님, 참 행복해 보입니다. 저렇게 좋은 부인을 맞았으니 오래오래 사셔야 합니다."
　"우리 가문은 고래로 85세가 한계니깐요."

"아닙니다. 90까지는 사셔야지요."

맛나는 술과 푸짐한 음식 대접에다 시로 맺어진 도바시 부부의 알뜰한 사랑의 보금자리가 하도 부러워 나는 거의 떼를 쓰다시피 오래 살기를 간청했다.

술이 더 올라 실수할까봐 만류를 뿌리치고 일어섰다. 혼자 돌아갈 수 있다고 우겼으나 도바시는 다시 따라나섰다. 어두운 골목길에는 가랑비가 내리고 있었다. 그는 새 부인을 위해 보험을 들어 놓았다고 말했다. 그리고 농담인지 진담인지 모르게 자기가 죽거든 아내를 잘 부탁한다고 했다. 속을 털어놓고 하는 이 말이 나에게 대한 우정과 신뢰의 표시였다. 호텔까지 나를 데려다 주고 돌아간 이 칠순의 노시인은 이날 나 때문에 야시오와 도쿄 사이를 두 번이나 내왕했다. 시간으로 치면 6·7시간은 족히 소비했을 것이다. 헤어질 때 그가 나에게 건네준 그의 시집 ≪葉≫ 후기에 이런 말이 나온다.

"이 시집의 시도 나는 내가 좋을대로 썼다. 하지만 정말 좋을 대로 썼는지를 자문해 보면 아직 쓰지 못한 느낌이 든다. 참으로 좋을 대로 쓰는 것은 언제쯤의 일일까? 쓰지 못할는지도 모르지만 나는 몸을 조심하여 좀처럼 죽지 않을 생각이다."

자유주의자 도바시, 동물정기의 시인 도바시는 시는 자기 좋을 대로 쓰는 것이며 정말 좋을 대로 쓴 시가 나오기까지는 결코 죽을 수 없다고 버티고 있다.

국제시인회의를 통해 시종 안내역을 맡아주었던 ≪地球≫동인의 미야모도(宮本むつみ)와 우에스기(上杉浩子) 두 여류 시인에 대한 고마움을 잊을 수 없다.

미야모도는 그녀의 편지 사연대로 가마구라 관광과 시 낭독을 함께 한 추억이 사라지지 않고 있으며 우에스기는 간다의 책방을 안내해 주고 자신의 저서인 ≪金子光晴의 추억≫을 사서 나에게 선사했다. 가네

코를 중심으로 ≪아이나메(あいなめ)≫라는 동인지를 함께 했던 남편과 스승 가네코를 함께 여읜 후 그녀는 호야(保谷)에 있는 독신 아파트에 파묻혀 있다시피 하고 있다.

　일본에 체류하는 동안 이루지 못한 한 가지 아쉬움이 있다면 그것은 여류 시인 이바라기(茨木のり子) 여사를 만나지 못한 일이다. 얼마 전에 나는 그녀의 시집 ≪寸志≫를 기증 받은 일이 있는데 어떤 경위로 해서 나에게까지 왔는지 지금껏 모르고 있다. 다만 최근에 안 일이지만 그녀가 우리말(한글) 공부를 하고 있으며 우리 시를 읽고 일역할 정도의 실력이라는 사실이다. 근년에 미망인이 된 그녀는 회의 기간 중 집에 없었다. 여행을 떠났는지 며칠을 두고 전화를 해봐도 받는 사람이 없었다.

　국제시인회의는 나에게 있어 도쿄의 휴일 같은 추억으로 남아 있다. 이제 한·중·일 3국 시인이 뿌린 공동의 씨앗(앤솔러지)을 어떻게 가꿔 나갈 것인지 생각하면 된다. 첫 간행국인 일본에서 새해 벽두에 앤솔로지 발간에 대한 구체적인 시안과 테마가 와 있다. 우리 시의 해외 진출의 새로운 전기가 마련될 것이다.

출생지(原鄕)란 무엇인가
― 세 일본 시인들의 경우

　일본 식민지 통치하의 한반도에서 태어난 일본시인에 대한 나의 관심은 지난 86년부터 싹트기 시작했다.
　그때까지만 해도 나는 고작 일본시인들의 조선 내지는 한국에 대한 사고방식이랄까, 우리 겨레에 대한 견해, 우리의 풍습이나 전통을 어떻게 표출하고 있는지에 관심을 가졌을 뿐이었다. 그나마 손꼽힐 정도의 숫자에 불과했지만 아무튼 저들 일본시인들이 약소민족의 설음과 아픔에 공명하고 있는 것이 고마웠다. 그들은 대체로 프롤레타리아 계열의 시인들이지만 일부 서정시인 가운데도 우리의 전통문화를 높이 칭송한 사람이 없지 않았다. 그래서 내 딴엔 간간이 소개하느라 했지만 막상 서울에서 태어난 사이토(齋藤 훈)가 41년만에 이 땅에 다시 모습을 드러내면서 앵글'을 달리하게 되었다.
　그리하여 그의 시도 소개할 겸 작품세계에 대해 몇 차례 언급한 바 있지만 최근에 이런 케이스에 속하는, 다시 말하면 한반도 출신의 중요 시인이 더 있다는 사실을 알게 되어 관심의 눈길을 보내지 않을 수 없었던 것이다.

지난 〈'98 地球詩祭〉에 초청되어 갔을 때 아이자와(相澤史郞)로부터 모리자키(森崎和江)에 관한 이야기를 듣게 되어 소중한 자료도 입수하게 되었다. 한편 나의 부재중에 보내온 日英對譯시집 ≪즐거운 번개불≫(木島 始 엮음)을 뒤지다가 타키구치(瀧口雅子)를 발견했다.

이들은 모두 한국에서 태어난 여성들로서, 모리자키는 17년간을 살았고 타키구치는 20년을 살다가 일본의 패전으로 좋든 싫든 돌아갈 수밖에 없는 운명에 처했던 것 같다.

이들 외에도 몇 사람 더 있을 것으로 사려되지만 시단적 위치나 평가를 고려해서 우선 세 사람의 경우만을 살펴보기로 한다.

같은 한반도 출신의 이방인이면서도 아직도 정신적으로 半韓人을 자처하는 경우와 몸은 비록 일본에 가 있되 마음은 아직도 고향(한국)에 머물러 있는 정신적 未歸還者의 갈등과 방황상, 그리고 이 땅에 미련을 남긴 채로 홀가분히 歸化해 버린 세 가지 경우를 엿볼 수 있다.

*

사이토의 경우는 지난해 일본의 월간시지 ≪詩と思想≫ 7월호에서 특집을 한 〈現代詩 50人〉 속에 집필한 拙稿를 그냥 옮겨놓기로 한다.

사이토와의 만남은 지난 86년 9월, 서울에서 개최된 아시아 시인회의 때였다. 그때 참가시인들의 앤솔러지를 엮기 위해 내가 일본 시인들의 작품을 번역한 것이 계기가 되어 사이토의 시 〈제기〉에 관심을 가졌던 것이다. 한국의 민속놀이를 테마로 했기 때문이다.

　　　　미농지에 엽전을 싸고
　　　　구멍으로 빼내 양 날개를 만든다
　　　　구들이 기분 좋게 따뜻해졌다

창에는 멀리 겨울바다가 보였다

하나 둘 셋 넷
발로 가볍게 제기를 차면
종이 술은 해파리처럼 춤추며 올라
양팔은 인형처럼 춤을 추었다

뒤로 차올려서 앞에다 떨어뜨린다
앞에서 차올려서 뒤로 돌린다
눈은 춤추며 오르는 제기를 좇고
발은 춤추며 떨어지는 제기를 찼다

양지에 아이들이 모이면
제기 시합이 시작되었다
뜰에서 광장에서 빈 터 구석에서
아이들의 제기를 헤아리는 소리가 들려왔다

조선의 놀이라는 이유로
조회 때 비장의 제기가 수거되었다
이 나라로부터 말을 빼앗은 사람들은
나에게서 어린이 놀이조차 빼앗아갔다

그로부터 일본 현대시인회가 발행한 ≪資料・現代の詩≫(1981)를 살펴보았더니 그의 작품〈한강〉이 나왔다. 일본 정치가들의 망언이나 폭언이 우리들의 민족감정을 심히 손상시킨 직후의 일이라 혹시나 그의 작품이 일본인의 양심을 대변하고 있을지도 모른다는 생각이 들어 주목했던 것이다.

실상 한국의 민속놀이라든가 風情이 이방인의 눈에 어떻게 비치고 있을까 하는 것도 호기심을 자아냈지만 그보다도 자칫 우리들이 잊어버리기 쉬운 것을 생생하게 상기시켜 주는 것이 고마웠다. 이리하여 나는 그의 작품을 뒤지기 시작했다.

무릇 오늘의 일본시인들이 실험의식이라든가 새로운 방법론에 의해 시작을 영위하고 있는데 비해 그의 시는 완고할 정도로 회고취미라든가 불교적인데 집착하고 있는 것이 엿보인다. 한민족의 풍습이라든가 전통성에 얽매였다 싶게, 그것을 들먹인 것이 뜻밖에도 많아 놀라왔다.

이 무렵 그는 다섯 권의 개인시집, 즉 ≪葬列≫ ≪後生車≫ ≪石墨草筆≫ ≪그림자 밟기≫ ≪어두운 바다≫ 등을 발간하고 있었는데 그 속에서 이와 같은 작품만도 34편에 이르렀다. 곧 나는 월간문예지 ≪동서문학≫(87년 6월호)에 〈한강〉 외 20여 편의 시에다 평문 〈詩人의 良心〉을 곁들여 '일본시인이 쓴 한국의 풍정'이라는 제목의 특집으로 소개했다. (후에 문학아카데미에서 발간한 그의 한역 시집 ≪청진의 아이들도 벌써 늙었겠지요≫는 이것을 주로 해서 엮은 것이다.)

이처럼 너무나도 한국적인 한국인의 생리를 몸에 지닌 사이토의 발상은 대체 어디서 온 것일까. 여기에서 잠시 그의 성장과정을 더듬어볼 필요가 있을 것 같다.

사이토 마모루는 1924년 서울에서 태어났다. 당시 그의 부친은 총독부 철도국 기사였다. 세 살 때 부친의 근무지인 淸津에서 생활했으니 그의 작품 속에 나오는 바다는 청진항의 앞 바다가 배경이다. 그는 서울 용산에서 초·중학교를 다녔다. 그 무렵 벌써 문학서적을 탐독하면서 매일같이 한강의 모랫벌에서 시상을 연마한 듯하다. 경성제대(서울대 전신) 예과에 진학하여 첫 철학시간에 '時間'에 대한 강의를 들은 것이 사이토 시론의 핵심이 되었다고 그는 말하고 있다.

전쟁 말기 학도병 동원으로 김포비행장 건설에 차출되기도 했으며, 홍남 질소공장으로 동원되었을 때 패전을 맞게 된다. 그 해 12월에 귀국하여 실로 41년 만에 아시아 시인회의 때 홀연 서울에 나타난 것이다.
 사이토는 21세 때까지 우리나라의 지방에 거주하기도 했지만 주로 서울에서 자란 탓인지 예전의 '한강'을 나보다도 더 잘 알고 있었다. 한강을 요람으로 삼았기 때문일 것이다.

       뗏목이 천천히 흐르고 있었다
       강가에 빨래 방망이 소리가 터지고 있었다
       나는 혼자 돌을 던지고
       조약돌은 힘껏 차례로 물을 잘랐다

       뜻밖에 비명이 일고
       모랫벌에 발이 빠지면서 여자가 달려왔다
       외치는 소리가 들리고
       피묻은 손이 내밀어졌다

       나는 이 나라의 말을 알지 못했다
       빨래방망이를 내던지고
       여기 저기서 여자들이 일어섰다
       나는 사과해야 한다고 알고 있으면서도
       나는 하지 않았다

 이 〈한강〉을 읽으면 누구나가 해본 소년시절의 경험이 되살아난다. 즉 조용한 수면을 보면 파문을 일구고 싶어져서 돌을 던진다. 혹은 조약돌로 얼마나 물을 가를 수 있는지 시합을 한다. 사이토는 한강벌에서 이 놀음을 하고 있다. 당시는 이 강에 뗏목이 흐르고 강가에서 아주머니들이 빨래를 하고 있었던 모양이다.
 어느 날, 장난삼아 아무 생각 없이 던진 돌이 뜻밖에도 세탁하는 여인의 손에 맞았다. 비명을 지르면서 피어린 손을 내밀고 달려오는 여인,

빨래방망이를 내던지고 일어나는 여인네들의 행동에서 우리들은 단순한 항의를 넘어서 뚜렷한 배일 감정을 보게 된다.

그는 분명히 자신의 잘못을 알고 있으면서도 사과하지 않은 비양심적인 처사를 말하고 있다. 이것을 통해 일본이 한반도에서 범한 과오를 이즈음에 와서 사죄하기는 고사하고 침략행위 그 자체를 합리화시키기에 급급해 있는 일부의 군국주의의 망령들에게 신랄한 일침을 가하고 있다고 볼 수 있다.

사이토의 일본 군국주의의 침략행위에 대한 속죄의식은 시 〈地圖〉에서 최고조에 달한다. '잘못이 두 나라를 결부시키고' 있다는 생각이 그것이다. 이것은 한일합방의 부당성을 지적한 것이지만 아무튼 정치적인 문제는 고사하고라도 사이토가 소년시절 머릿속에 새겨둔 것을 솔직히 털어놓는데는 감동하지 않을 수 없다. 특히 한국의 현대시인들이 거의 눈길을 돌리지 않고 있는 우리들의 전통적 풍습이라든가 사라져가는 민속놀이를 현대에 되살려 준 작품이 많은 데에는 놀라지 않을 수 없다.

이와 같은 관점에서 혹시나 사이토에게는 우리들의 피와 정신이 섞여 있는 것이 아닌가고 여겨질 정도로 한국적인 이방인(半韓人)이라 아니할 수 없다.

이 글이 발표되자 사이토가 내게 귀띔해 주었다. 동료들로부터 '한국 가서 살지……' 하고 빈정대는 반응이 있었다고.

*

일면식도 없을뿐더러 작품을 대한 바도 없던 나에게 모리자키(森崎和江)는 문득 싱카와(新川和江)를 떠올리게 했다. 가즈에(和江)라는 이름이 같았기 때문이다.

그녀를 소개한 아이자와 시인에게서 모리자키의 에세이집 ≪두 가지 말 두 가지 마음≫과 ≪森崎和江시집≫ 그리고 사가와(佐川亞紀), 남바 미치코의 평문과 신문 스크랩 등의 자료가 왔다. 진작 내가 소장하고 있는 아쇼(麻生直子)의 평론집 ≪현대여성 시인론≫ 속에도 그녀에 대한 논평이 있어 접근이 수월해졌다.

모리자키는 1927년 식민지 통치하의 경북 大邱에서 태어났다. 초등학교 5학년 때 경주중학 초대 교장으로 부임하는 부친을 따라 新羅의 古都 경주에 옮겨가 살게 된다. 한창 감성이 예민한 소녀시절을 이 고장에서 보냈다는 사실이 그녀의 성격 형성에 결정적인 역할을 한 듯하다.

1944년 대구여고를 졸업한 그녀는 후쿠오카(福岡) 여자전문대에 입학하기 위해 귀국, 17년간 자란 이 땅을 떠나게 되는데 그동안 그녀는 줄곧 대구와 경주의 일본인 거리에서 생활했다. 소위 內地인으로 불리는 부류에 속해 있었다. 하지만 그녀는 내지(일본)를 모르는 내지인에 불과했다. 내지인이 식민지에서 낳은 계집애였다. "그런 내가 무엇에 길러졌는가. 나는 무엇이 되었는가. 나는 식민지에서 무엇이었는가. 또한 패전 후의 모국이라는 데서 나는 무엇이었던가"라고 그녀는 〈나의 얼굴〉이라는 글에서 되묻고 있다.

그녀의 갈등과 방황은 바로 이런 데서 비롯된 듯하다. 15세 때 이국에서 어머니를 여의고 25세 때 아버지를, 그리고 이듬해 와세다(早稻田) 대학 학생인 동생마저 자살해버리는 극단적인 상황에서 나온 절망감…….

    너
    되살아나라 내 앞에
    헤엄치자 너와 더불어
    바다가 없는 부둣가

부두가 없는 바다에 아아

— 〈바다〉 일절

　동생이 죽기 몇 해 전 그는 잠시 쉬고 싶다고 말한 모양이다. 그리고 자신에겐 고향이 없다고 중얼대기도……. 그가 말하는 고향이란 일본식 사고의 토대이자 일본적인 생존의 에센스를 의미하는데 그것을 가질 수 없었던 한 젊은이의 죽음의 의미를 응시하는 것을 그만둔다면 그는 몇 번이나 되풀이 죽을 수밖에 없는 노릇이다.
　여기에서 나는 모리자키가 〈시를 쓸 무렵〉에서 밝힌 글을 눈여겨보지 않을 수 없다. 즉 "이리하여 조선의 풍토와 풍물에 의해서 길러지면서 그러한 사실에 조금도 주저함이 없이 나는 자랐다. 그래도 패전 전후에 일본에 와 있었기 때문에 드디어 지배 인종의 아이로서 식민지에서 감성을 기른 사실에 고민하게 된다. 그것은 씻을 수 없는 原罪로서 나의 내부에 가라앉아 있었다. 전후에 왕성하게 전개된 제국주의 비판사조에도 별 흥미가 없었다. 왜냐하면 나는 정치적으로 조선을 침략한 것이 아니라 보다 깊이 범한 것이 있기에. 특히 신라의 고도 경주로 옮기고 나서는 조선에의 애정이 깊어지고 뚜렷이 의식되면서 역사의 자취를 즐기고 그 심정에 기대어 유치한 시를 써 왔던 것이다."라고.
　그녀 말마따나 오로지 조선에 의해 길러져 왔기에 ≪경주는 어머니의 부르는 소리—나의 原鄕≫이라는 책자까지 펴낼 정도였으니 비록 몸은 일본에 있을지라도 마음은 경주에 있다는 심정을 헤아려 줄 만도 하다. 만약에 그녀가 그의 가족들이 저토록 이 땅을 사랑하지 않았더라면, 경주라는 고장과 사람들의 보물(문화재)을 알아차리지 못했더라면, 이토록 괴로워하지는 않았을 것이다.
　경주중학의 초대 교장이었던 그녀의 아버지는 결코 냉혹한 탄압자는 아니었던 것 같다. 개인을 존중하고 이상을 가진 모던한 인격자였던 모양이다. 소위 내지(內地)의 봉건성을 부정하는 리버럴한 교육자였다고 할 수 있다.

나의 초등학교 시절에도 이런 일본인 교장이 있었다. 머리가 훌렁 벗겨진 니시다데(西舘善平), 바로 그 사람의 인자한 모습은 지금도 눈앞에 선하다. 그분이 일본인학교로 전임되자 방과후면 그 학교 정문에 가서 선생을 기다리던 조선의 아이들, 이분의 米壽 땐가 한국인 제자들이 대거 일본에 몰려간 사실을 나는 기억하고 있지만….

모리자키의 부친도 아마 이런 케이스의 교장이었을 것이다. 훗날(1968) 죽은 부친을 대신하여 그녀가 경주에 초청되어 왔을 때 교장을 따르고 그리워하는 제자들의 말에 의하면 그녀 부친도 두 개의 총구에 겨냥되어 있었다 한다. 하나는 일본의 官憲한테, 또 하나는 조선민족주의자의 그림자였다고 한다. 이 리버럴리스트는 타국의 침략 따위에는 거의 무관심했던 것 같다.

    가시덤불 눈 저쪽에 살갗을 버리고

    바다 海神의 울림이여

    그 혀 부드럽게 목덜미를 오락가락
    母國에의 애착같은 절망을 빠네

    유산을 긁어모은 조약돌 무덤에는
    녹색 오줌을 갈겨라

    수남!
    동생이라 부르기 괴로운 수남

    나의

오빠를 알려드릴까요

바다에 갇힌 이리의 불꽃
돌 속에서 살구젖을 준 사나이

한글의 不毛를 보듬고
눈뜨지 않는 젖먹이와 나란히…

알리고 싶어 수남
일본 태생의 수남

新羅의 나무 그늘에서 왜놈 2世에
계속 먹여준 저 生靈의 기색

봐요 나의 肝을 먹은
그 소리

오빠 내음이 물씬나는 텅빈
原始林

수남
보이나요 투명한 子宮의 그늘……

일본에 눈이 오네
아아

産月 바닷가에 굴러서
바다에 상냥한 비웃음을 당하여

수남!

언니라 불려서 괴로워 수남

　모리자키의 시 〈朝鮮海峽〉을 보면 표현 속에 한글 발음으로 되어 있는 것이 적지 아니하게 눈에 띈다. 이를테면 '수남' '바다' '한글' '일본' '왜놈' '언니' 등이 그것인데 이것은 그녀가 우리말을 그만큼 알고 있다는 증거이다. 다른 작품에도 그런 표기가 얼마든지 있다. 그뿐인가, 산문 속에는 아예 한글로 표기된 우리말이 속출한다. '났습니다'라는 말이 많이 나오는데 이것은 '낳습니다'의 오기인 듯하다.
　그녀는 논픽션 작가인데다가 평론가이자 脚本에까지 손을 대고 있어서 그런지 시도 다채롭고 드라마틱하다. 굳은 지성과 부드러운 감성의 하모니를 엿볼 수 있다. 그럼 여기에서 모리자키의 정신적 모태는 대체 무엇이며 어디서 왔는지 생각해 보아야 할 것이다.
　그녀는 기탄 없이 실토하고 있다. "조선은 굳다고 생각한다. 농민이라 해도 결코 이빨을 보이지 않았다. 그것이 침입자에의 저항인 것을 지금은 알고 있지만 어릴 적부터 그것밖에 나에게는 그 대결의 눈빛이 어머니의 가르침처럼 믿어진다. 저것이 아니면 안 된다고 생각한다. 저것이 아니면 인간관계의 올바른 신뢰는 생겨나지 않는다. 조선은 굳었다. 저 민족의 아름다움은 바위에 있다"고 하는 조선. 그것은 전후 20년이 지나 방문한 이 땅의 한 시골에서 그녀가 어머니라고 부르는 한 노파가 하염없이 우는 그녀에게 "울고싶지. 당신은 이곳 사람이니까"라고 우리말로 한 조선인 것이다.
　그러고 보면 모리자키의 조선은 향수 어린 조선도 낭만적인 조선도 아니다. 이 땅이 그녀의 심정을 길러주지 않았더라면 향수 어린 낭만적인 異國으로 끝났을 것이다.
　어릴 적부터 모리자키를 다그쳐온 조선 아이들의 눈, 天皇이 없는 그들 자신의 눈이었다. 거기에서 그녀는 오키나와(沖繩) 사람들이나 탄광의 어머니들을 보고 있었다. 그야말로 그녀는 조선에 의해 양육되었던 것이다.

모리자키는 이 땅에다 몸을 열어제치고 이 고장을 호흡했기 때문에 그것은 어린 생명을 길러주는 젖 같은 것이 되어버렸다. 그녀에게 있어서 이 땅은 유모 이상의 존재였는지도 모른다. 그래서인지 그녀는 일본에 돌아가서도 몸에 異族을 숨기고 있었다. 또 하나의 말을 숨기고 있었다. 더욱이 그렇게 해서 길러진 原罪의 어둠을 바다에 버리고 후련해할 수 있는 삶이 아니었다. 뭐라 표현할 수 없는 이와 같은 어둠 속에서 그녀는 일본이라는 외국 같은 나라를 보고 있는 것이 아니었을까.

*

세계 제2차대전으로 20년간을 산 고향 그곳에 일체의 유형무형을 잃어버리고 헤아릴 수 없는 숱한 사랑하는 사람들을 잃어버렸기 때문에 불쑥 '죽음' 과 '삶'과 '사랑'이 나의 시의 출발에 큰 테마가 되었습니다. 인간의 생명을 상처 나게 하는 것에 대해서는 언제든지 그것에 맞서는 것이 나의 내부에 底流하고 있습니다. 그것을 파악하는 방법에 있어서 자신에게 앞으로 바라고 싶은 것이 있으며 이 시집 다음 자신이 얼마간 달라지리라는 것을 예감하고 있습니다. '푸른 말'은 발을 뻘고 물 속에서 나가겠지요.

다끼구치(瀧口雅子)는 첫 시집 ≪푸른 말≫의 후기에서 20년은 조선이 고향이라 지칭한다. 전쟁으로 인해 거기에서 잃어버린 유형 무형의 것과 사랑하는 사람들 때문에 生·死·愛가 그녀의 시의 출발이 되었다고 실토하고 있다.

앞서 언급한 바 있는 앤솔러지 ≪즐거운 번갯불≫에는 그녀가 서울 태생으로 되어 있는데 ≪현대여성시인론≫ 속에는 1918년 함경북도 태생으로 기록되어 있다. 네 살 때 어머니를 여의고 양녀로 자라다가 열 살 때 아버지마저 잃었다.

1936년에 경성제일여고를 졸업하고 20세 때 단신 도쿄(東京)에 돌아간다. 그녀가 태어나면서부터 잇따라 일본의 침략전쟁이 일어나는데 다끼구치는 자기 나라가 아닌 외지에서 자랐음에도 불구하고 시에 있어서의 감성이나 정신의 소재는 다른 어떤 시인들보다도 일본적 서정을 짙게 받아들이고 있다.

'外地'라는 모국과는 다른 나라와 사람들 틈에서 자라면서 모국과 같은 교재로 교육을 받은 사실이 그녀로 하여금 모국의 문화와 풍습, 제도적 정신 그 자체를 보다 짙고 순수하게 그녀에게 배양시킨 것이 아닌가 싶다. 그리고 본토에서의 정착이 시작되자 반대로 지금까지 자란 분명 '外地'로서의 고향 '조선'에 맞서게 되었다고 볼 수 있다. 이런 관점에서 모리자키의 경우와는 아주 대조적이라 할 수 있다.

> 가라앉은 중얼거림은 바다 밑에서 온다
> 물의 주름살을 통해 보이는 한 마리 말의
> 먹어버린 두 개의 눈
> 일찍이 그 등에
> 사람을 태운 기억마저 희미해져서
> 바다 밑으로 가는 한 마리 푸른 말
> 말은 언제부터 바다에 사는가
> 등에 끼얹은 피보라는
> 자신의 것이었던가
> 누구의 것인가
> 아무런 기척도 없이 한 발로
> 얽히는 해초를 뿌리치며 가는
> 푸른 말의 눈은 은밀히
> 바다 빛보다도 멀고 쓸쓸한 곤색을 더하여

상처 난 옆구리에서 스며 나오는 피는
바닷물에 씻기고
물에서 물로 흘러서

가을이 되면
바다에 끼어 드는 짙은 안개
그때 바다 밑 바위 그늘에
말은 혼자 다리를 꺾고 웅크린다
냉기에 견디면서
기다림에 견디면서

　다끼구치가 한때 필자와도 인연이 있었던 기타카와의 ≪時間≫ 동인이었다는 사실을 알았을 때 네오 리얼리즘의 경향, 즉 '시를 사회와 자신의 心眼과의 일치점에 結晶 지으려는 의욕'의 산물로 받아들여졌다.
　이 〈푸른 말〉은 상처 난 것의 변형이자 고독을 견디는 심경의 표상이라 할 수 있지만, 한편 세상을 버리고 자신을 버리고 자연에 몰입, 적막강산에서 깨달음을 얻는 인간의 모습에 신비한 고결성이나 이상적인 의미를 부여해 온 것이 일본의 정신문화인 것을 생각할 때, 이 시는 패전국 일본의 죄를 씻기 위해 강에서 몸을 씻는 소위 미소리(禊)적 정신의 발로이거나 가해자나 피해자의 논리를 흡수한 관념으로도 받아들여진다.
　무릇 전쟁을 겪은 세대가 대체로 전후의식을 가지고 근대적 서정을 넘어서려 한다든지 강제성을 띤 것에 대한 반발과 비판성을 시에 표출해 왔지만 다끼구치의 경우는 무한포용의 행위랄까, 세상의 밑바닥에서 깨어 있는 슬픔에 젖어 있다고나 할까. 다음의 〈강철의 말〉에서도 볼 수 있듯이 받아들이는 受身과 靜止의 자세가 드러난다.

하늘의 푸른 빛이
자신의 것이라고
알아차릴 겨를도 없었다
말린 청어처럼 굳게 죽어간 젊은이들
뭣인가 불쑥
인간의 목숨을 찌른 그날

기억은 살아 있다
보이지 않는 눈에
고름처럼 퍼지는 그날
뭣인가가 관자놀이를 꿰뚫는 그날
부자유가 닥친 그날
눈꺼풀을 꽃처럼 물들이고 상냥함이
멀어져 간 그날

그날부터 걷고 있다
허리를 몽땅 냉각시켜
다리에 강철의 무게를 매달아
걷고 있다
돌계단에 걸려
앞으로 기운 채로

얼핏 보면 50년대 후반의 격동기에 참가의 자세를 취하고 있긴 하지만 그녀의 감정에 깊이 뿌리 박혀 있는 것은 傷心과 誘引性이라 할 수 있다. 그녀의 말마따나 "생명을 손상시키는 것에 대해서는 언제든지 그 것에 맞선다"는 결의를 하지만 결국은 자기 희생의 자세를 취하고 만다.
단지 이 세상의 공포를 깨어 있는 눈으로 느끼고 있지만 쓸쓸한 자신을 얽매는 모습일 뿐이다. 이런 자승자박의 受身적 발상은 전쟁의 혼란이나 식민지 시대의 인간관계나 생활에 대한 사고와 체험을 작품에다 거의 형상화하지 못한 데서 오는 것 같다.

  만약에 다끼구치가 모리자키처럼 일찍부터 그런 것을 테마로 앵글을 맞췄더라면 일본의 현대시에 좀더 다른 영향을 끼쳤을지도 모르겠다는 생각이 들기도……. 결국 다끼구치의 서정성은 삶의 쓸쓸함, 그 우수에 얽매인 사생관에 무게를 둔 채 있었다고 볼 수 있다.

90代 현역 시인들의 詩作
― 6개월 앞을 생각지 않는다

  웬일인지 일본에 가게 되면 노익장 시인을 만나고 싶어진다. 우선 말이 통해서라기보다 반세기 전에 생이별을 한 부친 생각 때문인 것 같다. 아버지 나이와 비슷한 90대 초반 시인이면 더더욱 그러하다.
  20세기 막바지에 이르도록 생사조차 모르는 안타까움. 인권, 인권, 하지만 이 땅의 이산가족처럼 엉망이 되어버린 인권이 세계 어디에 또 있을까.
  아버지는 나를 21세에 낳으셨다. 그러니 내가 중학생 때 부친과 동행하면 아버지 친구들이 '형제지간 같다'고 놀려대기도 했다.
  문학을 한답시고 18세에 훌쩍 슬하를 떠나버렸으니 그것도 한마디 의논도 없이 이웃집 마실가듯이. 사람의 자식으로서는 불효막심하기 이를 데 없다. 그래서 이 땅에선 찾기 어려운 90대 시인을 이웃나라에서 만나고 싶어하는지도 모른다.
  근래 일본의 ≪詩と思想≫ 편집부에서는 연간 앤솔러지로 ≪詩と思想詩人集≫을 내고 있다. 필자의 작품은 1997년부터 해마다 게재되었는데 순서는 연령 순이어서 내 또래는 60번째 안팎에 놓이기 일쑤였다.

해마다 3명 정도 90대 현역시인들의 작품이 실리는데, 7·80대의 현역이 줄잡아 60명 가까이 된다는 뜻이다. 여기에 수록된 가장 젊은 나이는 30대 초반이었다.

작금의 최고령자는 스즈키(鈴木 勝, 1905~), 야마모토(山本耕一路, 1906~), 이와세(岩瀨正雄, 1907~) 등이었다. 앞의 두 분은 일면식도 없고 작품을 대할 기회도 갖지 못하다가 이 앤솔러지를 통해 알게 되었지만 이와세 옹은 96년 地球상 수상식 때 처음 만났다. 그는 이 상을 1992년에 시집 ≪나의 죄 나의 사죄≫로 수상한 바 있지만 그 땐 인사할 기회를 못 가졌고 4년의 세월을 기다려야만 했다. 여기에는 사연이 있다.

한때 나는 ≪現代詩學≫에서 〈일본현대시산책〉을 연재한 바 있었는데 이 속에 도요바시(豊橋) 출신의 마루야마(丸山 薰)를 논한 적이 있다. 이것을 마루치(丸地 守)가 자기 스승이라고 그 평문의 일역을 부탁해 와서 그의 시지 ≪詩と創造≫에 전재하기에 이르렀다. 이것을 이와세 옹이 나고야(名古屋)에서 발행되는 ≪東京新聞≫의 자매지인 ≪中日新聞≫(1996. 7. 8)에다 월평으로 다룬 바 있어 나 나름대로는 인사차 '96 地球詩祭때 식장의 그를 찾았던 것이다.

그런데 이게 웬일. 자기 앞으로 다가오는 나를 보자 성큼 걸어나오며 "선생의 평문을 다루게 해줘서 고마워요"라는 인사를 먼저 하는 게 아닌가. 일본말에 '氣取る'라는 말이 있다. '…체 하다' '…척하다'는 뜻인 모양인데 우리가 흔히 쓰는 '폼 잰다' 는 말에 해당될 것 같다.

나의 부친보다도 한 살 위인 그가 이렇게 나올 때 참말이지 뒤통수를 얻어맞는 기분이었다. 이 땅에서라면 '폼 재는' 전형적인 사태가 벌어졌을지도 모르는데……

시 월평은 이러했다. 서정시인으로 정평이 나 있는 마루야마를 시 〈병든 뜰〉과 〈조선〉을 통해 사회성을 보태서 내가 구명했다는 데 그는 주목한 듯하다.

　靑樹사 발행의 ≪詩と創造≫19호에 한국의 대표적 시인 김광림이 〈知的抒情詩人의 抵抗精神―丸山 薰의 獨自性〉이란 제목으로 장문의 에세이를 쓰고 있다.
　"일본의 전통적 서정에 이어지는 四季派의 시인 중에서 마루야마는 이단적인 데가 있고 반항적 요소가 강하게 드러나 보여서 저항시인의 용모를 띠고 있다"고 전재하고, 초기 작품〈병든 뜰〉, 그리고 한국 자체를 주제로 한 산문시〈조선〉에 다가간다.
　마루야마는 여섯 살 때 아버지가 조선통감부 경시총감에 임명되었기 때문에 일가족이 서울로 부임했다. 커다란 관저에서의 기억은 시지 ≪椎の木≫에 〈병든 뜰〉이란 제목으로 발표하여 이토(伊藤整) 등에 주목되었다. 끝의 3행

　　아버지 따위 베어 죽여라
　　어머니 따위 베어 죽여라
　　모두 베어 죽여라

　지배자인 통감의 비만한 아버지와 늙은 어머니가 下午의 뜰의 등의자에 걸터앉아 권력과 부유에 병든 권태로운 모양을 유년의 경련적인 감성에 의해 표현한 것이다.
　작품〈조선〉은 "아씨(姬)는 달리고 있다. 아씨 뒤를 악마가 열심히 쫓고 있다. 아씨는 한쪽 신을 벗어서 던지고 마침내 발가숭이에 가까운 모습으로 외쳐대면서 계속 달렸다. 악마는 참혹한 손톱을 길러 그녀의 목덜미를 잡으려 했다. 마지막 부분을 덮은 천조각을 포기하고 슬픔에 겨워 엎드려버렸다." 간단히 생략했지만 아씨가 한국이며 악마는 침략자인 일본이다. 마루야마 작품의 절창이라고 오노(小野十三郞)는 마루야마의 추도호에 썼다.
　이밖의 작품〈砲臺〉〈噴水〉를 비롯해 여러 작품을 들어 한국에의 지배뿐만 아니라 물상시집의 서정에까지 언급하고 아이지겐(愛知縣) 도요

바시(豊橋)시의 고오시(高師) 녹지에 세워진 시비 〈아름다운 생각〉에 터치하고 있다. 金光林은 도요바시 출신의 시인 마루치, 마루야마 상을 수상한 아키야(秋谷 豊)와의 교류가 깊다. 이 에세이는 피지배자의 입장에서 마루야마의 작품을 구명함과 동시에 서정시인에게 새로운 사회성을 보탠 의의가 평가될 만하다.

'98 地球詩祭에 참가했다가 동인지 ≪ゆすりか≫ 발행인의 권유로 도요바시까지 발을 뻗게 되었다. 그곳 중앙도서관에서 〈生과 死의 不惑의 詩人 岩瀨正雄展〉이 열리고 있다는 것이었다.

수와(諏訪)에서 세 시간 반이나 걸려 전시장에 당도했더니 이와세 옹은 진작 와 있었다. 귀가 멀어 대담을 할 수는 없었지만 몇 마디 주고받으며 행동을 같이 하는 데는 별 지장이 없었다. 삭정이 같은 나무지팡이를 하나 들고 있었지만 별로 거기에 의지하는 것 같지도 않았다.

시청 건물에 올라 시내 구경도 하고 고오시 녹지의 마루야마 시비도 찾았다. "밤하늘에 별이 반짝이듯이/대낮의 하늘에도 별이 있다고/그렇게 여기는 생각만큼/이상하고 아름다운 것은 없다"라는 시구가 새겨져 있었다.

어느 시인의 8순 잔치 석상에서 누군가 인생은 120까지라고 기염을 토하는 바람에 이와세 옹에게 "120까진 견디셔야죠" 했더니 자신은 6개월 앞은 생각지 않기로 했다는 것이었다.

이날의 만남에서 가장 인상 깊었던 것은 '자기는 지방문화 발전을 위해 힘을 쏟았을 뿐' 이라는 반응이었다. 그리고 지금도 ≪中日新聞≫의 〈중부의 문예〉란에 월평을 쓰고 있단다.

이 말을 들었을 때 60세에 접어들면서 월평에서 손을 뗀 나 자신이 슬며시 부끄러워졌다. 월평 따위 혈기왕성한 젊은 시절에 하는 것이란 생각이 그만 곤두박칠 치는 순간이었다.

헤어질 때 이와세 옹한테서 붓 한 자루와 시집 한 권을 선물로 받았다. 붓은 이 고장 명산물의 하나인 '白玉筆'이었다. 흰 고양이 잔등털로 만든 최상급의 붓이란다. 붓끝은 수천 가닥의 털로 지탱되어 있다는 것, 이런 붓에 어떻게 먹을 찍어 무슨 글을 써야 할지 난감하기만 하다.

시집은 지난 95년 그의 나이 88세 때 11번째로 낸 ≪斑鳩行≫이었다. 발행소(須永書房)의 시집 안내문이 눈길을 끌었다. "1억 2천여만의 일본인 속에 이런 인간이 있다. 한없이 사람을 사랑하고 풀이나 꽃이나 고기나 동물과 더불어 살며 사회의 부조리에 화를 내어 운다. 88년의 지금까지의 생애는 시밖에 생각하지 않았다. 바보의 한 가지 아는 것이라 할 수 있을는지 모른다. 불교신앙이 아니고 조형미의 심취도 아니고 至寶救世觀音에 맡긴 시상은 생사를 넘어선 엄격한 드문 시집이 되어 있다"고.

생사에도 굽히지 않는, 6개월 앞을 생각지도 않는 시인한테 더 할말을 잃고 말았다.

해바라기 씨
　　　　　　　이와세 마사오(岩瀨正雄)

태풍이 赤道쪽에서 온다
태풍으로
꺾인
해바라기에 불을 붙였다
잎새는 불탔지만
꽃씨는 그슬렸을 뿐이다.

그 때
彌勒菩薩像*의

머리 뒤쪽에서 顔面에
두 가닥 굵은 못이
미사일처럼 처박혀 있는 것을 알았다**
法隆寺에서 中宮寺에
절은 여승방이었다
如意輪觀音
미소 띤 입술 길다란 귀 뺨에 댄 부드러운 손가락
悲哀가 몇 가닥이나 옷깃에까지 흐르고 있다
못의 아픔을 몰랐었다
피는 흐르고 있지 않았다

해바라기 씨앗은
헤아릴 수 없을 정도다
한여름의 꽃은 금빛으로 타고
태양의 꽃이라 불리었으나
올 여름은
저 이가 저 이가 저 이도 죄다 불타 사라졌다
꽃의 씨앗에는
숱한 소동의 생애가 박혀 있다

계집도 사내도
못이 박혀 있는 줄 모르고
如意輪觀音을 찾아
救援을 기도한다
해바라기는 집 뜰 앞이나 밭 귀퉁이나 내갈겨 둔 밭에 피어
여름이 끝나면
鬼籍에 들어간 사람들이
씨앗이 된다

*彌勒菩薩像—如意輪觀音으로 섬기고 있다
　彌勒菩薩像의 못에 관련된 내용은 平成8年 8月16日 《朝日新聞》 사진에서 본 것.

올 해

正月 초이틀
붓 만드는 직공이 와서
白玉筆 한쌍을 주었다
白玉筆은 흰 고양이 등털로 만든
최상급의 붓인 모양
바늘 끝보다도 날카로운
붓 끝은
수천 가닥의 털로 지탱되어 있다고 붓 직공은 말한다
흰 고양이 털
어디서 태어나서 어디서 살아왔는가
수천 가닥의 흰 털이 아니고
상냥한 여자가 나를 목 졸랐다

검은 머리
도쿄의 호텔이나 절간의 숲이나 바닷가가 아니고
天上에서 서로 사랑한
氣流가 바뀌어
정신이 불타 亂氣流가 되면
나는 더욱 더 惡人이 되어간다
늑대일는지도 모른다
無人驛에서 기다리고 있는 것은
굶주린 짐승이었다

나의 주변은
가시투성이 탱자나무로 둘러싸여 있다
北風은
탱자나무를 넘어서 한결 싸늘하게 나를 찌른다

―나는 어느 동물보다 바보였다
사랑하는 일은 포르말린 절임이 되는 거다
大寒의 밤중
아홉 살 난 소녀가 목매어 자살했다 소녀는 순결했다
나는 소녀보다
열 배나 살았다
새해가 왔다 나는 세월의 바로 밑에서
하얗게 죽지 않으면 안된다

소박한 바보

스즈키 마사루(鈴木 勝)

오랫만에 가게 앞에 섰다.
있다 있어
화려하게 장식된 신입생 코너는
연소자에게 맞는 것의 호수로다
그렇지만 내가 구하는 의중의 책은 없었다
그것은 쉬운 회상 속에서
언제까지나 살아온 책이다.

오랫만에 선 가게 앞
내가 구하고
내가 주려고 한 이완의 바보는
이제 현세에 없을지 모른다.
사람의 발자취가 되어 언제나 먹지 못하는 이완
사람 좋고 멍청하고
겁쟁이 이완
明治의 추억 속에서
아직 살아 있는 이완

밝은 햇살이라도
이완이 없는 소년들의 혼잡
그 가게 앞에서 나는 서서 바라보고 있다.

소박하고 친애하는 이완의 바보여
나는 힘없이
한 단씩 계단을 내려간다.
구하는 책이 없는 쓸쓸함보다도
이완을 만날 수 없었던 헛됨이었을는지 모른다.

星 座

야먀모토 고이찌로(山本耕一路)

우연이
창에 보인
하나의 별빛은
순수하고 깨끗한
神의 별로 보였지만

지금은 한발의
총탄으로 보여서
어쩔 수 없다

칼날이 한 장

개인 하늘
말짱 개인 하늘
한점 구름도 없다

가도 앉아도
푸르고 푸른 하늘

잠드는
재단기 칼날이 한 장
날고 있다.

일본 시인들 무엇을 어떻게 쓰고 있는가

1

우리나라에는 거의 알려지지 않은 일본의 중견층 시인을 세 번에 걸쳐 소개하고자 한다. 여기에서 '거의'란 말을 쓴 것은 과거에 한국, 일본, 대만 등지에서 세 나라 말로 교대로 펴낸 앤솔러지 ≪아시아 현대시집≫에 간혹 작품이 수록된 바 있는 시인도 끼어 있기 때문이다. 그리고 여기서 '중견층'이라 한 것은 일본에는 8·90대의 고령 현역이 수두룩하기에 6·70대를 편의상 중견으로 지칭한 데 불과하다.

1998년 초 도쿄의 록본기(六本木)에 있는 중화반점에서 월간지 ≪詩と思想≫이 마련한 신년모임이 있었다. 그 자리에 필자도 초청되어 한마디 하라기에 "한국에선 나는 중진이나 원로 취급을 받는데 예서는 내 또래가 백 명쯤 됨직하다……"고 했더니 다음 화자인 다카하시(高橋 渡, 1922~)가 선뜻 내 말을 되받아 "나도 한국 가서 원로대접 받고 싶다……"고 해서 폭소를 자아낸 바 있다. 부러워하는 말투지만 어쩐지 빈정거림으로 여겨지기도 했다.

하긴 7·80대의 시인이 열 손가락도 꼽히지 않는 우리의 현실에서 반세기 이상을 꾸준히 시작에 몰두해 온 사실을 존중해서 '원로'니 '중진'이니 호칭하는지는 몰라도, 일본에선 거의 이런 말을 들어보지 못했다. 흔히 쇼와(昭和)시인 아무개, 전후시인 누구, 민주 1세대의 그, 등등 세대별로 말하고 있을 뿐이다. 우리가 잘 안 쓰는 대표적 시인이란 말은 자주 들린다.

여기에 소개하는 시인들은 시단 일선에서 활동하고 있는 70세 전후의 시인들이다. 나와의 친분도 고려해서 골랐다.

바 람 외 1편
　　　　　　　　　　아이자와 시로오(相澤史郞)

　바람
　분다.

　고갯마루의
　초가집
　가야금 소리의

　　바람(사람이 사는 것이라나)

　왕조의
　꿈의
　모습으로 썩어서

　뒤틀려 떨면서
　파란의

예감에 질렸을 때

    香頭節*의 "몇백 년 살 수 없지"

아리랑은
호랑이 코끝에서
바람이 되지

        *香頭節: 葬禮式에서의 弔歌

台灣의 北京 오리
  — 거리 모퉁이에서

글쎄 먹어봐
……여보게 일본 사람

北京 오리와는 맛이 다르지.
北京 것은 여위고 껵껵해.
공산주의이기 때문에 脂肪도 적지.

北京의 유명 飯店 오리는 말이지
모두 台灣거야.
요코하마(橫濱) 中華街도 그렇지.

일본 사람 그걸 먹고
"역시 본고장 오리는 맛있다"고?

北京 오리는 台灣이 최고야.
아무튼 실컷 먹어줄 테니

經濟力이 다른 걸.

여자 같애.
……응?

거짓으로 여겨지면
자……먹어보라니까.

여보게 일본 사람.
(솥 속의 北京오리
갈쿠리에 축 늘어뜨려서
文明의 기름을 착취당하고 있다
그 길고 긴 모가지의
疑問符)

아이자와 시로오(1931~)

일본 동북지방의 이와데(岩手)시에서 태어났다. 어릴 적부터 누나한테 영어를 배워 아오야마(靑山)학원 대학 영미문학과를 다녔다. 졸업 논문에서 T. S. 엘리엇을 다루고 대학원에서 히나츠(日夏耿之介)의 개인 지도를 받아 W. B. 예이츠에 관한 논문을 썼다. 고등학교 교사와 전문대 강사를 지내면서 E. 파운드와 이미지즘에 관한 폭넓은 시세계를 섭렵했다. 44세 때 도카이(東海) 대학 교수로 재직하면서 현재에 이르고 있다. 일본의 사립대학은 70세가 정년이다.

주요저서로는 ≪惡路王≫(1977) ≪피의 겨울≫(1984) ≪외눈깔의 神≫(1990) ≪夷歌≫(1997) 등 네 권의 개인시집과 ≪狂氣와 殘氓≫(1972) ≪薔薇와 幻野≫(1984) ≪新〈裏〉의 문화≫(1989) 등 세 권의 평론집이 있다.

내가 아이자와를 처음 만난 것은 지난 1993년 北上현대시가문학관이 베푼 세계시인 시리즈 첫 번째로 〈한국의 시인은 말한다〉에 구상 시인과 함께 파네러로 초청되어 갔을 때였다. 그는 이 문학관의 운영 책임을 맡고 있었다.

그후 일년 가까이 일본에 머무는 동안 주로 술친구로서 어울리곤 했다.

지금까지 그는 方言詩로 일관하고 있다. 표준어가 아닌 사투리(東北方言)로 시를 쓰고 있는 것이 특색이라고나 할까. 우리나라의 白石시인을 연상케 한다. 여기에 소개한 시는 사투리를 표준말로 고쳐서 번역했음을 밝혀둔다.

앞서도 잠깐 언급했지만 아이자와는 아일랜드문학에서 재즈에 이르기까지 폭넓게 섭렵하고 나서 고향의 사투리 세계에 돌아와 수탈과 빈곤과 원한의 경지를 표출해 왔다고 볼 수 있다. 어쩌다 멕시코 예술 등에서 만날 수 있는 '철저한 토속성과 전위의식'이 바로 그것인데 그가 말하는 토속성이란 첨예화된 실천 끝에 이른 쉬르풍의 경지라고나 할까. 그가 지향하는 방언시에 집착하다 보면 으레 그쪽으로 기울게 마련인 모양이다.

아이자와는 《신〈이〉의 문화》에서 "심한 눈보라 속에서는 깊이 호흡을 하지 않으면 걸을 수 없듯이 말을 단락짓고 그 단락을 또 용수철로 해서 노래하는 文型과 音調"를 역설하고 있다.

최근의 그의 시작을 두고 데라가도(寺門 仁)는 "쉬르의 불안전성이 가세하고 꿈속처럼 격정으로 움직인다. 상징성 혹은 이미지즘 등, 이런 것도 짙어진 듯하다"고 평하고 있다.

한편 그는 희곡이나 드라마에도 손을 뻗쳐 작품이 무대에도 오르고 방송되기도 한 모양이다.

黑人兵 외 1편

이시하라 다케시(石原 武)

저 하늘 한구석이 유달리 어두운데
뭣인가고 아내가 묻는다
저 언저리는 먼 바다로서 날씨가 사나워질 때는
어김없이 어둠이 그쪽으로 모인다
고 나는 대꾸한다

軍港의 골목을 비틀대며 걸어온
黑人兵이
손바닥을 내밀며 악수해 달란다
뜨겁게 심히 냄새나는 피부를 잠시 나에게
맡긴 채

    GIAL, GIAL, I WANT

소나기는 밤중에 닥쳤다
새를 문 고양이가 골목을 가로질렀다

堤 防

새끼 고양이가 몇 마리 태어났다
눈 뜨기 전에
물 속에 처 넣으라
자루에는 돌을 쓸어 넣는 게 좋다

바다에 가니

바닷바람은 잔잔하고 이미 어두워
모래무지를 꿰뚫고 아이가
제방에서 막 돌아오고 있다
밀물에
푹 무거운 자루가 가라앉고
아무 일 없이 여름의 水葬이 끝났다

그날 밤 어미 고양이가 밤새 울었다
젖이 불어 괴로운 모양이라고
계집이 말했다
어미 고양이도 처녛으라고
베개를 내꼰지며
나는 말했다

이시하라 다케시(1930~)

고오후(甲府) 시에서 태어나 어려서부터 병에 시달렸다. 메이지(明治) 학원 대학 영문과에 재학, 니시와키(西脇順三郎) 등 유명 교수들의 강의를 들었다.

한때 한국전쟁으로 활기 띤 軍港 요코스카(橫須賀) 근처에 살며 중·고교 교사를 지내다가 고시가야(越谷) 시로 옮겨 대학 강단에 서게 되는데 44세 때 붕교(文敎) 대학 교수로 취임하게 된다. 이후 오늘에 이르기까지 이곳에 봉직하고 있는데 필자가 바로 이 대학의 언어문화 연구소 객원 연구원으로 가 있다가 일년을 안 채우고 돌아왔지만 여기에 나를 불러준 시인이 바로 이시하라이다. '한·일 현대시 공동 연구'라는 명분으로 가서 주로 도서관 출입과 초대받은 시인들의 행사에 나가곤 했다.

이시하라 집에는 꼭 세 번 초대받아 갔었다. 술 상대가 안 되니 부인이 맞대응을 하곤 했다. 이 글을 쓰면서 비로소 그가 술을 삼가는 까닭이 그의 병약 체질에 있었음을 알게 되었다.

주요 저서로는 그가 군항 근처를 배회하면서 시를 쓴 것이 후일 첫 시집 ≪軍港≫(1967)으로 나왔다. 이후 ≪번개비 오다≫(1969) ≪떠난 코끼리≫(1973) ≪해질녘의 神≫(1981) ≪腦外科病棟≫(1986) 등의 개인 시집과 케네스 팟첸의 역시집을 내기도 했다. 시론집으로는 ≪시적언어≫(1974)와 ≪시의 原郷≫(1994)이 있으며 그밖에 에세이집, 시화집, 번역서 등이 있다.

이시하라는 오하이오의 가난한 광부의 아들로 태어난 케네스 팟첸(1911~1972)에 대한 동경이 얼마나 절실했던지 〈말없는 사람은 어디서 노래할까〉라는 에세이에서 "그에 대해서 쓰고 있자니 나는 그만 끝날 줄 모르게 된다"고까지 실토하고 있다.

팟첸의 생애는 결코 영광이나 명성에 휩싸인 것은 아니었다. 불치병을 앓은 팟첸과 자주 병마에 시달려 온 이시하라와는 공통된 고민이 있어 그에게 사로잡혔는지도 모른다.

시의 감동이란 언어에 의해 재생된 존재에의 놀라움이라고 그는 말하고 있다. 존재의 원형이 되는 것은 '뜨겁게 심하게 냄새나는 피부를 지닌 흑인병사'지만 그 밑바닥에 있는 것은 현대문명 속의 '어둠'으로 팟첸 시의 '대낮의 사악한 암흑'과 공통되는 것이라 할 수 있다.

그와 국제적인 보조를 잘 맞추고 있는 아키야(秋谷 豊)는 "이시하라의 시는 현대의 어둠을 꿰뚫어 보는 인간의 실존적 인식에 의해 내부에서 발생하여 저절로 이루어지는 시적 구성이 있다. 독특하게 절약된 언어의 긴장감, 그리고 거기에 더불어 즉물적인 상상에 육박하는 리얼리즘이 있어서 그것이 그의 시를 견고한 것으로 만들어 놓고 있다."고 평한 바 있다. 이런 점에서 신즉물주의 시인 무라노(村野四郎)와의 근사치를 보게 된다.

사마귀 외 1편

오오이 고오요오(大井康暢)

어둑한 마루바닥에서 문득 눈이 머물렀다
거기에만 저녁햇살이 비쳐 있다
사마귀가 두 마리 겹쳐져 있었다
드디어 한 마리가 한 마리를
머리부터 천천히 먹기 시작했다
암컷 입에서는 수컷의 몸이 반쯤 삐져 나와 있다

나는 불현듯 멈춰 섰다
수컷은 잡아먹히는 쾌감에 꾹 참고 있다
오랜 시간이 지났으리라
암컷은 흔적도 없이 수컷을 먹어치우고
가냘픈 가을 햇살 아래서 으젓하였다

암컷이 수컷을 먹는다 이것은 처참한 현실이다
여기에는 生殖의 逆說이 있다
잡아먹히는 수컷의 종자를 지키는 황홀이 있다
엄숙한 섭리의 수용이 아니라 그 무엇이랴
이 이유없는 개체의 묵살—
끝없이 이어지는 생명의 일순의 빛남이여

드디어 암컷은 천천히 움직이기 시작한다
기둥을 오르고 벽을 기어
交尾 후의 피곤을 끌고
먹어치운 사랑의 一體化에 비틀대면서
그녀 앞에 기다리고 있는 마른 풀섶은
아직 멀다

죄 수

갇혀 있는 사람은 나올 수가 없다
벽에 새겨진 인간의 손톱과 핏자국
그리고 똥 오줌 냄새
녹슨 철창 저쪽의
회색 벽에서 잘라낸 네모난 푸른 하늘
하루에 아주 잠시 햇볕이 든다
파리가 시끄럽게 깃치는 소리를 낸다
멀리서 노랫소리가 들려온다
하늘 아래에는 푸른 지평선이 이어져 있는데
죄수는 옴짝달싹도 않는다

한여름의 榮光은 지나가고
외침소리와 비명만이 귀에 남는다
살육의 흥분은 한순간의 殘像에 불과하며
온 세계의 불행을 모든 행복의 한구석에서
죄수는
저주하고
원망하고
슬퍼한다

시간은 무섭게 괴롭게 흐른다
죄수는 막아놓은 濁流가 다시금
되몰아치는 파도에 뜬 먼지이다
기억은 어스름 속에 물가를 헤매이고
죄수의 부드러운 마음은 잠자고 있다
야윈 뺨에
깎다 만 수염이 자란다

육체마저도 살아 있는 걸 그는 모른다
기억은 燐光을 내며 싸다니고
그것들은 떠돌아다니는 그림자이고
實在는 아니다
죄수의 삶은 혼자의 삶이 아니고
죄수 전체의 모듬이 단 하나의 삶인 것이다
지금 세계는
넘쳐나는
죄수의 무리로 둔갑하려 한다

오오이 고오요오(1929~)

이즈(伊豆) 반도와 후지(富士)산을 양켠에 거느린 미시마(三島) 시에서 태어났다. 그의 부친은 군의 고급장교로 중국에서 활동했고 모친은 여학교에서 교편을 잡기도 했다. 두 살 때 인근 개천에 떨어져 떠내려가는 걸 세탁하던 아주머니가 건져내기도 했다. 어려서부터 줄곧 병마에 시달려온 허약 체질이어서 그런지 명곡 듣기를 좋아한 듯하다. 한때 중국에서 소·중학교를 다니다가 단신 귀국하여 전쟁 말기의 공습에 무척 시달린 듯하다. 초기엔 소설을 쓰면서 시 습작에도 열중했다. 일본대학 영문과를 마쳤는데 졸업논문은 E. A. 포였다. 선배인 오오하다(大畑 專)가 발행하는 ≪문화와 교양≫에다 〈無言歌〉〈白衣의 사람〉 등을 발표했다.

39세에 첫 시집 ≪멸망해 가는 것≫(1968)을 내고 나서 ≪非在≫(1974) ≪추락된 映像≫(1978) ≪시인의 죽음≫(1979) ≪브리지스톤 미술관≫(1982) ≪현대≫(1997) 등 여섯 권의 시집과 ≪전후시의 역사적 운명에 대하여≫(1985)와 ≪예술과 정치, 그리고 인간≫(1991) 등 두 권의 평론집을 내고 있다.

내가 오오이를 언제 만났는지는 확실치 않지만 일본 시인들의 모임에서 만난 것만은 확실하다. 나와 동갑내기라는 데서 호기심이 동했지만 금방 기가 통한 것은 내가 고인이 된 오오하다와 꼭 닮았다는 데서였다. 곧장 그는 나를 동인지 ≪岩礁≫에 특별동인으로 끌어들였다.(동인들은 회비를 내도 특별동인은 작품만 기고하면 된다.)

그는 15년만에 출간한 시집 ≪현대≫후기에서 "자기 나름대로 현대인의 사는 법에 대해 모색해 왔다"고 밝히고 있는데 아마도 이 말은 늘 앓다시피했기 때문에 사는 그 자체가 자기 표현의 어떤 모습이었을지도 모른다. 허무로 치닫게 하는 데 대한 의지적 행위로서 그의 시가 이루어지고 있다고 볼 수 있다.

그로부터 그의 시작은 내면적 투철성에서 관조하는 시적 형상화의 수법으로 나가게 되는데 앞서 그가 말한 '현대인의 사는 법'에 대해 가와시마(川島 完)는 다음과 같이 부언하고 있다.

현대는 개인으로부터 사는 법의 자율성을 빼내어 영위하는 것 모두를 시스템에 의존해 버린 듯한 시대이다. 적어도 '진실인 듯한 현실'의 차이점에 시인의 감각으로도 진리를 꿰뚫어 보는 눈길을 기대하고 싶은 것이다. 희망을 노래할 필요는 없다. 미래에의 원 모습이 짐작되는 언어들의 향연이, 조심스런 생활의 앞으로의 희미한 빛으로 여기는 사람들에게 시인의 물음도 작지는 않을 것이다.

2

나 자신이 대학 강단에 섰다가 물러난 탓인지 일본에서도 주로 대학과 인연을 맺고 있는 시인과 자주 어울리게 되었다. 무직 인텔리에 속하는 시인도 없지는 않았지만.

여기에서 말하는 '무직'이란 일정한 직장이 없어 고정수입이 없다는 것일 뿐, 유명한 시인일수록 강연이나 원고료 수입으로 생활을 지탱하고 있다. 무명 시인은 막노동으로 버티고 어중간한 위치의 시인은 유산으로 견디고 있는 듯 했다.

한번은 이런 일이 있었다. 내가 거주하고 있는 기타고시가야(北越谷)에 교포신문사 ≪통일일보≫의 R부장이 〈한·일 현대시 교류〉에 대한 원고를 청탁하러 온 적이 있다. 그는 연변 출신으로 한·일 양국어가 능숙했다. 역전 찻집에 앉아 두 나라 말을 섞어가며 한국과 연변 얘기를 한참하고 있는데 한 사내가 다가와 불쑥 篆刻을 누른 것을 한 장씩 나눠주는 것이었다. 앞치마까지 두르고 있어 찻집 종업원이 서비스로 주는 것으로 알았다.

그의 전각품을 보는 순간, ≪列島≫동인의 한 사람인 기지마(木島 始)의 전각품이 연상되었다. 그에게서 여러 장 받은 것이 있어 "기지마씨처럼 전각을 잘 한다"고 했더니 금시 상기된 얼굴로 "그분을 어떻게 아느냐"고 되물어 왔다. 두 번 만났다고 하자 이번엔 "어느 분이 한국에서 왔느냐?"고 묻는다. "나"라고 하자 대뜸 "김광림씨를 아느냐?"고 하는데는 어안이 벙벙했다. 좀 계면쩍긴 했지만 "나요"했더니 꾸벅 고개를 숙이고 나서 제자리로 돌아가 뭔가를 들고 왔다. 활자화된 자신의 시와 短歌 팜플렛이었다. 알고 보니 일본시인클럽 회원이었다.

그는 앞치마를 두르고 구두 수선을 하다가 그냥 여자손님과 어울린 모습이었다. 다시 만나 술 한 잔 하자고 애드벌룬만 띄워 놓고 이루지 못했지만, 매일 구두 수선을 하느라 찢고 깎고 뚫다 보니 전각이 되는 모양이었다.

지금까지 노동자나 농민 시인은 알고 있지만 구두수선공 시인을 만나기는 생전 처음이었다. 권세나 포지션과는 아무런 상관이 없는 그런 시인일수록 나는 좋은 거다.

序詩 — 손 외 1편

야리타 세이타로오(鎗田清太郎)

던져진 주사위가
3을 가리켰다고 해서
5를 가리켰다고 해서
무슨 의미가 있으랴
주사위는 던져져서
뒹굴어서
가없는 공백에
떨고 있을 뿐
3이기보다는
5이기보다는
통틀어 검은 넘버를
한탄하기보다
어째서 주사위인가에
의미가 있으리라
내가 나임을 잊고
자네가 자네임을 잊고
나도 자네도 주사위로서
던져지고
뒹굴어서
여기에 있는 것에 대해
생각해 보자
벌써
3이 5를 비웃고
5가 3을 비웃는 무의미함
황폐한 공백에서
다시금 던져지려 하고 있다

1·2·3·4·5……
우리들을 잡아서
더욱더 던지려 한다
그 하나의 손은
무엇인가

코끼리와 개똥벌레

왼눈에 개똥벌레가 살고
꺼졌다 켜졌다 하며 이동한다
그럴 때마다
유리의 몸체는 안쪽에서 비쳐지고
金環蝕 그 불안의 고리 연결
……고리는 머지않아 코끼리가 되리라

암실의 확대경이
천체를 비춘다
……단호히 개똥벌레는 인정되지 않는다
……따라서 코끼리는 태어나지 않을 것이다

하지만 개똥벌레는 존재한다
달 없는 밤 모기처럼 날아서
도깨비불 하얗게 불탄다

그날 밤부터 왼눈의 개똥벌레는 사라지고
오른 눈에 조그만 코끼리가 나타나기 시작했다
코끼리가 나오자
사람은 모두 외눈 짐승이 되어
식물이나 건물은 모두 사보텐이 돼버린다

코끼리는 코로 사보텐을 감아올려 먹고
눈에 가시가 찔린다
"……느슨느슨 코끼리가 사막을 걷고 있다"

가시를 뽑으면
일그러진 유리 몸체 저쪽에
무너지는 별
수류탄처럼 떨어지는 돌비

……눈이 불타는 것은 언제일까
코끼리가 죽는 것은 언제일까

야리타 세이타로오(1924~)

도쿄의 저지대에서 건축 청부업을 하는 가정의 장남으로 태어났다. 소년시절부터 취업을 하면서 학교를 다녔다. 육군예비사관학교에 입교, 원폭이 투하된 히로시마(廣島) 연대에서 근무하다가 패전으로 귀가하여 國學院 대학에 입학하여 철학과를 마쳤다. 졸업생은 혼자였다. 논문은 〈브랜타노학파의 시간론〉. 그로부터 가도가와(角川) 서점을 비롯하여 유수한 출판사의 간부로 전전했다.

한때 동인지 ≪時間≫ ≪風≫에서 활동하다가 지금은 ≪火牛≫를 주재하고 있다.

야리타는 13세 때부터 시를 쓰기 시작했으나 정작 시집으로 엮기는 48세 때의 일이다. 주요시집으로는 ≪코끼리와 개똥벌레≫(1972) ≪비둘기에 관한 노트≫(1978) ≪이시카와(石川)의 조개≫(1984) ≪幻泳≫(1989) 등이 있는데 이 네 권이 모두 6년마다의 간격을 두고 간행되고 있다.

지난 1995년 필자의 일역시집 출판기념회가 신쥬쿠(新宿)의 '모노리스

29'에서 개최되었을 때 그가 일본현대시인회 회장으로 축사를 한 적이 있다. 그후 몇 번 공식적인 자리에서 만난 적이 있는데 자기를 내세워 폼을 재는 것과는 상관없이 대체로 말수가 적고 수줍어하는 편이었다. 그의 이런 수줍음은 어쩌면 성실성의 암시같기도 하였다. 흔히 부끄러움을 모르는 사람일수록 청춘의 디오니소스적인 격정을 그대로 발산하기 일쑤이다. 심정의 심한 흔들림을 가누지 못하고 그것에 도취되어 바깥 세상에 맹목적이 되어버린 사람이 곧 깡패가 아닐까. 아웃사이더를 자처하는 시인에게도 이런 깡패 기질이 없지 않다는 것을 생각하면 야리타의 이런 의리있는 행동은 매우 소중한 것이라 아니할 수 없다.

앞서 필자는 그가 48세에 첫 시집을 내고 지금까지 고작 네 권의 시집을 낸 사실을 밝혔지만 조숙한 재능을 갖고 있으면서도 출발이 늦어진 것은 전쟁과 패전과 생활상의 고통스러운 시기가 있었기 때문인지도 모른다.

아무튼 그는 쇼와(昭和)라는 시대를 전신으로 산 시인임에 틀림없다. 그리하여 야리타는 전쟁에 대한 날카로운 거부반응과 잃어버린 청춘에 대한 절실한 생각과 거짓에 대한 끊임없는 울분을 그의 포에지 속에 담기에 이른 듯하다.

야리타 시의 특징에 대해 츠지이(辻井 喬)는 "그의 시집을 읽으면 거기서 떠오르는 것은 숱한 모순을 품고 있으면서 그 모순의 하나 하나가 존재의 무게가 돼 있다. 그런 의미에서 우리나라의 근·현대시에 있어서 보기 드문 시인의 모습"이라고 평하고 있다.

한편 이누츠카(犬塚 堯)는 "윤택 자재롭고 더욱 난해하거나 굳은 시구는 없다. 매력이 넘쳐 독자를 사로잡는다. 이슥한 현실이 비현실적인 직유와 은유의 시구와 손잡고 춤출 때 더할 나위 없는 해학과 그윽함이 생겨나는 것"이라 부언하고 있다.

문 앞에서 외 1편

스즈키 슌(鈴木 俊)

푸른 하늘 끝처럼 어두운 공기가 나를 감싼다

어디까지나 걸으면서
나는 언제나 네모진 작은 방에 있다

말씀을 붙잡으려 하면
아스라이 觸覺을 떨면서
잽싸게 손가락 사이를 빠져나가는
바다 울음소리가 들린다
나는 물가에 내려가고 싶지만
문에는 문고리가 달려 있지 않다

균 형

아버지 시호에는 '居士'가 붙어 있다
어머니 장례식 때
균형이 필요하니까 '大姉'로 하지 않으면 안 된다고 스님이 말했다

내 마누라는 교장선생이다
나는
나 나는 이를테면 詩人이다

마누라 명함에는
'○○ 중학교 교장'이라는 직함이 붙어 있다
이것이 없으면 난처해요

당치도 않은 듯한 그녀는 말한다
나는 명함도 갖고 있지 않다

마누라가 수염을 기른다면
나는 대체 무엇을 기르면 될까

이것이 없으면 난처해요
라고 언젠가는 말할 듯한 생김새로다

스즈키 슝(1931~)

　흔히 말하는 에도코(江戶子)이다. '도쿄 나기'라는 뜻이다. 성장과정은 알 길이 없지만 유복한 가정에서 자란 듯하다. 도쿄대학 독문과를 졸업한 후 일정한 직장 없이 강연과 집필, 동인활동에 헌신하고 있다. 소속 단체만도 여섯 군데인 데다가 동인 시지 그룹만도 네 군데나 된다. 즉 ≪후네(舟)≫ ≪가헨(火片)≫ ≪하나(花)≫에 소속돼 있으면서 ≪回轉木馬≫를 주재하고 있다.

　동인비도 꽤 들겠지만 독일 현대시의 소개나 번역 관계로 우대 받고 있는지도 모른다. 일정수입은 부인이 오랜 교직생활 끝에 지금은 시립 도서관장으로 재직하고 있어서 보장되고 있는 듯하다. 근래 일정한 수입이 없는 나로서는 그의 처지가 한없이 부러웠다. 필자가 워낙 왜소한 체격 탓인지 이들 부부는 그야말로 대장부 여장부 짝꿍이었다. 스즈키는 건장한 체격의 소유자치곤 꽤 자상한 성격의 소유자였다.

　그의 서재와 거처는 별채였다. 내빈은 서재로 안내하는 듯 그곳이 그의 집무실이자 집필실이었다. 서재에 들어서자 큰 족자가 걸려 있어 어느 서예가의 작품이냐고 물었더니 고인이 된 선친의 필묵이란다. 꽤 좋아 보였다.

스즈키가 한국에도 몇 번 다녀간 걸로 알고 있지만 세계시인대회 (1990)때 나와의 첫 대면이 이루어졌다. 사이토, 이정기 시인과 더불어 나의 서재에도 들른 적이 있다. 그후 일본에서도 만났고 두 번이나 그의 서재에 머문 적도 있다.

대체로 나는 가을철에 일본에 가기 때문에 그들이 國花라고 자랑하는 벚꽃 구경을 할 기회가 없었는데 한동안 그곳에 머물러 있었던 관계로 3월에 꽃의 만개를 吉祥寺 공원에서 그리고 낙화를 그의 뜰에서 볼 수가 있었다. 벚꽃은 필 때보다 질 때가 더 멋있어 보였다. 마치 눈보라치는 듯했다.

스즈키는 40세에 첫 시집 ≪분노의 오베리스크≫(1971)를 내고 나서 11년 간격으로 ≪벙어리≫(1982) ≪困惑≫(1993) 등 두 권의 시집을 더 내고 있을 뿐이다. 하지만 여덟 권의 번역서와 세 권의 평론, 에세이집이 있는 걸로 봐서는 꾸준한 집필을 엿볼 수가 있다. 그의 평론집 ≪어둠의 깊이에 대해―村野四郞와 新卽物主義≫(1986)는 그가 얼마나 독일의 신즉물주의에 대한 연구가 깊은지를 엿볼 수 있게 한다.

이를 뒷받침이라도 하듯이 그는 네 권의 역시집 즉 ≪사라의 호소―에리카・미테라시집≫(1980) 린게르나츠 ≪體操詩集≫(1986) ≪독일시인에 의한 原爆의 시, 反戰의 시≫(1987) ≪현대독일시집≫(1990)을 내고 나서 ≪화가 린게르나츠≫(1987) ≪그리고 모든 존재가 귀를 기울이다≫(1992) 그리고 또 린게르나츠의 ≪나의 견습 뱃사공 일기≫(1996) 등을 옮겨놓고 있다. 이는 히틀러 정권의 탄압을 받으며 51세에 폐병으로 숨진 린게르나츠에 대한 동정과 그의 시에 대한 공감대의 소산으로 여겨진다.

우리나라에서는 신즉물주의가 모더니즘 계열의 한가닥 흐름으로 알려져 있을 뿐, 이렇다할 연구가도 있는 것 같지 않지만 사물을 즉물적・객관적으로 파악하여 그 본질을 냉철하게 표출하려는 존재론적 입장을 취하는 시인이라면 일단 신즉물주의의 영향을 받은 것으로 간주해도 무방할 것 같다. 이를테면 케스트너, 린게르나츠의 회의적이며 시니컬하면서도 일체의 환상을 떨쳐버린 '실용시'가 바로 그것이라 할 수 있다.

그러고 보면 스즈키의 시는 오늘의 일본시단에서 신즉물주의 시를 전적으로 표방하고 나선 독보적인 존재라 할 것이다.

彈자국 외 1편

　　　　　　　미야자와 하지무(宮澤 肇)

작은 새 눈속에 숨어 있으면
바람은 빛을 느끼게 된다
누군가의 창에서
그것은 내 가슴에 뛰어들어
가지에서 먼 지상에
나를 쏘아 떨어뜨린다
날개는 가냘픈 파닥거림으로
점점 다가오는 상냥한 어둠을 계속 거부한다

저 조각난 찬 빛에서
나는 지금 그다지 먼 데 있지 않다
이제 곧 나에게 손을 뻗어
나의 모습을 바꿔버릴 듯하다
빛은 산산이 흩어진 변덕스런 노래를
다시금 나의 내부에 주워 모아
한 그루 나무로 만들어 주리라

그 가느다란 호흡에 자라는 잎은
나의 피부에 떨어져 쌓이고

나의 내부의 검은 혈관 속을 흐르고
하나의 삶을 닫아버린 자리에서
하늘의 접촉장소에로
나에게 자리를 양보하고
나를 빠져나가
푸른 피를 보낸다

땅에 파묻힌
한 조각 토기를 닮은 탄자욱이
목숨에 깊은 포구를 새기고
파도치는 기슭 저쪽 숲에서
한 마리 새가 떨어진다

메아리

1

세상의 가장 부드러운 부분
기분 좋은 너의 성대를 열고 나가버렸다
말씀에 다가오는 것을 遠景으로 해버린다
문법적으로 굳은 문을 빠져나가 버렸던 것이다
낯익은 창 밖 지붕들 위
현실의 붉은 노을 속으로
저것은 변덕스런 새
손바닥에 그린 바람의 희롱이로군
나는 살의 어둠에 갇혀서 생각하지만
틀림없이 저것은 이 세상의 돌아오지 않는 나그네
상상보다도 빨리
하나의 형상이 되어
눈앞의 센텐스에서 의미권 밖으로

날아가 버린다
무지개를 좇는 어린이처럼
울리는 리듬 속에
구름을 녹여 그야말로 한바탕 울다 그친
숱한 매미소리의
미학이 된다

    2
내부의 부름으로부터는 때로
임종을 알게 된다
삶이나 사상의 하늘 끝을 헤매고 있다
무한의 시간에서 튕겨져 나온 한 마리 길 잃은 새
혹은 '언어'가 될 수 없는 것
말의 음색과 의미를 두 장의 꼬리처럼 흔들면서
공상의 語根에로 돌진한다
나는 그때
소중하게 간직해둔 母音으로 부른다
어둠의 살의 내부에서
심장처럼 파닥거리고 있는 그 녀석은
새를 알파벳에 머물게 한다
그리스인의 지혜를 본따서
저 원경 속에 모습을 보인 센텐스에
꿈을 맡겨
입으로 옮겨 먹이를 주듯이
입술에 소리를 실어 불러댄다
시간의 흐름 중도에 웅크리고 있는
오래되고 새로운 피여 라고

미야자와 하지메(1932~)

나가노시에서 태어났다. 15세부터 시를 활자화하기 시작하여 메이지(明治)대학 영문과 재학중 무라노(村野四郎)를 찾아갔다. T. S. 엘리어트의 시와 시론을 탐독하기도. 21세 때 아키야(秋谷 豊)의 ≪地球≫ 8호부터 동인으로 있다가 중년에 도바시(土橋治重)의 ≪風≫에서 활약. 도바시의 사망으로 미망인 구레(吳美代)와 ≪花≫를 창간하여 편집 멤버로 오늘에 이르고 있다.

미야자와는 대학 졸업과 동시에 고등학교 영어교사로 부임하여 정년퇴직 때까지 같은 지방에서 줄곧 봉직해 왔다. 도쿄도 대학도 기웃거리지 않은 데서 그의 일관된 성실성의 일면을 엿보게 된다. 그는 한국에 두 번 왔다. 즉 서울에서 개최된 제12회 세계시인대회와 제4차 아시아시인회의에 참가하여 나와의 교분을 갖게 되었다.

미야자와의 개인시집으로는 ≪수탉≫(1959) ≪청춘우화≫(1964) ≪고리 속의 날≫(1970) ≪仮定法의 새≫(1982) ≪새의 절반≫(1991) ≪모자 속≫(1996) 등 여섯 권이 있지만 단 한 권의 평론집도 묶어내지 않고 있다.

시집 제목만 해도 그렇지만 그의 시는 읽어서 선뜻 와닿지 않는, 다시 말하면 사고를 요하게 만드는 데가 있다. 이것은 그가 high-brow한 시인의 입장을 견지하고 있는 데서 오는 듯하다. 폭넓게 세계를 바라보고 있다는 점에서도 그러하다.

일찍이 말라르메는 ≪시의 위기≫에서 "내가 꽃이라고 할 때, 나의 목소리는 뚜렷한 윤곽을 하등 남기지 않고 곧 잊어버리고 만다. 하지만 동시에 우리들이 알고 있는 꽃과는 다른 현실의 어떤 꽃다발에도 없는 향긋한 꽃의 관념 그 자체가 언어가 지니는 음악의 작용에 의해 생겨난다"고 피력한 바 있지만 이것은 언어가 갖는 음율성에 의한 시적 상징의 세계, 즉 상징주의를 표방한 걸로 볼 수 있지만 적어도 여기에는 언어 선택의 방법에 이어지는 하나의 진로가 제시되어 있다고 봐야 할 것이다.

이런 관점에서 미야자와는 '언어와 사물'의 상관관계를 끈질지게 추구해온 시인으로 알려져 있다. 앞서 논한 바 있는 야리타는 "미야자와 시의 일관된 걸음은 한마디로 말해 '언어와 사물'의 상관관계의 탐구이며 그것은 더욱이 '언어와 눈에 보이는 것', '언어와 눈에 보이지 않는 것'과의 관계의 탐구와 그 표현이라 할 수 있을 것"이라고 평한 바 있다.

미야자와는 출발부터 '언어와 사물'의 시적 탐구이 시종일관해 왔다고 볼 수 있는데 우리가 흔히 말하는 천편일률적 발상이라는 것과는 차원이 다른 탐구정신을 견지해 왔다는 뜻으로 받아들여진다.

3

35년간 지속해 온 여성시인들의 한 모임인 '靑眉會'가 동인지 활동을 마감했다. 마지막 파티에 참석하여 푸짐한 음식대접을 받았지만 집이 시골이라서 끝장을 못보고 물러났다. 유명무실하게 흩어지기 일쑤인 이 땅에서 대미를 장식한 의의는 높이 살 수 있을는지 몰라도 아쉬운 생각이 더 드는 것은 어인 까닭일까?

그만둬야 할 그들 나름의 명분은 있겠지만 내 딴언 동인지 ≪돌과 사랑≫을 아꼈기 때문이다.

일본의 ≪獨樂≫ 동인들은 지금 80대 중반인데도 속간하고 있다. 타계한 동인이 늘어 6·70대로 보충하고 있는 실정이지만.

무릇 일본에는 6백가지 이상의 동인지가 간행되고 있다. 대부분이 계간이고 반년간, 연간도 있다. 새로 나오고 사라지기를 거듭하니까 숫자를 제대로 파악할 길이 없다. 유명은 유명끼리, 무명은 무명끼리, 애송이와 노태가 한데 어울리기도 한다.

최근 84세로 운명한 오타키(大瀧清雄)는 자신이 주재하던 ≪龍≫의 편집을 마치고 나서야 눈을 감은 모양이다. 지난 1998년에 아내를 여의고 나서 허탈감에 빠졌다가 '地球'상 심사위원을 위촉받아 건너갔다가 이 소식을 들었다.

수와(諏訪)에서 발행되는 ≪ゆすりか≫ 38호가 나왔다고 동인들이 부르는 바람에 특별 동인 자격으로 그곳에 갔었다.

파티장소에서 한 여성 동인이 불쑥 나에게 타이핑한 것을 내밀었다. 나의 상처를 위로하는 시였다.

　　　　　마음의 空洞을 보듬으며
　　　　　백발 홍안의 그대는
　　　　　아무 일도 없었던 듯이
　　　　　표연히 모습을 나타낼까요

　　　　　滿天의 별 밑
　　　　　깊은 밤하늘을 우러르며 그대는
　　　　　쾅 하고 한 대 주먹으로
　　　　　자신의 가슴을 두들길까요

　　　　　그대 속의 空洞을
　　　　　수액과 시간이 낫게 할 때까지
　　　　　표표히 어딘가를 나들이할까요

　　　　　사람은 누구나 혼자이지만

숱한 우정의 존재를 등에 지고
시절의 흐름 속을 그대는 간다

〈김광림씨에게〉라는 타이틀에 '부인의 부보에 접하여'라는 부제가 붙어있다. 다케무라(竹村照代)라는 이름의 그녀는 나보다 두 살 위인 1927년 생이었다.

그녀는 서슴없이 "꽝 하고 한 대 주먹으로/자신의 가슴을 두들길까요"는 나의 졸시 〈仁寺洞에서〉의 부시시한 백발의 머리통을 "그만 한 대/쥐어박고 싶어진다"라는 끝 구절을 바꾸어 본 것이라고 실토하기도. 어리둥절했지만 아무튼 시로써 위로를 받아보기도 처음 있는 일이었다.

모기의 생애 외 1편
기쿠다 마모루(菊田 守)

배짱 좋군
겨울 아침 찻집에서
커피를 마시고 있는
내 팔뚝에 멈춰선 모기는

나의 휴식 한때를
목숨을 걸고 다가와서
잠깐 나를 쏜 모기는

나의 휴식 한때를
목숨을 걸고 다가와서
산뜻하게 나를 쏜 모기는

내 피를 조금 빨고
지금을 살고 있는 모기는
나의 모기 같은 생애를
생각하기에 충분한
일침이었지

악 어

살고 있는 데는 언제나 탁하고
탁하기 때문에
우리들은 안 보인다
우리들의 강철같이 억센 몸도
우리들의 송곳니도 모두 안 보인다
하지만 억센 녀석이 오면
우리들은 나선다
반드시 누군가가 싸우는 것을
바라보기 위해

어느 쪽인가 쓰러진다
우리들 억센 것도
어느 쪽인가 쓰러진다
우리들은 이긴 녀석이
천천히
우리들 쪽에 돌아오면
일제히 모른 체한다
그 녀석이 지나가면
피 냄새가 난다
우리들의 탁한 물 속에도
가끔 떨어지는 녀석이 있으면

우리들은 일제히
미끄러지듯이 기어간다

우리들의 신성한 늪을 휘젓는 녀석은
용서없이 퇴치해야 한다
찢기는 살과 뼈와 가죽과
우리들은 그것을
모두가 씹어버린다
기분 나쁜 기억 때문에

우리들은 밑바닥에서 잠자코 있다
우리들이 살고 있는 물은 변함없이
탁하다
내가 힐끔 옆을 보니
내 옆 녀석은 심한 냄새가 난다
피 냄새다
이 녀석은 내가 보고 있는 것을
아는지 모르는지
내게 얼굴을 비비러 온다
녀석은 틈을 보고 있는 거다
내 숨을 멈추게 하려면
어떻게 하면 좋을지
내 배 속에서 피가 일렁이기 시작했다
나도 녀석에게
얼굴을 비비댄다

기쿠다 마모루(1935~)

도쿄, 나카노에서 태어났다. 고등학교 시절 일본 고전문학에 흥미를 가졌으나 졸업과 동시 자살하고픈 생각에 사로잡혀 자살에 관한 서적을 뒤졌다. 그런데 어떤 책에 "지금 죽을 용기보다도 괴로워하면서 오래 사는 용기가 참다운 용기"라는 글을 읽고 살기를 결심, 〈般若心經〉에 빠져들었다.

메이지(明治)대학 문학부에 입학하여 안자이(安西冬衛)의 시를 읽고 시를 쓰기 시작했다. 재학시 기타카와(北川冬彦)의 ≪時間≫ 동인이 되었다가 졸업과 동시 신용금고에 취직하면서 동인에서 물러나 무라노(村野四郞)를 사숙하게 된다.

한동안 도바시(土橋治重)의 ≪風≫ 동인으로 작품활동을 했다. 신용금고에서 점장으로 승진, 취체 역까지 올랐으나 55세에 퇴직하고 나서 주로 현대시 강좌 강사로서 활약하고 있다. 구변술이 좋고 민감하며 성실하기 이를 데 없다. 상대방을 훤히 쳐다보는 그의 눈에는 한가닥 정열과 지적인 서늘함이 있었다.

그의 주요 시집으로는 ≪낮의 모래≫(1960) ≪면≫(1963) ≪카프카의 개≫(1970)≫ ≪까마귀≫(1981)≫ ≪때까치의 주둥이≫(1984) ≪모기의 생애≫ ≪妙正寺川≫(1990) 등과 제1회 마루야마(丸山 薰)상을 수상한 ≪쓰르라미≫(1993) 등이 있다.

그리고 두 권의 시 이론 즉 ≪亡羊의 사람―村野四郞 노트≫(1978)와 ≪흐르는 물은 투시한다―杉 克彦 노트≫(1982)가 있다. 평론집으로는 ≪청춘이 없는 시대를 짊어진 戰後 前期의 시인들≫(1982) 한 권이 있을 뿐이다.

흔히 그를 두고 까마귀 시인이라고 부르는 모양이지만 그에게는 작은 동물을 테마로 한 시가 많다. 시집 제목만 봐도 알 수 있듯이 이것들을 통해서 다시 말하면 작은 동물의 행동과 운명을 사람에 비유하여 선명한 이미지와 함께 유머나 아이러니로 표현하고 있는 것이다.

그는 말한다. "이런 소동물을 쓰는 자세는 처음에는 생물이 좋아서였고, 좋아하는 작은 동물을 즉물적으로 쓰다 보니 차차 자기의 인생과 동물의 사는 법을 비교하게 되었으며, 동물의 살아가는 방식에 공감하여 표현하기에 이르렀다"고. 이토(伊藤桂一)는 〈작은 동물을 사랑하는 동심의 푸짐함〉이란 글에서 "까마귀를 통해 숱한 생물에 대한 소박하고 원초적인 애정이 있는 게 아닌가, 그것이 독자적인 詩性이 되어 그의 작품 속에 따뜻한 인간미와 그로 인한 조용한 설득력을 지니게 된 것이 아닌가"고 피력하고 있다.

電柱에 대하여 외 1편
니시 가즈토모(西 一知)

전주가 거리의 미관을 해치기 때문에 땅속에 묻는단다
하지만 나는 가령 석양을 배경으로
거무튀튀하게 서 있는 전주가 좋다
가느다란 전선에
참새가 나란히 앉아 있는 게 좋다

내가 어렸을 적
높은 나무 전주가 논바닥에 서 있었다
가을 태풍이 거칠게 분 한밤이 밝자
그것은 꺾이어 반쯤 위가 사라지고 없었다
무서운 광경이었다
나는 그것이 언제 수복이 되었는지 기억이 없다
아마도 나는 가슴이 두근거려서 그것을 바라볼 수 없었을 것이다
먼 산마루에 고압 송전선탑이 서 있다
보리피리의 계절
나는 싫증내지 않고 그걸 바라다보았다

깊은 산 속에 들어선 그것은
도저히 사람이 만든 것으론 여겨지지 않았다
어느 날 밤 그것은 뚜벅뚜벅 봉우리들을 넘어서
바다 쪽으로 걸어가는 꿈을 꾸었다
그리고 나서 머지않아
나는 한국으로 건너갔다
잠시 후에 돌아오자 뒤돌아갈 수 없는 전쟁이 터졌다
언덕의 묘지와 맞은편 산줄기 사이에 펼쳐진 거리
거기는 50년 전 하룻밤의 소이탄으로 죄다 타버린 땅
거기에 지금 웅성대는 흰 빌딩 무늬는
여기서 바라보면
문득 새로운 묘비로 보이지 않는 바도 아니다
그 위를 5월의 바람이 지나가고
묘비는 햇빛으로 번득인다
시가지의 전주는 빌딩에 숨어 여기에선 잘 보이지 않는다
아마도 그것은 얼마간 더럽혀져서
우울한 얼굴을 하고 서 있으리라
이제 얼마 동안은

먼 깃발

나는 언젠가 山手線 창 밖에
펄럭이는 기를 보고 있었다
하늘은 약하게 빛나고 있었다
나에게는
어째서 그 깃발이 펄럭이고 있는지
알지 못했다
숱한 빌딩이 있었지만
웬일인지 그 먼 깃발만이 기억에 남아 있다

무슨 깃발이었는지 알 수 없다
약하게 빛나는 하늘을 배경으로
그것은 검었던 것 같다
어째서 그것은
펄럭이고 있었을까
조용한 모자이크 무늬의 풍경 속에서
마치 그것만이
의지가 있는 것처럼

긴 시간이 지나
나의 삶은 하찮은 우연에 불과하다는 것을 안다
나의 알지 못하는 어떤 사소한 사정
그것이 나를 살리고 있다는 것을 안다

저 검은 깃발은
나의 삶에 관계가 있을까?
나의 삶 속에서

니시 가즈토모(1929~)

요코하마시에서 태어나 세살 때 건축기사인 부친을 따라 한반도로 건너와 필자의 고향(원산)에서 살다가 철원으로 옮겼다. 이 사실을 스즈키를 만났을 때 그가 불쑥 건네준 생면부지의 시인한테서 받은 편지 사연으로 알았다. 그후 그가 주재하는 계간 시지 ≪舟≫ 80호(1995년 여름)에다 '김광림씨에게'라는 부제를 달아 발표한 시 〈철원의 초여름〉을 통해 이를 확인할 수 있었다. 열살 때 초여름, 철원의 바위산을 오른 감격적인 얘기를 쓴 시였다.

나하고는 동갑내기인데다가 원산에도 있었다는 인연이 우리를 접근

시켰는지 모른다. 두서너 차례 원고를 청탁해 와서 기고한 적도 있지만 1998년 봄 동인들이 도쿄에서 모임을 갖는다고 일본 현지에 머물러 있는 나에게도 초청이 있어 신쥬쿠에 있는 찻집 다키자와에서 처음으로 그를 만났다. 시코쿠(四國)의 高知시에서 올라왔다는 것이다. 술도깨비라는 생각이 문득 떠올랐다. 성격은 곧이곧대로. 이태 전 화재를 만나 집이건 책이건 몽땅 불태운 모양이지만 이런 사실조차 모르고 나는 그를 만났던 것이다.

젊었을 때 일본 모더니즘의 기수 기타조노(北園克衛)의 ≪VOU≫멤버로 가담하면서 필명을 니시 타쿠(西卓)로 정하고 1950년부터 62년 사이에 네 권의 ≪니시 타쿠 시집≫를 발간하였다. 호세이(法政) 대학을 다녔으며 직업은 초·중교 교사. 29세 때 처자를 남겨둔 채 교탁을 버리고, 필명도 버리고 상경, 시인과의 교류도 삼가한 채 반실업자 생활로 들어선다. 간다의 고본 책방에 틀어박혀 톱 클라스의 선배 니시와키(西脇順三郞)를 비롯하여 다무라(田村隆一) 등 아레치 멤버와 접촉을 가졌다.

니시는 ≪무엇이 우리들의 넋을 가라앉히는가≫(1968) ≪꿈의 조각≫(1978) ≪순간과 희롱≫(1988) ≪이지러진 초상≫(1995) 등 모두 여덟 권의 개인 시집을 묶어냈다. 시론집으로는 ≪상상력과 감각의 세계≫(1967)가 있으며 한 권의 시화집 ≪혼례≫(1976)가 있다.

연초에 ≪高知≫신문에 쓴 〈미지에의 두려움〉이란 신춘 수상을 보면 그의 시에 대한 소신이 확연히 드러나 있다.

"시를 방해하는 최대의 것은 상식이나 굳어버린 관념이라고 생각하지만 나는 거기에 덧붙여 갖가지 욕망이 있다고 말하고 싶다. 극단적으로 말해 無私無慾, 그렇지 않으면 참다운 시는 붙들 수 없는 게 아닌가, 그런 느낌이 든다. 온갖 功利, 명성, 야심, 代償 이런 것을 구하는 마음이 있으면 참다운 시는 모습을 드러내지 않는다고 나는 생각한다."고 솔직

담백하게 실토하고 있다.

거부하는 새 외 1편
마루치 마모루(丸地 守)

새는 노래하길 거부했다
숲은 술렁대고 신경을 곤두세웠다

새는 날개짓하길 거부했다
숲은 목이 콱 막힌 채 섞인 하늘을 저주했다

새는 이번엔 숨쉬는 것조차 거부했다
숲은 새의 과격한 감정에 꿰 뚫렸다

새는 눈을 감고 일체를 숲에다 맡겼다
숲은 쑤시는 아픔을 견딜 수밖에 없었다

*

숲 속에서
소년은 입술을 깨물었다

날개가 있는 것에는
두 번 다시 돌아갈 수 없는 나들이 길이 있는 것을
소년은 어렴풋이 알고 있었다

길 위

1
엎드린 소를 만났다

어디에선가 상처를 입고 돌아온 소이다
어깨에 닿자 소는 무거운 얼굴을 쳐들고
힘없는 꼬리로 바람을 털고
한 마디 나지막하게 울었다
알몸을 드러내고
온갖 탄식을 넘어
그 소리는 우주의 신들에게 보듬기듯이
하나의 이해에 도달해 있었다

    2
썩어 문드러져 자빠진 나무다리를 건넌다
다리는 어디까지 나의 무게를 견뎌낼 수 있을까
반대로 썩은 나무는 생각한다
그는 어디까지 정신의 균형을 지탱할 수 있을까
발 밑의 세찬 물결은 마치 도마뱀의 혀

    3
숲의 자궁이라 할 수 있는 깊은 호흡 속에 헤쳐든다
웅크리고 앉아 더욱 어둠 속을 걸어 들어가고 있는
또 한 사람의 나의 발소리를 귀로 듣는다
발소리는 문득 멈춰선다

전에 미래를 향해 던져놓은 조약돌이 웅성댔는가
예감에 새파랗게 질려 뭣인가 하고 보듬는다
얽매인 안개의 상처인가 총맞은 참새의 통곡인가
아니면……
잘게 빨리 써는 失語의 그
그 앞에 존재의 시간은 있는가 없는가

마루치 마모루(1931~)

도요바시(豊橋)시에서 출생. 16세 때 마루야마(丸山 薰)를 방문하여 몇

해 동안 師事했다. 21세 때 월간시지 ≪詩學≫에 전후 신예시인으로 작품이 게재되면서 작품활동을 시작했다.

초기의 시를 묶어 ≪불의 제전≫(1955)을 내고 나서 자동차 업계에 투신하여 시작을 중단했다가 도요다 자동차 회사를 그만두면서 본격적인 시작활동에 들어섰다. 1982년에 스페인 정부의 특별 초청으로 폐쇄된 알타미라 동굴 속에 혼자 들어가기도.

첫 시집 이후 23년만에 두 번째 시집 ≪幻魚≫(1978)를 내고 나서 이어 ≪幻夢斷章≫(1985) ≪죽은 자들의 바다제사≫(1993) ≪한밤의 소≫(1995) 그리고 한·일·영 대역시집 ≪거부하는 새≫(1996) 등의 개인 시집을 상재했다.

그밖에 일본전설동화 그림 시리즈인 ≪용의 전설≫과 93세의 현역 무용가 오노 ≪大野一雄≫(1997)에 대한 호화판 편저가 있다. 언젠가 마루치의 안내를 받아 독일에서 제작한 오노의 무용영화를 한 시간 남짓 일본의 독일문화관에서 참관한 일이 있는데 한마디로 말해 오노는 몸으로 시를 쓴 사람이라는 인상을 받았다.

여기에서 마루치에 대해 꼭 부언해 두어야 할 것은 그가 靑樹社라는 출판사를 경영하면서 전후 50년 8월15일을 기해 세계시인총서로 ≪한·일 전후세대 100인 시선집―푸른 동경≫과 시라이시 편으로 ≪キムクヮンリム(金光林) 시집≫을 펴낸 사실이다. 그리고 최근에 이 총서 여섯 번째로 94세의 노시인이 옮긴 ≪쟈크 프레베르 시집≫이 나온 사실이다.

한편 그는 ≪시와 창조≫라는 50쪽 안팎의 계간 시지를 발간하면서 국내외 시인들의 작품과 평론 에세이를 폭넓게 다루고 있다.

마루치의 작품세계를 한마디로 집약하면 극적이라고 할 수 있다. 형이상학적인 드라마틱한 세계라고도 할 수 있고 극적으로 비약된 우화세계로도 볼 수 있다. 그가 다룬 개나 새 등의 동물의 시에서 그것이 역력히 드러난다.

이미 본 연재에서 다룬 바 있는 이시하라는 "마루치의 우화시에는 독자적인 전개가 있다. 연극적이라고도 할 수 있는 비약이다. 혹은 '노오(能)'적이라고 해도 좋을지도 모른다. 우화가 리얼리즘의 땅에 열릴 때 그 땅의 일상의 시간이 시인의 연극적인 상상력으로 시공을 초월한다."고 평했고 '아레치' 멤버의 한 사람이었던 작고한 기하라(木原孝一)는 "개의 이미지는 형이상학적으로 변모한다. 그러므로 '개'가 짖는 소리는 단지 자기 만족, 자기 공포, 자기 연민의 소리가 아니고 알지 못하는 세계를 향해 호소하고 외치고 짖어대는 극적인 소리"라고 단정하면서 "시에 있어서의 극과 형이상학의 일치야말로 궁극에 있어서 시인이 지향하는 유일의 것이 아닐까?"고 부언한 바 있다.

II

내가 최초로 만난 외국 시인
이데올로기는 좋아하지 않는다
물건으로서의 노예의 즐거움
공포와 전율의 충격적인 비전
어른도 아이도 함께 읽는 시

내가 최초로 만난 외국 시인
— 北川冬彦와의 한 時間과 그 이후

　1970년 초여름, 서울에서 있었던 국제 펜 대회는 한국문학을 세계문학에로 접근시키는 계기가 되었다는 데 의의를 찾아볼 수 있었지만 나 개인으로서는 한 사람의 외국시인을 처음으로 사귈 수 있게 된 데 보람을 느꼈다.
　실상 나는 펜 대표도 아닐 뿐더러 펜 회원도 아니었기 때문에 한꺼번에 몰려든 수많은 펜 인사와 접촉할 수도 없었고 또 만날 생각도 않고 있었다.
　때마침 일본에서 옵서버 자격으로 참가한 교포시인을 통해 일본 펜 대표로 참가한 구사노(草野心平)의 시 〈北漢山〉 번역을 의뢰 받은 것이 인연이 되어 내가 원하면 그를 만나게끔 되어 있었다. 나는 이때 비로소 기타카와(北川冬彦)의 참석을 알게 되었다. 언론에서는 사전에 그에 대한 한 마디의 코멘트도 없었다. 나의 관심은 그에게 더 쏠려 있었다. 그것은 내가 그에 대해 아는 바가 좀 있었고 할 이야기도 많았기 때문이다. 결국 나는 기타카와를 만나게 되었다. 구사노를 호텔 방으로 방문하게끔 되어 있었는데 막상 호텔 복도에서 기타카와를 먼저 만나게 된 것은 무슨 특별한 인연이었는지도 모른다.

*

초여름의 밝은 햇살이 개관한 지 얼마 안 되는 조선호텔 로비에 쏟아지고 있었다. 한낮이었기 때문에 복도를 서성대는 펜 대표들의 모습이 한결 부각되어 보였다. 나는 쉬 기타카와를 알아볼 수 있었다. 그는 백발의 단테(그는 《神曲—地獄 편》을 번역한 일이 있음)처럼 앉아 있었다. 누군가를 기다리는 것도 같았고 단순한 휴식을 취하고 있는 것도 같았다. 이기동이 나를 그에게로 안내하자 그는 자리에서 일어났다. 그는 나에게 명함을 건넸으나 나는 명함이 없어 종이 쪽지에 이름 석자를 적어 넘겼다. 그의 곁에 앉아 있던 初老의 부인이 앉을 자리를 비어 주었다. 다키 부인이었다.(나중에 알았지만 부인도 시인이었다.)

"선생님을 뵙게 되어 영광입니다. 이런 기회가 아니면 영 못 뵈올 줄 알았는데……"

내가 먼저 인사말을 건네자

"언제든지 도쿄에 오시면 만날 수 있지 않겠어요?"

노시인은 조심스런 말투로 응대했다. 외국사람을 대한다는 더욱이 한국사람을 대하는 데 대한 배려가 엿보였다. 실상 나는 그가 칠십(1900년생)을 넘긴 노인이기 때문에 이 기회를 놓치면 정말 못 만날 줄 알았다. 그러나 기타카와는 죽음 같은 것은 아직 염두에 없는 듯했다. '언제든지……'라는 대답이 그것을 시사하고 있었다.

내가 그의 작품을 처음 대한 것은 해방 직후 일본어로 된 서적을 倭書라 해서 쓰레기통에 처넣던 무렵이다. 어쩌다 焚書를 면한 책들이 노상에서 휴지로 팔리고 있었는데 이 속에서 골라잡은 것이 앤솔러지인

麵麭詩集 ≪培養土≫였다. 시에 눈뜨기 시작하던 무렵의 수집벽이 이 시집을 건지게 했을 것이다. 실히 5백쪽은 됨직한 두툼한 것이었다. 광막한 만주벌의 지평선을 테마로 한 일행시가 첫 장에 실려 있었고 그밖에도 몇 편의 短詩가 있었던 것으로 기억된다. 그후 나는 그의 ≪詩話≫ ≪제2의 詩話≫와 ≪北川冬彦詩集≫ 등을 통해 現代詩의 理論과 實作을 대할 수 있었고 네오리얼리즘의 시론에 접하게 되었던 것이다.

"선생의 시와 시론은 진작부터 읽어 왔습니다. 평소 네오 리얼리즘에 대해서 관심을 갖고 있는 한사람입니다만 현실을 이미지에 의해서 시적 현실화하는 작업같더군요."
"아, 네. 그렇지요. 네오리얼리즘을 한마디로 요약해 말씀드리면 음악주의의 抒情詩를 부정하고 지적 유희의 시, 혹은 현실 노출의 시를 거부하고 현실을 딛고 현실과 대결, 혹은 현실에 잠입해서 현실을 끌어들여 현실 속에 새로운 시적 현실을 창조하려는 것이지요."
"그렇다면 새로운 시적 현실을 창조하는 데는 이미지의 역할이 아주 중요하겠군요."
"그렇지요. 새로운 시적 현실은 결코 현실의 모방이나 재현이 아니라 이미지의 비약으로서 현실비판을 조형화 하려는 것이니까."
"이미지는 언어의 새로운 존재라는 말을 프랑스의 시인이며 과학자인 가스통 바슐라르가 했습니다만 선생의 새로운 시적 현실의 창조는 이미지로서 이룩된다고 볼 수 있지 않을까요?"
"현대시에는 이미지가 생명입니다. 그래서 나는 네오 리얼리즘의 골격의 하나로 이미지즘(영상주의)에 의존할 것을 강조했지요."
이때 그는 종이 위에다 '羽搏く'라는 말을 써가며 시의 이미지를 강조했다. 본시 이 말은 날개짓을 한다든가 홰를 친다는 뜻이지만 여기서

는 '생동'이나 '약동' 또는 에네르깃슈한 이미지를 가리키는 것으로 받아칠 법하다.

"제가 보기엔 선생과 무라노(村野四郎)와는 詩作상에 공통점이 있어 보입니다만……"

"글쎄요. 무라노의 시는 내부를 드려다 보고 있지만 나는 외부에 발산시키고 있지요."

"선생은 영화에도 손을 대셨더군요."

지금까지 담담했던 그의 표정이 잠시 굳어지는 듯하더니 다시 풀리며,

"아, 그래요. 생활 때문에 관계한 일이 있지요. 내 친구 중에 영화 하는 사람이 있어서 밥벌이로 하라기에 손을 대 봤지요."

그는 생활 때문이라는 말을 강조하는 듯했다. 영화 하는 그의 친구란 이이지마(飯島 正)가 아닌가 싶었으나 확인하지 않았다. 그는 이어 영화에 손 댄 것이 허사는 아니었고 자기의 詩作에 플러스를 가져왔다는 것을 잊지 않고 덧붙였다. 하긴 그가 시네 포엠에까지 손을 댈 수 있었던 것은 영화를 했기 때문일 것이다.

"일본의 젊은 시인 가운데 좋은 시인이라고 생각되는 사람은 누구입니까?"

그는 잠시 망설이다가,

"아레치의 다무라와 時間 동인들……"

"전후에 아레치 멤버의 한 사람이 선생의 短詩 〈러시아워〉를 비난한 글을 본 일이 있습니다만……"

"그런 일이 있었습니까? 무슨 얘기던가요?"

"〈개찰구에서/손가락이 차표와 함께 잘리었다〉는 이미지는 현실성이 없는 나쁜 과장법으로서 납득이 안 간다고 물고 늘어졌더군요."

"그랬던가요……"

그는 굳이 자기 시에 대한 변명을 하려 들지 않았지만 전후의 암담하던 일본의 현실을 시적 현실로 창조하지 못하고 지적 유희로 노출시키던 그들의 작업이 명맥을 잇지 못한 사실을 상기시켰다. 나는 이야기를 더 나누고 싶었으나 다음 방문객을 위해 사양키로 하고 ≪POEMS FROM MODERN KOREA≫(한국시인협회 편)를 한 권 기증했다. 그리고 그의 필적을 부탁하자,

<blockquote>
詩は花に似て
花は詩に似て
詩は骨に似て
骨は詩に似て
</blockquote>

라는 箴言같은 것을 써주며
 "이거 詩論입니다."
라고 말했다. 좀 그로데스크 하지만 달필이었다. 왼손으로 글을 쓰는 모습을 유심히 지켜보자 그는 말했다.
 "오른손으로도 쓸 수 있습니다. 하지만 왼손으로 쓰는 편이 재미있고 잘 되지요."
 나중에 안 일이지만 이 필치가 일본 詩界에서 다카하시(高橋新吉)와 더불어 三筆로 손꼽히고 있다 한다. 그는 그림에도 뛰어난 솜씨를 보이고 있는 모양이다.
 그는 일본에 오거든 꼭 들려달라고 몇 번이나 당부했다. 아쉬운 작별 인사를 하는데 지금까지 말없이 우리들의 대화를 엿듣고만 있던 다키 부인이 경주에는 함께 가게 되지 않느냐고 묻는다. 펜 대회에서는 대회가 끝나는대로 경주관광이 준비되어 있었던 모양이다. 나는 갈 일이 없다고 대답하자 좀 서운한 눈치였다. 남편의 말벗도 되어주고 안내도 해

주기를 바랬는지 모르겠다.
　나와 작별하자 기타카와는 앞서처럼 백발의 단테의 모습으로 돌아가 있었다.

*

　펜 대표들이 대회를 마치고 우리나라에서 떠나간 후 나는 기타카와, 구사노 두 분의 시를 새삼 읽어보았다. 재미있는 작품이 더러 있기에 여러 편 번역을 시도해 보았다. 그중 5편을 골라 ≪現代詩學≫(1970. 9월호)에 수록했다.

　　　오늘, 8월 18일 보내주신 ≪현대시학≫을 받았습니다. 고맙습니다. 아주 훌륭한 잡지군요.
　　　펜 대회 참가 일본시인 편집, 수고하셨을 줄 생각됩니다. 간간이 한자가 들어 있으므로 〈馬と風景〉〈靑海原で〉〈鳥の一瞥〉〈人間性について〉〈豪雨〉인 것을 알 수 있습니다.
　　　대회 마지막 날에 조선호텔 로비에서 아주 짧은 시간이긴 했지만 만난 것을 잊을 수가 없습니다. 그때 받은 한국시의 앤솔러지를 영어에 능통한 친구에게 읽어주도록 했습니다.
　　　그런데 〈馬と風景〉 외의 나의 시는 어느 책에서 보셨는지 알려주시면 고맙겠습니다.
　　　나의 최근 저서 ≪現代詩鑑賞≫상하 2권, 그리고 쟈크 프레벨의 ≪파로-루抄≫ ≪時間≫의 특집호, 北川多紀의 시집 ≪사랑≫ 등을 보냈습니다.
　　　도쿄에 오실 일이 있으면 꼭 들러 주십시오.(이하 생략)
　　　　　　　　　　　　　　　　　　　　　　　　　　　1970. 8. 19

　　　편지 받았습니다 사진 설명은 당신의 말씀처럼 업 다이크씨의 따님인 것 같습니다. 서울에서 누군가가 부인이라고 말했습니다. 그런데 일본의 주간지에 따님이라고 나와 있으므로 따님인가고 생각했습니다만 최초의 인상이 머리 속에서 떠나지 않아 그처럼 써버렸습니다. 그러나 젊은 딸과 같은 부인 쪽이 업 다이크에게 알맞을 것 같군요.

≪현대시감상≫상, 하 ≪日本詩人全集≫27(新潮社版), ≪時間≫12권 등 지난 23일 선편으로 보냈습니다. 약간 열이 있어서 늦어졌습니다. 이 책들이 어느 정도 치이고 망가졌는지 아니면 전혀 다친 데 없이 닿았는지 이후의 참고로 삼게 편지 주십시오. ≪詩話≫는 종전 직후 이십년쯤 전의 저술로서 부족한 점이 있었지만 ≪현대시감상≫쪽은 15년 전의 개정본으로서 이거라면 그런대로라고 생각합니다. 잇따라 ≪時間≫ 최근호 보내겠습니다. 당신의 일본문의 편지, 문장도 글씨도 명석하고 훌륭합니다. 이점 나로서는 한국시를 읽을 수도 없어 부끄럽고 미안하게 생각합니다.

9월 중순 뜻밖에 崔勝範씨로부터 전화가 걸려와 동경에 와 있다고 하기에 전철로 동경역에서 한 시간이나 걸리는 나의 집에 오도록 했습니다. 저녁에 세 시간쯤 여러 가지 이야기를 나누었습니다. 씨는 당신과 친구인 모양이더군요. 유네스코의 회합이 關西에서 있어 동경까지 발을 뻗쳤다는 것. 서울에서는 많은 시인에게 소개되어 명함을 받았습니다만 그 이름과 인상이 혼돈되어 있는 것을 연결지어 받기도 했습니다. 그때 동봉하는 두 편의 시를 보였습니다만 역시 마찬가지로 改稿한 것을 후에 최씨에게도 보냈습니다.

≪時間≫의 동인이 일본의 ≪詩學≫이라는 시지에서 한국시인 특집이 이기동씨에 의해 이루어져 있다는 것을 전해왔습니다만 아직 이 잡지를 입수치 못했습니다. 읽는 것을 즐거움으로 여기고 있습니다.

가끔 소식 주십시오. 나도 편지 올리겠습니다.

1970. 9. 24

林語堂의 파이프
— 韓國旅行日記 —

1906년 개점이라는
서울에서의 오랜 점포 중화요리점 雅叙園에서
한국의 벗 S씨에게 초대되어
식탁에 앉았을 때
손 앞 재떨이에
아주 낡은 던힐 같은 파이프가 놓여져 있었다.
나는 무심코 손에 집어들자
사환이 들어 와서 조심스레 뭐라고 한다.
S씨의 통역으로 "손에 쥔 파이프는 당신 것인가요?"
라고 묻고 있다는 것
내가 고개를 저으며 넘겨주자
사뭇 안심한 듯이 재빨리 가지고 사라졌다.
S씨에게 무슨 일인가고 묻자
"저 파이프는 먼저 손님인 임어당이 놓아둔 채 잊어버리고 간 물건인 모양이에요"한다.
제37회 국제 펜대회의 마지막 날에 임어당씨는
시가렛을 꼬나 문 손을 흔들며
동서문학에 있어서의 유머에 대해서 이쪽 저쪽의 청강자들에게 웃음소리를 자아내며 지껄였으나
어쩐지 임어당씨의 유머는
담배의 연기에서 솟구쳐 나오는 것 같았다.
단상에서는 어쩐 일인지 시가렛이었으나 만약에 내가 손에 잡은 일이 있는 저 파이프 연기를 피우면서 했더라면 강연은 더욱 潑剌했을 것이다.

申智植씨에게 보낸 것은 서울에서 마구 쓴 것을 항공편으로 요미우리 신문에 보낸 〈여행일기〉라고 할 수 있는 작품으로서 좋은 시는 아닙니

다. 이번에 약간 고쳐 썼으나 역시 신통치 않습니다만 우연의 경험이 재미있고 잊을 수가 없습니다. 네오 리얼리즘과는 거리가 먼 것입니다.

韓國所見

사람들은 떼지어 높은 곳에 오르고 싶어한다.
젊은 남녀뿐 아니라
늙은 부부까지도 기꺼이 높은 곳에 오르고 싶어한다
알맞춤하게
서울 인천 경주 부산 등 도시 근방에는 산들이 있고
그곳에는 전망대가 마련되어 있다
학대받은 세월이 오래고 깊었기에
산에 올라
전망대에 섬으로 해서
사람들의 해방감은 만끽되는 모양이다.

이것도 한국여행일기의 하나로 네오 리얼리즘과는 거리가 먼 스케치에 불과합니다. ≪文藝春秋≫ 10월호에 게재했습니다마는 8행이라는 제한 때문에 무리가 있어 고쳐 쓴 것입니다.
　(別便)
　9월 20일 발송(선편)의 시집 ≪しんかん*≫은 한정 600부로서 깨끗이 없어져 있습니다만 인쇄소 창고에 약간 남아 있는 것을 알아내어 보냅니다. 그 때문에 No.는 '番外'가 되었습니다.
　목차에 표시한 ○印은 그런대로 괜찮다고 보는 작품입니다.
　시의 본문은 右斜形 사진식자입니다. 좀 애먹었습니다.

이 장황한 두 번째 회신을 접한 지 며칠만에 두 뭉치의 소포를 받았다. 한쪽에는 ≪현대시감상≫ 상·하와 ≪일본시인전집≫ 27(新潮社版)이

들어 있었고 다른 쪽에는 동인시지 ≪時間≫12권이 들어 있었다.

　　10월 2일자의 항공편 받았습니다. 10월 5일 도착했습니다. 그리고 보내드린 책 등 선편이 생각보다 빨리 도착했고 전혀 상한 데가 없었다니 기쁩니다. 나는 지금 角川文庫의 문학전집 〈萩原朔太郞〉의 해설 100매(400자원고)를 의뢰 받아 그 일을 하는 도중입니다만 편지를 쓰지 않을 수 없었습니다. 대단히 기뻐해 주셨다기에 이쪽에서는 즐거워지고 말았습니다.
　　(중략)
　　나는 네오 리얼리즘의 시를 이념으로 삼고 있습니다만 가다가 막히면 언제나 '寫生'을 합니다. '사생'에 돌아갑니다. 여행의 시도 그 일단으로서 나에게 있어서는 낮은 단계의 것입니다.
　　그러나 이번의 높은 데 오르는 시(韓國所見)를 "한국인 특유의 심경을 잘 파악했다"고 말씀해 주시니 기쁩니다. 나는 출발 전 무참한 한국동란의 상처가 저렇게 빨리 나아 있을 줄은(이것은 표면적인 관찰이겠습니다만) 상상도 못할 일이었습니다.
　　≪현대시감상≫상권 北川冬彦난에 있는 〈새의 一瞥〉을 돌이켜 생각하고 있었습니다. 아직 상당히 어둡지 않는가고 생각했었는데 그렇지 않다는 인상을 받았습니다. 그리고 이 밝음은 어디에서 생겨났는지를 잠깐 생각하면서 쓴 작품입니다. 제2차 세계대전에 있어서 일본의 패전 직후(1945~1950)쯤과 비슷한 느낌을 받았습니다. 일본은 미국의 점령하에 있었긴 하지만 전쟁에서의 해방은 우리를 밝게 해 주었던 것입니다.
1970. 10. 9

　　3월 15일자 편지 받았습니다. 답장을 하려고 매일같이 생각하면서도 多紀의 병환과 앤솔러지의 사무적인 일, 시, 잡문, 수필의뢰의 쇄도 등으로 하루도 느긋할 수 없었습니다. 이제사 겨우 정리가 되어 多紀도 건강이 회복되었음으로 이 글을 쓰고 있습니다.
　　전번에 무엇보다도 앤솔러지 제2권에 〈砂漠〉을 기고해 주어 고맙습니다. 해설문, 약력도 함께여서 고마웠습니다. 제2권에서 ≪상·하

1972년≫의 등장인물의 간단한 소개를 하기로 했기 때문입니다. 해설문은 약간 손을 보았습니다. 동봉합니다. 무슨 의견이 있으시면 기탄없이 얘기해 주세요 앤솔러지 얘기가 나와서 말인데 얼마 전 선편으로 보낸 ≪현대시학≫ 6월호가 닿아 당신이 ≪현대시 앤솔러지≫의 서평을 쓴 것을 알았습니다. 띄엄띄엄 한자를 더듬어 아주 자상하게 소개되어 있는 걸 알았습니다. 나의 시 〈천칭막대를 맨 여인〉의 한국어역까지 실려 있어서 황송하면서도 무척 기뻤습니다.

또한 渡辺교수로부터 ≪韓≫No.4를 기증 받아 당신의 긴 글 〈20세기 한국시단의 足跡〉을 훑어보았습니다. (중략)

≪현대시 앤솔러지≫1972년 상권은 ≪文學界≫ ≪現代詩手帖≫ ≪時間≫에 광고를 내고 주문을 받은 분량만 인쇄했기 때문에 발매 즉시 품절이 되었습니다. 제2권은 좀더 여유 있게 찍을 생각입니다. (중략)

당신이 말하다시피 내가 후기에서도 쓴 것처럼 미국 소련이 빠진 것이 아쉽습니다. 중국의 시는 정치 우선이어서 신통치 않게 여깁니다만 누군가 좋은 시인의 좋은 시가 있는지요. 있다면 속히 알려주십시요. 원문을 곁들여 주신다면 더욱 좋겠습니다만. 艾靑을 어떻게 생각하시는지요. 소련 것도 짐작이 안갑니다. 지금으로서는 파스테르나크의 시를 실을까 생각중입니다만 그리고 미국의 킨즈버그, 영국은 딜런 토머스를 생각하고 있습니다. 의견을 들려 주십시요.

2월 23일자 항공편 받았습니다. ≪時間≫에의 기고시 재촉했습니다만 엇갈리고 말았습니다. 틀림없이 〈風景 A〉〈現場〉 등 2편 입수했습니다. 대단히 재미있고 좋은 시라고 생각합니다. ≪時間≫4월호에 게재할 예정입니다. 그때 金春洙씨의 시단시평의 말을 시의 하부에 인용, 시집 ≪葛藤≫의 소개를 할까 합니다.

나의 시집에 대해 여러 가지로 고맙습니다. 金春洙의 시단시평에서 다키詩에 관한 언급은 흥미있는 터치였습니다.(후략)

1974. 3. 4

二伸

뒤끝이 되었습니다만

　이 앤솔러지에 대해 그쪽의 조선일보에서 조병화씨의 시를 게재한 관계상 두 번(2월 8일자, 3월14일자)이나 기사가 실렸습니다만 伊賀良一로부터 조병화씨에게 보낸 편지를 잘못 읽고 조병화씨의 시가 ≪文學界≫ ≪現代詩手帖≫ ≪ユリイカ≫에 전재된다든지 편집을 伊賀良一가 한 걸로 씌어 있었던 모양인데 오독은 피하지 않으면 안 되겠군요. ≪文學界≫ ≪現代詩手帖≫ ≪ユリイカ≫에 앤솔러지의 광고를 낸 데 불과하지요. 그리고 伊賀良一는 '편집'이 아니라 '제작'입니다.(발송 날짜가 없으나 1972년 3월 하순쯤으로 여겨짐)

　기고해 주신 시 두 편 게재지 ≪時間≫과 ≪北京郊外에서 他≫의 서평 특집 두 권 항공편으로 보냈습니다. 恒例의 선편으로 보내드리는 외에.

　이 〈風景A〉 〈現場〉 더불어 좋은 시더군요. '김광림의 소개*'에서도 언급한 바와 같이 이런 시는 네오 리얼리즘이라고 생각합니다. 이것을 계기로 일본어역을 한 권의 시집이 될 만큼 해보시면?

　咸惠蓮씨로부터 이색적이고 재미나는 ≪北京郊外에서 他≫의 독후감을 들었습니다. (중략) 때마침 친구인 深尾須磨子여사가 입원 위독 상태가 계속되어 인사의 말이 늦어졌습니다. 이 편지와 함께 냅니다만 만나시거든 잘 말씀드려 주십시오.

1974. 4. 2

*

　지금까지 간행된 기타카와의 저서는 모두 서른네 권에 달한다. 이중 단편집, 에세이집, 영화론, 시나리오 문학론 및 번역물을 제외한 나머지 15권이 개인 시집이다. 즉 ≪三半規管喪失≫(1925) ≪檢溫器와 꽃≫(1926) ≪戰爭≫(1929) ≪氷≫(1933) ≪지겨운 神≫(1936) ≪실험실≫(1941) ≪蛇≫(1947) ≪夜陰≫(1948) ≪氾濫≫(장편서사시, 1948) ≪꽃전차≫(1949) ≪北川冬彦시

집≫(1951) ≪말과 풍경≫(1952) ≪夜半에 눈뜨는 것과 책상의 위치≫(1958) ≪しんかん≫(1964) ≪북경교외에서 他≫(1973) ≪大蕩盡의 結果≫(1977) 등이 그것이다.

기타카와는 1900년 6월 3일 滋賀縣 大津市에서 태어났다. 부친의 근무지 관계로 소학과 중학은 만주에서 마치고 三高를 거쳐 頁大 불법과를 졸업했다. 그는 학창시절 휴가 때는 만주에 돌아갔다고 한다. 그가 감수성이 빠른 청소년기를 만주에서 보냈다는 것은 그의 문학정신을 대륙적인 스케일과 북방적인 건조로 성격지었으리라고 생각한다.

그는 평생 시만을 생각하고 시를 위해 살아온 철저한 시인이다. 그는 한번도 직업을 가져본 일이 없다. 고작해야 소위 태평양전쟁 때 징발되어 보도반원으로 남방에 끌려간 일이 있을 따름이다.

그는 한국에 오기 전에 다키 부인과 함께 겨울철에 유럽여행에 나섰던 모양이다. 이 여행에서 그는 어려서부터 해 온 스케이팅을 파리의 링크에서 즐겼던 것 같다. 가히 동물정기의 시인이라 할 만하다. 그는 일찍이 "시란 동물정기가 지성의 조직에 흡수된 상태에 있어서 直截簡明한 언어표현에 의하여 結晶된 것"이라고 피력한 일도 있지만 늙어서 더욱 젊어 뵈는 이 시인과 도시 50만 되어도 무기력해지고 死神의 눈치만 살피려 드는 이 땅의 겉늙은 시인과는 퍽 대조적인 현상이다.

'언제든지' 만나자던 자신 있는 그의 대답이 이런 데서 나왔는지도 모르며 백발이 성성한 노시인의 모습이 지금도 눈앞에 선하다.

附 記

北川冬彦의 네오 리얼리즘의 시와 이론은 프랑스의 입체파 시인 막스 쟈콥의 산문시와 초현실파 시인 피엘 루벨티의 시론에 원칙을 둔 일종의 모더니즘이라고 생각한다.

그 방법의 골격을 살펴보면

1. 먼저 현실 인식에 노력할 것.
1. 새로운 현실감을 내기 위해서는 국어(현대문)에 의하지 않으면 안 된다.
1. 음악주의를 물리치고 영상주의에 의할 것.
1. 현실의 모방, 재현을 거부하고 이미지의 비약을 도모하여 현실 비판을 조형화할 것.
1. 작자에게서 떨어뜨려 작품을 독립된 존재로 만들 것.

이 방법에 의하여 에꼴을 형성하고 있는 그룹이 시지 ≪時間≫의 동인들인 것이다.

*시집 ≪しんかん≫은 여러 가지 뜻을 지닌 말이기 때문에 원어대로 기술했다. 이를테면 森閑, 信管, 心肝, 震撼 등의 뜻을 모두 지닌다고 기타카와는 밝혔다.

**김광림의 紹介―北川冬彦

김광림과는 1970년 서울에서 국제 펜 대회가 개최되었을 때 처음 만나 그 후부터 아주 친하게 서신을 교환하고 있다. 나는 한국어는 전혀 모르고 일본어로 편지를 보내는데 그는 문맥이 닿는 일본어의 훌륭한 편지를 준다. 김광림은 한국외환은행 근무라는 번거로운 몸이지만 한국에 있어서 시 쇄신 활동에 크게 나서고 있다. 김광림은 북한 원산시에서 출생, 그 경력에 대해서는 ≪時間≫1971년 5월호의 〈김광림의 시〉(이기동)에 자세히 나와 있지만 해방 직후 평양의 대학에 진학했다가 공산주의에 환멸을 느껴 1948년 38도선을 단신 넘어서 한국에 들어 왔다는 인물이다. 그 이후의 實生活 詩的 활동은 이기동의 一文에 맡기기로 하고 나는 ≪現代詩のアンソロジ―1972年 下卷≫에서 文德守의 解說이 붙은 〈沙漠〉을 原詩 그대로 게재한 일이 있다. 그는 첫 詩集 ≪傷心하는 接木≫이래 최근의 第五詩集 ≪葛藤≫을 내고 있지만 韓國詩는 뜻 모르는 말이어서 本號에 日本譯의 詩를 寄稿받기에 이르렀다.

〈風景A〉는 第五詩集에 있지만 〈現場〉은 昨年 베트남에 갔을 때의 수확인 모양이다. 金光林은 한국에서는 이미지스트의 유명한 시인으로 예술지상주의자로 불리는 모양이지만 ≪앤솔러지≫의 〈사막〉이나 이번의 두 편을 보면 나는 김광림을 네오 리얼리즘의 詩人으로 이미지하지 않을 수 없다. 그는 대단히 精力的으로 ≪現代詩學≫ ≪心象≫ 등에 〈日本現代詩論〉,〈日本現代詩人選〉 등을 企劃, 그것들을 몸소 韓國語로 번역하여 日本 現代詩의 소개에 애쓰고 있다. 그 공헌은 만만치 않게 크다고 하겠다.(≪時間≫, 1974. 4월호에서)

이데올로기는 좋아하지 않는다
— 田村隆一와의 한나절

　　일본에서 발행된 월간지 ≪文藝≫(1967년 6월호)를 대한 것은 벌써 25년 전의 일이다. 이 지면에 일본 〈現代의 詩〉가 특집되어 있어 주목을 끌었다. 특히 좌담을 44세 난 젊은 다무라(田村隆一)가 니시와키(西脇順三郎), 가네코(金子光晴), 요시다(吉田一穗) 등 70대의 노대가들을 대상으로 사회를 맡고 있어 더욱 관심의 대상이 된 적이 있다.
　　이 세 시인들은 벌써 세상을 떠났지만 지금 내 눈앞에 당시의 그들 나이가 된 古稀를 막 넘긴 다무라가 앉아 있다. 일본 전후시단에 회오리 바람을 일으켰던 ≪아레치(荒地)≫의 주동 멤버도 거의 가 버렸다.
　　애당초 에도코(江戶子; 東京나기)인 그는 그만 도쿄가 싫어져 지금은 가마쿠라(鎌倉)의 한적한 숲 속에 묻혀 살고 있다.
　　나는 20대 후반부터 ≪荒地≫멤버의 시와 시론에 관심을 가졌고 특히 다무라의 시와 비평에 주목했다. 일본의 전후의식은 2차대전 후에 형성되지만 한국의 전후의식은 기현상이긴 하지만 한국동란 후에 이루어졌다고 볼 수 있다.
　　다무라는 패전으로 말미암아 좌절과 패배의식을 안고 돌아왔지만 나는 이긴 것도 진 것도 없는 동족상잔이라는 오욕의 단신창이가 되어 돌아왔던 것이다. 이 전후의식이 〈荒地〉시에 공감대를 형성했다고 볼 수 있는데 다무라에 대한 나의 관심은 시집 ≪四千의 날과 밤≫ ≪말이 없는 세계≫ ≪腐敗性 物質·恐怖의 硏究≫ ≪田村隆一 詩集≫과 ≪詩와 批評≫A·B·C·D·E 그리고 ≪詩人의 노트≫ 등 주로 그가 50세 이전에 쓴 작품들에서 비롯된다.

그 후 열음사가 펴낸 ≪세계시인선≫ 속에 필자가 번역한 다무라의 시가 픽업되어 그에 대한 나의 관심이 결실을 보게 되었다.

*

그동안 일본에는 단순한 관광목적으로 간 적은 없고 모두 시인회의나 시의 축제 때문에 간 데 불과하다. 그러나 이번의 경우만은 사정이 좀 달랐다. 도쿄에서 급행으로 세 시간쯤 북상한 곳에 기타가미(北上)라는 작은 도시가 있는데 이 곳 '현대시가문학관' 초청으로 가게 되었다.

일본에는 크고 작은 문학관이 무려 200개나 있다는데 詩歌만을 소장, 전시 행사하는 곳은 단 한 군데 여기 뿐이라는 것이다.

올부터 '세계의 시인 시리즈'를 포럼으로 정해놓고 첫 번째로 '한국의 시인은 말한다'를 기획, 具常 시인과 나를 토론자로 초청했던 것이다. 사회는 일본현대시인회 회장 코카이(小海永二)가 맡았다.

나는 일본에 갈 때마다 다무라와 자연스레 만나지기를 바랬는데 시간에 쫓겨 번번이 기회를 얻지 못했다. 도쿄에 사는 시인이라면 데이트 신청을 해 보련만 지방에 거주하는 사람을 불러내기도 뭣하고 내가 찾아나설 엄두는 더구나 낼 수도 없어 흐지부지되고 말았다.

1993년 11월에 '지큐(地球) 시제'에 갔을 때는 시라이시(白石)의 호의로 로바다(爐端)라는 고풍한 술집에서 다니카와(谷川俊太郞)와도 자연스레 어울려 대접을 받긴 했지만 이번에도 그녀의 주선과 안내로 카마쿠라에 가게 되었다. 역시집 ≪四千의 날과 밤≫(1983)을 낸 지 꼭 10년만의 일이다.

비 내리는 도쿄역에서 요코하마(橫浜)를 거쳐 카마쿠라역에 닿은 것은 2시 30분이 좀 지나서였다. 2시까지 간다고 약속했다는데 호텔에서 점심을 들고 가는 바람에 늦고 말았다. 다시 자동차를 집어타고 다무라 집에 당도하니 2시 45분!

가즈코 여사가 중얼거렸다. "술에 취해 있지 않으면 좋겠는데……"라고. 귀로에 들은 얘기지만 언젠가 그녀가 신문사의 요청으로 인터뷰하러 갔었는데 곤드레가 되어 자고 있길래 하는 수 없이 자기도 잠을 잤다나. 밖에선 수행기자가 잠에서 깰 때를 기다리는 해프닝이 있었다는 것이다.

*

과연 술꾼의 집답게 현관에는 정종 병 한 상자가 놓여 있었다. 기타가미시에서 '鬼劍舞'란 술을 꽤 맛있게 마셨는데 이 나라의 정종 이름에는 '舞'라는 글자가 흔히 붙어 있다. 이것을 마시면 절로 춤바람이 난다는 것인가?

다무라는 맹숭맹숭한 채 우리를 맞았다. 훤칠한 키의 그는 맨발이었다. 사람이 좋아 보였다. 흔한 말로 폼이나 재고 사무라이 기질 같은 것이 보이면 어쩌나 싶었는데 그렇지가 않았다. 소탈하고 농 깨나 좋아하는 자유주의자였다. 웃음이 잦아 마음에 부담을 안 주는 사내였다.

나보다 6년이나 연상이어서 꼬박 '선생'으로 호칭했더니 그도 나를

'선생'으로 불러 왔다. 술이 좀 거나해지자 나는 그에게 '선생'자를 떼라고 했더니 그러겠다고 하고는 여전히 '선생'자를 붙였다. 자기보다 머리가 더 희어 '미스터'나 '씨'에 해당하는 '상'자를 붙이기 뭣했던 모양이다.

"도쿄는 올림픽 때문에 망쳤어요. 나가기 싫어졌어요."

인사말 다음에 나온 첫 마디가 이거였다.

"서울도 마찬가지예요. 올림픽 이후 자동차 홍수와 공해에 시달리고 있어요."

나는 이렇게 응수했다.

소파 곁 조그만 탁자에 ≪四千의 날과 밤≫ 역시집이 놓여 있었다. 술꾼치고는 주도면밀한 데가 있다는 생각이 들었다.

서재 겸 침실로 쓰고 있는 그의 서가에는 책이 별로 많지 않았다. 자신이 꼭 필요한 책만 간직하고 나머지는 술과 바꿔버렸는지 모른다. 언젠가 아이오와 창작교실에 갔을 때 그 곳에서 주는 백 권 남짓의 기증본을 홀랑 위스키와 바꿔버려서 말썽(?)이 된 적이 있단다. 그후 "일본의 미스터 다무라처럼 책을 위스키와 바꿔서는 안 된다"는 경고문이 나붙었다고 가즈코가 폭로하자 우리는 한바탕 또 웃었다.

金 : 저는 일본 현대시의 획기적인 전기를 이룩한 동인지를 전전의 ≪詩와 詩論≫ 전후의 ≪荒地≫ ≪列島≫ 그리고 민주 일세대의 ≪카이(櫂)≫ 등으로 보고 있는데요.

田村 : 그렇다고 볼 수도 있겠지요. ≪列島≫는 이데올로기를 표출했지만…… 저는 일본 현대시의 계보를 단적으로 말해서 타카무라(高村光太郞)를 아버지로 하기하라(萩原朔太郞)를 어머니로 보고 있어요. 아버지는 애를 낳을 수 없지만 어머니인 하기하라는 미요시(三好達治)와 니시와키(西脇順三郞)라는 두 자식을 낳았지요.

金 : 두 사람은 사이가 안 좋았던 것 같더군요. 미요시는 니시와키를 가리켜 "바나나 덤핑을 한 듯한 긴 시"를 쓴다고 못마땅해 했고 니시와키는 미요시를 "흰 버선을 신고 현대시를 쓸 수 있겠는가"고 빈정대고 있더군요.

田村 : 형제니까 싸우는 거 아닌가요?

이쯤에서 나는 나름대로 다무라 시인의 위상을 생각해 보았다. 그가 어쩌다 들먹이는 선배시인들의 이름을 '선생'이나 '씨'자 없이 불러 제켰는데 니시와키만은 유독 선생이라 불렀다. 그의 스승은 니시와키라는 확신을 굳히게 되었다.

여기에서 일본 현대시의 계보를 다시 정리해 보면 다무라는 니시와키의 庶子로 다니가와는 미요시의 嫡子쯤으로 볼 수 있겠다는 생각이 들었다.

金 : 저는 다무라 선생의 시집 ≪四千의 날과 밤≫을 번역하면서 왜 하필 4천의 날인가 싶었어요.

田村 : 김선생! 노아의 홍수는 40일 동안 계속됐지만 패전 후 나의 정신적 홍수는 4천일이나 계속되었거든요.

그의 첫 시집 ≪四千의 날과 밤≫이 1956년에 나왔으니까 패전 후 11년이 되는 셈인데 날짜로 치면 4천일이 됨직하다.

에츠코(悅子) 부인은 쉴새없이 술과 안주를 날라 왔다. 그리고 가마쿠라 특유의 도시락도 내놓았다. 동행한 시라이시와는 동갑이었는데 일본 여성 특유의 아름다움과 여필종부의 순종심을 보여주었다.

다무라는 패전으로 군에서 풀려나 집에 돌아왔을 때의 아리송한 얘기를 들려주었다. 애독하던 책이 책 모양 그대로 폭삭 재가 되어 있었는데 책장을 뒤지니 활판 인쇄 덕분인지 재의 활자를 읽을 수 있었다는 것이다.

그가 사인을 해서 건네준 최근 시집 ≪灰色 노트≫ 속에 나오는 시구 속에 〈1945년 가을 나는 누더기 청년이 되어/전쟁에서 도쿄에 돌아왔더니/잿더미 세상 물론 나의 灰色 노트도 타버리고/애독한 책은/책 모습 그대로 재가 되어 있었고/ 책장까지 뒤질 수가 있었다/青梅의 活版印刷 덕분에/재가 된 活字까지 읽을 수가 있다〉고 한 걸 보면 거짓말은 아닌가 싶다.

그래서 나는 未堂의 시 〈질마재 神話〉에 나오는 첫날밤 신랑이 소피하러 나간 채 돌아오지 않는 얘기를 꺼냈다. 옷이 문고리에 걸린 줄도 모르고 신부의 음탕한 소행으로만 여겨 그 길로 줄행랑을 쳤다가 후일 돌아와 보니 신부가 첫날밤 모습 그대로 앉아 있길래 건드렸더니 폭삭 재가되어 흩어지더라는 얘기이다. 그는 재미있어 했다.

다무라는 자신이 쓴 작품에 별로 개의치 않은 듯했다. 자기 시집이 몇 권인지도 몰랐다. 지레 짐작으로 한 20권쯤 될 거라고 했다. 앞으로 쓸 것만 생각하고 이미 쓴 것에 대해서는 관심을 가지지 않는 듯했다.

서재에 별로 책도 가지고 있지 않았다. 두툼한 영역 시집을 꺼내 건네려 하자 나는 사양했다. 진작 역자에게서 받은 것이 있기 때문이다. 내가 다무라의 시를 번역하고 있을 때 하버드 대학 일어과 출신의 드레이크(Chris Drake)라는 젊은이가 찾아 온 일이 있다. 한국 여성의 부인을 맞아 처가에 온 김에 나를 찾은 듯하다. 그가 다무라의 영역시집을 한 권 건네주었는데 여기에 일어 원문이 곁들어 있어 작품 선택에 참고가 되었다.

다무라는 드레이크가 근래 박사학위를 취득했다고 일러주었다.

*

술이 두 병째 들어왔다. 취기가 슬슬 돌기 시작하자 그는 시 이외의 그 나름의 정치관, 경제관, 과학문제까지 들먹였다.
한반도에 대한 관심도 피력했다. 어서 하나가 돼야 한다고 하길래 통일 후 스위스 같은 영구중립국이 되면 어떻겠느냐고 했더니 한국만 말고 일본 열도나 대만까지 모두 그리되었으면 좋겠다고 했다.
북한의 핵에 대한 관심도 보이다가 히로시마, 나가사키에 떨어뜨린 핵정도는 60만엔이면 만들 수 있다고 뇌까렸다. 나는 귀를 의심했다. 60만엔이라면 우리 돈 450만원도 채 안 된다. 그걸로 원자탄을 만들다니
나는 슬쩍 한국에 한 번 오지 않겠느냐고 귀띔해 보았다. 남북이 갈라져 있어 가기 싫다고 했다. 그러면서 자신은 이데올로기를 좋아하지 않는다고 했다. 내가 북에서 온 걸로 알고 그러는가 싶었지만 앞서 ≪列島≫ 멤버의 이데올로기 시를 비판적으로 내비치는 걸로 봐서 그럴 거라는 생각이 들었다. 내가 다무라의 시를 좋아하는 까닭이 바로 여기에 있었구나 싶어 공감을 표시하자 그런 의미에서 또 한 잔을 들이키자고 했다.
그는 시인이 많이 모이는 데는 가기 싫어했고 회의하는 것도 싫어했다. 그저 몇이 모여 술 마시는 자리가 좋은 모양이다. 언젠가 도쿄의 한국문화회관에서 未堂, 春洙, 潤成, 田村 네 분이 술상을 차려놓고 문예지 ≪文學精神≫에 수록할 좌담을 한 모양이다. 그런데 염불보다 잿밥에 마음이 더 쏠린다고 결과적으로 좌담은 잘 안되고 주흥만 도도했다는 것이다.
끝내 그는 제주도에서 몇 사람이 만나자면 가겠다고 했다.

金 : 다무라 선생은 병원 출입이 잦다면서요? 술병이 나서 그런가요?
田村 : 병이 나서 병원에 가는 게 아니라 병이 나기 전에 병원에 가는

겁니다. 자주 병원출입을 하니까 찾아오는 사람도 없고 전화도 안
걸려오고 밥도 갖다 주니 얼마나 좋습니까? 글 쓰기에 안성맞춤인
곳이 병원이지요.
金 : 글 쓰는 데 호텔보다 병원이 낫다는 말씀이군요.
田村 : 건강체크도 하고 외부의 아무런 간섭도 받지 않고 조용히 혼자
있는 게 얼마나 좋습니까?

다무라의 입원론은 우리의 통념을 보기 좋게 무너뜨렸다. 오십이 되
자 마음이 놓인다고 한 그가 이제 ≪荒地≫ 멤버에서 가장 장수할 모양
이다. 한 번도 제대로 직장을 가져본 일이 없는 그는 술로 버티는 듯했
다.

金 ; 선생의 〈雨男〉이란 시속에 "일본에선 시인이라고 하면 거지를 말
하는 거야"라는 구절이 있는데 지금도 그 생각에 변함이 없는지요?
田村 ; 그래요. 김선생! 우리 집 뜰에 오소리 일가가 살고 있었는데 어
느 날 훌쩍 떠나버렸어요. 먹이를 제대로 줄 수가 있어야지요.

어딜 가나 시인은 역시 가난한 존재였다.
다무라는 한국의 김치와 고려 인삼에도 관심을 보였다. 혈압이 어떻
게 되느냐고 물었더니 140에 85라고 했다. 너무도 정상적인 체질이었다.
술이 거나해지자 그는 李白의 시 〈山中與幽人對酌〉을 읊어댔다.

兩人對酌山花開
一杯一杯又一杯
我醉欲眠卿且去
明朝有意抱琴來

여기에다 징소리를 곁들이면 일품이라고 했다.
　나는 王維의 〈入山寄城中故人〉의 끝 구절인 '談笑無還期'로 대꾸하며 시계를 쳐다보았다. 5시 30분을 가리키고 있었다. '我醉欲眠卿且去'란 구절이 아무래도 마음에 걸려 그만 일어서려 하자 6시까지 어울리자고 했다. 대화가 더 계속되었다. "李白도 스승이냐?"고 했더니 "그렇다"고 했다. 그러면서 자기에겐 동서고금에 스승이 많다고 했다. 내가 알기로는 소크라테스나 W. H. 오든도 스승이었다. 李白은 시와 술의 일등 스승인 것이 분명했다.
　나는 그에게 근래 읽은 李白의 일화 한 토막을 들려주었다.
　어느 날 玄宗이 시흥이 돋아 이백을 찾아오라고 했다. 성밖의 술집을 샅샅이 뒤져 찾긴 했으나 그는 이미 고주망태가 되어 있었다. 법을 어겨가면서까지 말을 태워 입궁 시킨 이백은 말에서 내려지자 인사불성이었다. 현종은 그를 비단 담요 위에 뉘이고 따끈한 생선국까지 끓여주게 했다. 침을 흘리자 친히 소매로 닦아주었다는 일화를 들려주자 다무라는 숙연해졌다.
　하긴 그의 혼례 때는 총리도 하객으로 참석했다는 소문을 들었으나 끝내 나는 그것의 사실 여부와 그의 가족 사항에 대해서는 입을 열지 않았다. 다섯번째 부인이 술과 음식을 가지고 들락거렸기 때문이다.
　끝으로 나는 그의 시집이 얼마나 팔리느냐고 물었다. 고작 3천부 정도라고 했다. 이 '고작'이란 말투에는 야릇한 뉘앙스가 섞여 있는 듯했다. 한국에선 시집이 몇만 부나 팔린다는데 자기들은 그렇지 못하다는 뜻이 담겨있는 듯했다. 내가 알기로는 ≪現代詩文庫≫(思潮社刊) 1번 타자로 등장한 그의 시집은 1968년에 초판이 나온 지 11년만에 16판까지 나왔으니 지금쯤 30판쯤 됨직하다. 이상하다 싶었으나 그는 단행본 신작시집의 경우만을 말하고 시리즈물을 생각지 않는 듯했다.

우리나라에서도 '미래사'가 펴낸 100인 대표시선 속에 수록된 시인은 단행본 시집 부수보다 훨씬 더 나가고 있는 걸로 알고 있다. 그런 이치에서 생각하면 납득이 안 가는 바도 아니지만……

*

나는 시라이시에게 그만 일어서자고 눈짓을 했다. 그녀도 기다렸다는 듯이 증정 받은 책을 들고 일어섰다. 시계바늘은 6시 10분에 놓여 있었다. 3시간 30분이 다 되도록 늘어붙어 마시고 지껄인 셈이다. 술이 좋아, 안주가 좋아, 벗이 좋아, 시가 좋아, 시간가는 줄 모르고 담소했던 것이다.

나는 두 번이나 화장실을 들락거렸는데 취중에 변기를 향해 소피를 보며 창 밖을 내다보는 풍경이 너무 좋아 멍청히 서 있다 나오곤 했다.

다무라 시인과는 서재에서 만나 서재에서 작별인사를 했다. 차도까지 따라나온 부인이 우리를 전송했다. 비 내리는 우중충한 날씨였는데도 일본 전후의 대표시인과의 만남은 8년간 묵은 빚을 청산한 듯 마음을 한없이 개운하게 해 주었다.

차안에서 시라이시가 되풀이해서 귀띔해 주었다. 내가 화장실에 간 사이 다무라가 "좋은 사람 소개시켜줘서 고맙다"고 하더란다.

나는 이런 기회를 만들어준 시라이시 시인의 호의에 또 한 번 감사하지 않을 수 없었다.

물건으로서의 노예의 즐거움
― 孤口難防의 시인, 田村隆一

일본의 현역시인 가운데 세계적인 시인을 들라면 다무라 류이치(田村隆一)를 빠뜨릴 수 없다. 그러다 보니 그에 대한 언급이 어느덧 세번째에 접어들었다.

즉 첫 번째는 〈내가 만난 다무라 류이치〉(1993년 8월호 ≪현대시학≫)이고 두 번째는 같은 지면에 연재한 〈일본 현대시 산책〉②의 시인론 〈일상성의 거부와 일상의 내면화〉(1994년 10월호)이다.

이쯤 털어놓으면 뭐 더할 말이 있겠는가 싶겠는데 그에게는 중구난방이 아닌 孤口難防인 데가 있어서 또 말려들게 되었는가보다.

무릇 다무라의 시에는 일본적인 데를 거의 찾아볼 수 없다. 어쩌다 일본지명이 등장하긴 하지만 일본적인 데를 들먹이기 위한 것은 아닌 듯하다.

지금까지 다무라가 내놓은 시집명만 들어봐도 그렇다. 가령 ≪四千의 날과 밤≫ ≪말이 없는 세계≫ ≪녹색의 사상≫ ≪새해의 편지≫ ≪死語≫ ≪誤解≫ ≪水牛球≫ ≪스코틀랜드의 물방앗간≫ ≪五分前≫ ≪명랑 상쾌한 세기말≫ ≪노예의 즐거움≫등과 이밖에 ≪恐怖의 硏究≫나 ≪腐敗性 物質≫같은 장시가 있는데 여기에서 굳이 일본적인 것을 찾아 내라면 첫 시집 ≪四千의 날과 밤≫을 들 수밖에 없다.

이 시집이 패전 후 11년만에 나왔으니 4천의 날이 되는 셈이다. 노아의 홍수는 40일 동안 계속 되었다지만 패전 후의 다무라의 정신적 홍수는 4천일이나 계속 되었다는 뜻인 모양이다.

일본 전후시단을 대표해 온 ≪아레치≫의 주멤버(木原孝一, 黑田三郞, 中桐雅夫, 鮎川信夫, 北村太郞, 三好豊一郞)는 거명한 순서대로 모두 가 버린 것이다. 이제 남은 사람은 다무라 혼자뿐이다.

그래서 더 귀하게 여겨지는지는 몰라도 다무라 만큼 안티 파워의 시인도 아마 드물 것이다. 다섯 번이나 혼례를 치르는 동안 수상의 축의금도 받은 모양이지만 끝내 그는 권력에 추종하는 글을 쓰지 않았다. 소위 오마쥬(hommage)라는 것과는 상관이 없는 시인이었다.

그런데 웬일인지 이 땅에선 저명한 시인일수록 오마쥬(讚歌)쓰기를 즐기는 듯하다. 아니 즐긴다기보다 저명하다는 것을 입증하기 위해 쓰는지는 몰라도 아무튼 권력에 붙어있기를 좋아하는 것 같다.

근래 이 오마쥬族에 식상하다보니 차라리 '명랑, 상쾌한 세기말'의 술도깨비가 매혹적인 존재로 다가왔던 것이다. 그는 요즘 물건으로서의 '노예의 즐거움'까지 서슴지 않고 들먹이고 있다. 그를 두고 감히 술도깨비라 하는 데는 나 나름대로의 이유가 있어서인데 앞서 이미 언급한 바 있어 그것을 참고하시기 바란다.

다만 한가지 덧붙일 말은 그는 이데올로기를 싫어하다 보니 물건으로서의 노예를 찬양(?)하기에 이른 듯하다.

하기사 그리스의 바르테논 신전이나 인도의 타지마할을 비롯한 이렇다 할 세계의 문화유산이 모두 노예의 산물임을 생각할 때 이런 패러독스가 성립될만도 하다.

우선 쓸모 있는 연장이 아니면 안 된다
생물적 인간이긴 하지만
정치적 인간
경제적 인간
관념적 인간
은 아니다
노예가 법률적 사회적으로 알려지려면
물건
으로서이다

—〈물건〉에서

나는 '물건'이기 때문에
여름 휴가는 필요 없다
인류에게는 여름은 괴로운 것이다
7·8월의 두달쯤은
인류는 듬뿍 여름 휴가를 취할 일이다
'물건'과 놀아라
'물건'한테 배워라
'물건'의 의미
그 빛과 리듬을 알게 되면
인간 존재의 비참과 해학 그 자체지만
몸에는 스며들지 않는다
'물건'은 노래할 뿐이다
빛을 발한 뿐이다

—〈겨울 휴가〉에서

시집 ≪노예의 즐거움≫에 나오는 '물건'이라는 말은 여러 가지 뜻에서 받아들여져야 할 것 같다.

Technalogy의 지배에 몸을 맡기고 생겨나 인공적인 메시지를 부여받은 상품으로서의 '물건'과 '물건'이 물건에 부착된 기호의 과잉에 의해서 물건 그 자체가 아니게끔 되는 사태를 생각할 수 있다.
　'물건'이 주인공인 ≪노예의 즐거움≫에서는 권두의 시 〈물건〉에서 대뜸 "노예가 법률적 사회적으로 알려지려면/물건/으로서이다"고 내뱉고 있다.
　여기에서 그는 고대 그리스 이래의 '문명'과 '노예'의 관계를 기술하고 있는데 그의 말을 따르면 '물건'으로서 존재하고 있던 '노예'가 해방되어 인간화됨에 따라 인간으로서의 비참이 가중되는 것으로 여겨지고 있다. "물건의 즐거움은 인간의 비참"이라고까지 절규하고 있는 것이다.
　오늘과 같은 물질만능시대는 어쩌면 노예가 넘치는 시대라고도 볼 수 있다. 즉 노예가 물건이라는 것은 실은 비참과 해학 속의 인간존재를 말하는 것이 된다.
　여기에서 말하는 '물건'이란 아무래도 인간존재를 흉내낸 것으로 여겨진다.
　시 〈겨울방학〉은 〈물건〉이 하는 말로 되어 있긴 하지만 이것은 어디까지나 흉내내는 데 불과하다.
　다만 시인의 목소리를 '물건'의 톤으로 염색하고 '물건'의 에너지로 힘을 가해 목소리가 물건이 될 수 없는 한계까지 쫓아가서 시인의 보이지 않는 노동(시인의 노동은 어쩌면 반노동의 의미를 지니지만)이 끝날 때 마음껏 놀아나려는 것으로 간주된다.
　다무라는 '물건' 그 자체가 되어버리려는 욕망을 보이면서도 실은 그것을 끝까지 이룩하려는 것이 아니라 어디까지나 목소리를 유지해가면서 흉내를 내는 데 머물러 있으려 한다.
　오히려 '물건'의 의미가 자신의 목소리의 행방에 따라 멋대로 水位를 바꿔가는 가운데 시를 발견해내고 있는 것이 아닌가 싶다.

다무라 류이치의 ≪스코틀랜드의 물방앗간≫에 나오는 시 〈1999〉를 보면 다음과 같은 구절이 있다.

      단 두 시간만 깨어 있고
      듬뿍 스물 두 시간 잠들어 있다
      '1999'

      라는 詩集을 내고 싶다
      만약 그때까지 살아 있다면
      듬뿍 18년간 나는

      개미와 같이 잠들어서
      묵묵히 먹이를 나르고 있는 한 마리 개미의
      정신이상 진단서를 쓰고 싶다

이제 20세기도 2년 남짓밖에 안 남았다. 1999년은 코앞에 다가와 있는 것이다. 이 시를 쓸 당시 다무라는 18년을 어떻게 버티나 하고 염려한 듯 하다. 그래서 개미처럼 오래도록 잠들어 있기를 바란 듯한데 이제 ≪1999≫라는 시집을 내는데는 별 이상도 문제도 없을 것 같다.

  그 증거로 최근에 그는 종합문학지 ≪すばる≫에다 〈1999〉를 연재하고 있다.

      꿈은 어김없이 선술집에서
      죽은 벗과는 좀처럼 만날 수가 없다
      계집도 나오지 않는다 단지
      취해서 우연히 마주친 술꾼과 술에 취해 허튼 소리를 뇌까릴 뿐
      숙소에는 갈 데가 없어서 머무는 수가 있지만

그 장소도 이름도 모르는 것 뿐

— 〈鬼號〉에서

이쯤 나오면 술도깨비 소리를 들어도 싸다. 워낙 孤口難防의 시인이라 이번에는 또 어떤 엉뚱하고 무슨 기찬 소리가 쏟아져 나올는지 지금부터 기대된다.

付記 : 1923년생인 다무라는 〈1999〉라는 시까지 써놓고 1998년 8월 26일에 이승을 하직했다.

立 棺 외 4편

1
나의 주검에 손대지 말라
너희들의 손은
'죽음'에 닿을 수가 없다
나의 주검은
군중 속에 내던져
비 맞게 하라

  우리들에게는 손이 없다
  우리들에게는 죽음에 닿을 수 있는 손이 없다

나는 도시의 창을 알고 있다
나는 저 아무도 없는 창을 알고 있다
어느 도시에 가보아도
너희들은 방에 있은 예가 없다
결혼도 일도

정열도 잠도 그리고 죽음까지도
너희들의 방에서 쫓겨나서
너희들처럼 실업자가 되는 거다

　　우리들에게는 직업이 없다
　　우리들에게는 죽음에 닿을 수 있는 직업이 없다

나는 도시의 비를 알고 있다
나는 저 박쥐우산의 무리를 알고 있다
어느 도시에 가보아도
너희들은 지붕 밑에 있은 예가 없다
가치도 신앙도
혁명도 희망도 또한 삶까지도
너희들의 지붕 밑에서 쫓겨나서
너희들처럼 실업자가 되는 거다

　　우리들에게는 직업이 없다
　　우리들에게는 삶에 닿을 수 있는 직업이 없다

　　　　2
우리들의 주검을 땅에 눕히지 말라
너희들의 죽음은
땅에 쉴 수가 없다
나의 주검은
立棺 속에 넣어서
바로 세우라

　　지상에는 우리들의 무덤이 없다
　　지상에는 우리들의 주검을 넣을 무덤이 없다

나는 지상의 죽음을 알고 있다
나는 지상의 죽음의 의미를 알고 있다
어느 나라에 가보아도
너희들의 죽음이 무덤에 넣어진 예가 없다

강을 흘러내리는 계집애의 주검
사살된 새의 피 그리고 학살당한 숱한 목소리가
너희들의 지상에서 쫓겨나서
너희들처럼 亡命者가 되는 거다

   지상에는 우리들의 나라가 없다
   지상에는 우리들의 죽음에 값하는 나라가 없다

나는 지상의 가치를 알고 있다
나는 지상의 잃어버린 가치를 알고 있다
어느 나라에 가보아도
너희들은 삶이 엄청난 것에 채워진 예가 없다
미래의 시간까지 베어버린 보리
덫에 걸린 짐승들 또 어린 姉妹가
너희들의 삶에서 쫓겨나
너희들처럼 亡命者가 되는 거다

   지상에는 우리들의 나라가 없다
   지상에는 우리들의 삶에 값하는 나라가 없다

   3
나의 주검을 불태우지 말라
너희들의 죽음은
불태울 수 없다
나의 주검은

文明 속에 달아매어
썩게 하라

    우리들에게는 불이 없다
    우리들에게는 주검을 태울 불이 없다

나는 너희들의 文明을 알고 있다
나는 사랑도 죽음도 없는 너희들의 문명을 알고 있다
어느 나라에 가 보아도
너희들은 가족과 함께 있은 예가 없다
아버지의 한 방울 눈물도
어머니의 자식을 낳는 아픈 기쁨도 그리고 마음의 문제까지도
너희들의 집에서 쫓겨나서
너희들처럼 병자가 되는 거다

    우리들에게는 사랑이 없다
    우리들에게는 병자의 사랑밖에 없다

나는 너희들의 병실을 알고 있다
나는 침대에서 침대로 이어지는 너희들의 꿈을 알고 있다
어느 병실에 가보아도
너희들은 제대로 잠든 예가 없다
침대에서 늘어지는 손
엄청난 것에 크게 뜬 눈 또한 메마른 마음이
너희들의 병실에서 쫓겨나서
너희들처럼 병자가 되는 거다

    우리들에게는 毒이 없다
    우리들에게는 우리들을 고칠 수 있는 毒이 없다

1999

개미 이야기를 어디선가 들었다
개미는 부지런한 것의 상징이라고 알고 있었는데
그게 전혀 틀린다

가령
먹이를 열심히 나르고 있는 것은
열 마리 가운데
단 한 마리
나머지 아홉 마리는 전후좌우를 어정거릴 뿐
사뭇 바쁜 듯이
활력에 넘쳐서
게으름을 피고 있다니

나도 개미가 되고 싶어졌다
아홉 마리 개미의 벗이 되어
가끔
관념적인 외침소리를 지르면 된다

게다가
더욱 놀라운 것은
개미의 잠자는 시간이다

단 두 시간만 깨어 있고
듬뿍 스물두 시간 잠들어 있다
'1999'

라는 詩集을 내고 싶다

만약 그때까지 살아 있다면
듬뿍 18년간 나는

개미와 같이 잠들어서
묵묵히 먹이를 나르고 있는 한 마리 개미의
정신이상 진단서를 쓰고 싶다

오늘의 일은 이것으로 끝
그럼
잘 자게

물 건

우선 쓸모 있는 연장이 아니면 안된다
생물적 인간이긴 하지만
정치적 인간
경제적 인간
관념적 인간
은 아니다
노예가 법률적 사회적으로 알려지려면
물건
으로서이다

古代 그리스의 철학자가 노예를 정의하여
생명이 있는 연장
목소리를 내는 연장
이라고 했지만 그것만으로는 불충분하다
매각 증여 지참금 몸값 상납 공물
의 대가가 되지 않으면

노예가 될 수 없다

노예가 되는 데는 약간의 자격이 필요하다
젊음과 체력
어떤 넋의 중량도 족쇄에는 미치지 못한다
五官은 거의 문제가 안 된다
회초리의 아픔을 느낄 수 있을만한 피부만 있으면 된다
神은
노예를 사람의 아들로서 창조하지 않았기 때문에
축복도 죄도 주지 않는다
都市는
노예에게 시민권을 주는 따위 꿈에도 생각지 않으니까
물건으로 취급한다
노예의 반란은 自然界의 번개비와 같은 것이니까
한 번 지나치는 것에 맡겨두면 된다
골프 정도로 쉬고 있으면 된다
뭐니뭐니해도
노예의 황금시대는 기원전 5~4세기 시대의 그리스
기원전 2~1세기 시대의 로마공화제 말기
그리스에서는 '물건'은 라우레이온 銀鑛채굴에
로마에서는 큰 농장의 올리브와 포도 상품 생산에
그리고 '물건'은 가내공업화됨에 따라
인간화되기 시작한다
이발사 의사 가정교사 서기까지 '물건'의 일
노예의 기쁨은 박탈당하고
사랑이라는 부질없는 것이 생겨나려 한다

기원 1세기부터 노예제 사회의 붕괴가 시작된다
노예에서 농노로
물건에서 사람으로

물건만이 소유하고 있던 순수한 기쁨도 눈물도
정치적 사회적 존재의 복합관념으로 변질된다
물건이 기쁨의 소리를 내는 게 아니다
관념의 소리를 내고
물 같은 것을 눈에서 흘리는 거다

노예의 르네상스는
18세기의 아프리카 흑인 무역이
근대 유럽과 신대륙의 아메리카에 상공업의 번영을 가져온 시대이다
'물건'의 복권
아프리카 서해안에는 16세기 후반부터 동양에의 새로운 길을 개척한 포르투갈의 모험 상인의 뒤를 쫓아
네덜란드 프랑스 영국의 노예 상인이 웅성대고
〈新世界交響樂〉이 울려 퍼진다
'물건'의 기쁨은 인간의 비참
고대 로마의 평화는 노예로부터 기쁨과 아픔을 뺏었지만
슬픔만은 남겨주었다
자유인의 자유의 슬픔을

헬레니즘시대의 그리스 노예의 데라코타像 사진을 보았다
두 발
오른손
등의 짐은 축났지만
길쭉한 모양의 머리와
짐의 무게에 길게 굽은 잔등
그리고
커다란 귀
긴 코와 입술
깎인 뺨

목덜미에서 가슴팍에 걸쳐 도려낸 살
이 立像의 측면에서
'물건'의 두 눈은 안보이지만
멀리를 응시하고 있는 느낌만은 알 수 있다

대체 무엇을 응시하고 있는 걸까
무엇이 보였는가
무명의 '물건'과 '물건'과의 교감은
가능한가

'물건'과 만나고 싶다면
시브야(澁谷)의 파르코 거리에 갈 일이다
은광도 포도밭도 없는 대신에
추상적인 정보시장만이 넘쳐 나서
'물건'의 소리와 빛깔과 색채가 넘치고 있다

긴 밤에는 '물건'을 위해 시를 읽어 줬는데
자네의 반응이란 먼 데를 바라보는 그리스 노예의
밝은 눈빛 그대로야

술 도깨비가 가다니
田村隆一의 죽음을 애도하며

김광림

넉달 나흘을 못 참아
훌쩍 떠나가 버린
개미
세시간 반을 대작하고도

끄떡없던 술도깨비가
종적을 감춰버리다니
가마쿠라(鎌倉)의 고주망태가 사라져
가뜩이나 재미없는 세상
더 따분하고 견디기 어렵게 됐군

마흔네 살의 애송이가
일흔 안팎의 흙·물·불의 시인들*을 상대로
좌담 사회를 하다가
누군가 불쑥
'디오니소스란 이스트 菌'이라는 말에
번쩍 귀가 트였는지
그만 유쾌해졌다는

다무라(田村)님

외톨박이 ≪아레치(荒地)≫에서
끝내 못 버틴 1999를
이제부턴
염라대왕의 발바닥이라도 갉아대는
개미떼
마냥 19999……를
누리시길

　　　　　　　＊西脇順三郎·金子光晴·吉田一穗

공포와 전율의 충격적인 비전
— 일본의 문제 시집 ≪四千의 날과 밤≫

가도가와(角川) 문고판 ≪현대시인전집≫은 모두 열 권으로 되어 있다. 메인 타이틀은 '현대시인'이란 포괄적인 호칭을 쓰고 있지만 이를 다시 세분하여 '근대', '현대', '전후'라는 서브 타이틀을 달아 놓고 있다.

근대 속에 수록되어 있는 시인들은 일제 때 중학 교재에서 대해온 낯익은 이름들이었다. 이 중 내가 시에 눈뜰 무렵에 관심을 가진 시인은 하기하라(萩原朔太郎)와 다까무라(高村光太郎)였다. 전자의 시집 ≪달에 짖는다≫와 후자의 ≪智惠子抄≫가 기억에 남아 있다.

그러나 막상 습작을 할 무렵에는 '현대'쪽에 눈을 돌리게 되었다. 이를테면 서구 모더니즘의 영향을 받은 쇼와(昭和) 시인들이었는데 당시 이들은 50대 전후의 중견들이었다. 즉 구사노(草野心平), 니시와키(西脇順三郎), 기타카와(北川冬彦), 미요시(三好達治), 무라노(村野四郎) 등이 그들인 것이다.

'전후'에서는 ≪荒地≫ ≪列島≫ ≪櫂≫ 동인들의 시를 눈여겨보았다. 이 중에서 가장 나의 관심을 끈 시인은 초기 시집 ≪四千의 날과 밤≫을 낸 다무라 류이치.

전쟁 전에는 모더니즘 계열의 〈新領土〉〈LE BAL〉에 참가했다가 전쟁이 발발하자 학도 동원으로 해군에 입대, 종군하기도. 무릇 ≪荒地≫멤버가 그러하듯 이들의 전쟁에 대한 직접적인 체험 즉 죽음에 맞닥뜨린 극한 상황의 제시가 어쩌면 6·25 사변을 겪은 나와의 공통점이어서 이들에 대한 공감도가 형성되었는지도 모른다.
　특히 다무라는 모더니즘 시의 영향 밑에서 출발하지만 전후에 재빨리 그것을 지양 심화시켜 전쟁으로 인한 문명 파괴와 황폐의 이미지를 그 누구보다도 날카로운 위기의식과 참신한 詩法으로 표출해내고 있다. 대체로 그의 시는 비장감을 자아내는 감동적인 데가 있다. 톤도 높다. 어쩌면 앞서 든 ≪四千의 날과 밤≫은 일본 전후시에 결정적인 충격을 준 다시 말하면 공포와 전율의 비전에 있어 비할 데 없는 작품이라 할 수 있다.
　두 차례에 걸친 세계대전으로 말미암아 숱한 목숨을 앗아가고 헤아릴 수 없는 물량의 손실을 초래했다. 그뿐만 아니라 수많은 도시와 사원이 파괴되었다. 그보다 더한 것은 언어와 상상력의 파괴야말로 시인에게 있어 문명의 최대의 불행이 아닐 수 없었다. 다무라의 시는 바로 이런 것에 대한 강렬한 패러독스로 이뤄진 세계라 할 수 있다. 일상적인 것을 전적으로 거부하다시피 하는 그의 垂直性의 시 세계는 난해한 편이어서 허공을 붙잡는 듯한 관념적인 확대를 느끼게도 한다.
　다무라의 시에는 궁극을 향하는 끈질긴 데가 있다. 더위에 늘어진 혓바닥이 아니라 황폐한 전후의 거리를 한없이 방황하다가 지쳐 늘어진 혓바닥이 보인다. 그가 찾고 있는 것은 삶의 비전이라 할 수 있는데 그것은 어디까지나 모럴이 아니라 니힐의 핵인 것 같다. 삶의 증거를 포착하기 위한 자기 확인의 쓰디쓴 추구가 추상적인 경질의 언어로 지탱되어 있는 것이다. 그는 에스프리를 구원의 손길이 닿지 않는 낭떠러지나 空洞 속으로 줄기차게 몰아가고 있는 시인인 것이다.

공포와 전율의 충격적인 비전 141

> 나의 주검에 손대지 말라
> 너희들의 손은
> '죽음'에 댈 수가 없다
> 나의 주검은
> 군중 속에 내던져
> 비 맞게 하라
> 우리들에게는 손이 없다
> 우리들에게는 죽음에 댈 손이 없다

이 〈入棺〉이란 시는 그에게 있어서 죽음이 어떤 의미를 지니고 있는지를 여실히 말해주고 있다. "인간이 죽을 수 없는 세계는 살수도 없다"는 것이 그의 모든 시의 주제를 이루고 있는 근본사상임을 알 수 있다.
  아무튼 다무라는 전후의 세계 시단에 유괴 당한 취몽의 환상 여행자로서 그의 첫 시집 ≪四千의 날과 밤≫은 패전국 일본에서 돋아난 독버섯의 아름다움을 지닌 일본 현대 시단의 대표적 문제 시집이라 아니할 수 없다.

어른도 아이도 함께 읽는 시
— 민주 1세대의 대표 시인 谷川俊太郎

1. 시라이시의 우정

　1992년 11월 20일 일본의 '地球詩祭' 참석차 도쿄에 도착하던 날 저녁, 일본의 국제적인 여성시인 시라이시가 내가 머물 다이아몬드 호텔로 찾아들었다. 하긴 출발 이틀 전 국제전화로 문의가 있어 도착 당일 시간이 날 것 같다고 일러놓았기 때문이었다. 저녁 모임을 마련해 준 것이다. 그녀는 긴자(銀座)에 있는 로바다(爐端)로 다니카와(谷川俊太郞)와 다카하시(高橋睦郞)를 불러냈다. 이리자와(入澤康夫)에게도 연락을 취했으나 상처한 지 얼마 안 되어 애들의 저녁준비 때문에 참석치 못했다는 것이다. 쯔지(辻征夫)에겐 미처 연락하지 못한 불찰을 말하기도 했다.
　로바다에서 나는 손님 대접을 톡톡히 받았다. 다니카와는 진작 만나고 싶었던 시인이어서 시라이시의 배려가 무척 고마웠다. 그와 나는 나란히 앉아 술잔을 주고 받으며 용건을 제쳐놓고 사적인 이야기만 몇 마디 했다. 대화가 끊기면 다카하시가 유명인사들의 말 흉내를 내며 좌석을 웃음바다로 만들었다. 그는 연극배우 못지 않게 익살을 잘 부렸다.

만년의 다니카와의 부친(谷川徹三)의 쉰 목소리 흉내가 일품이었다.
 일본 음식은 우리에겐 배불리 먹기보다 눈으로 요기하는 정도로 알고 있었는데 이날 저녁만은 너무도 푸짐했다.
 헤어질 무렵 다니카와에게 ≪현대시≫의 시리즈물인 해외시인 특집 계획을 비치며 작품을 골라주길 바랐다. 그러자 책을 우송할 테니 마음 내키는 대로 골라 해달라는 것이었다. 그는 짐이 될까봐 책을 직접 건네기를 주저하는 듯했으나 괜찮다고 하자 다시 만날 날짜와 시간을 의논했다.
 그것이 귀국하기 전날인 11월 23일 오전 10시. 장소는 내가 머물러 있는 다이아몬드 호텔 커피숍이었다.
 그는 소형 자동차를 손수 몰고 약속 시간보다 일찍 왔다. "아내 차가 비어있길래 냉큼 타고 오다보니 빨리 왔다"는 것이었다.

金 : 진작 만나고 싶었어요. 80년대 초에 바로 이곳에서 있었던 국제시 인 회의 때 시낭독을 하시는 걸 들은 적이 있는데 얼른 가버리시더 군요.
谷川 : 네. 그랬어요. 용건을 끝냈으니까요.
金 : 저는 지금까지 주로 전전의 시인들, 이를테면 니시와키(西協順三 郞), 미요시(三好達治), 구사노(草野心平), 가네코(金子光晴), 기타카와 (北川冬彦), 무라노(村野四郞). 오노(小野十三郞) 씨 등을 중심으로 전 후의 ≪아레치(荒地)≫ ≪렛토(列島)≫ 동인의 시나 시론을 단편적으로나마 한국에 소개해 왔지요. 그건 전전의 시인은 나의 공부대상이었고 전후 시인에 대한 관심은 나도 한국전쟁을 직접 체험한 세대이기 때문에 그런 것 같아요. 오늘 일본의 민주 1세대를 대표하는 일등시인을 만나게 되어 기쁘게 생각합니다.

谷川 : 뭘요.(그는 시선을 아래로 떨구며 계면쩍어 했다)
金 : 재작년 한국에서 있었던 세계시인대회 때 고카이(小海永二) 씨와 대만의 천(陳千武)씨하고 아시아 현대시에 대해 좌담을 한 적이 있었는데 일본의 어두운 전후시를 밝은 것으로 전환시킨 시인으로 다니카와씨를 꼽았지요. 첫 시집 ≪20억년의 고독≫은 진작 읽었어요. 그런데 대학에 진학하지 않은 이유를 '배울 것이 없어서'라고 말한 것으로 기억하고 있는데……

2. 학교가 싫어 大學 안가

谷川 : 학교가 싫었어요. 가끔 선생에게 반항하고 성적이 떨어져 갈 수도 없었고 대학 진학의 의사가 전혀 없었거든요. 18세 때부터 시를 쓰기 시작하여 19세 때 미요시의 소개로 ≪文學界≫에 〈네로 외 5편〉의 시를 발표했지요. 아까 말씀하신 첫 시집 ≪20억년의 고독≫은 21세 때 냈어요.
金 : 아버지가 유명한 철학자이자 대학교수였는데 대학에 가고 싶어하지 않는 자식을 가만 놔두던가요.
谷川 : 강요하진 않았어요. 저는 외아들이어서 자신의 의사대로 하라는 것이었죠.
金 : 세계 여러 나라를 다니면서 시 낭송을 한 것으로 알고 있는데 의사소통의 불편은 없던가요?
谷川 : 불편하지요. 영어를 좀 하니까 이럭저럭……
金 : 생활을 꾸려나가기 위해 직장을 갖고 싶어도 가질 수 없었을 때 후회한 적은 없었나요?

谷川 : 아버지가 할아버지에게서 물려받은 돈이 있어서 생활비를 대주었어요. 아버지가 돌아가신 후에는 출판물의 인세로 생활을 하고 있어요.

金 : 인세는 얼마나 됩니까.

谷川 : 책값의 5퍼센트지요.

金 : 언젠가 왔을 때 기노쿠니야(紀の國屋) 서점에 가 봤더니 〈谷川俊太郎先生 직접 싸인〉이라는 간판이 세워져 있더군요. 꽤 팔리는가 보죠.

谷川 : 한 만 부에서 삼만 부 정도까지 팔립니다.

金 : 책이 얼마나 나왔는데요.

谷川 : 시집만 30여 종이고 만화 해설 책까지 합치면 200종은 될 겁니다.

金 : 네!? 언젠가 미시마(三島由紀夫)씨가 할복자결을 한 후 그를 특집한 《文藝春秋》별책에서 그의 저서가 한 서가에 꽉 차 있는 걸 보았는데 정말 부럽습디다. 가족관계는?

3. 부인의 디자인으로 책도 출간

谷川 : 세번째 마누랍니다.(불쑥 이 말이 튀어나왔을 때 술집 로바다에서 들은 말이 생각났다. "다무라씨는 다섯번째 부인인데 자신은 세번째여서 그에게 졌다"고. 그때 나(光林)는 한번밖에 못했으니 아주 고루한 것 아니냐고 했더니 다카하시가 "그걸로 괜찮다"고 했다. 하긴 그는 육십이 다 된 지금까지 미혼이었다. 젊은 동성과 동거중이라고 시라이시가 귀띔해 주었다) 아들 딸 둘이 있어요. 딸은 현재

미국에서 살고 있고 최근 손주가 생겼어요.

金 : 부인은 어디 직장에라도……

谷川 : 책 디자이너입니다. 이거(자신의 시집 ≪발가숭이≫를 가리키며) 마누라(佐野洋子) 솜씨입니다.

金 : 오오카(大岡 信)씨가 한국의 일어일문학회 초청으로 오셨을 때 만나본 적이 있는데 활동무대를 국제적으로 넓혔더군요.

谷川 : 네 그래요 그는 시보다 평론이 더 좋지요

金 : 후배시인 가운데 좋은 시인을 든다면?

谷川 : 가장 평가받는 시인은 이시하라(石原吉郎)씨인데 작고했어요. 그리고 스즈키(鈴木志郎康) 이리자와(入澤康夫) 나카에(中江俊夫) 가와자키(川崎 洋) 요시마스(吉增剛造)씨 등을 들 수 있겠지요.

金 : 요시마스씨의 시는 잘 모르겠더군요. ≪現代詩手帖≫에 게재되는 시 가운데 잘 모르는 것이 많더군요.

谷川 : 저도 잘 모르겠는데 요시마스 시를 낭독하면 아주 좋아요.

金 : 읽으면 모르겠는데 낭독하면 좋다니 비트시 같은 데가 있는 모양이죠. 읽는 시가 아닌 듣는 시라…… 그 다음 세대로는 어떤 시인을 꼽을 수 있나요

谷川 : 글쎄요. 여성시인 가운데……

金 : 예컨대 이자카(井坂洋子), 이토오(伊藤比呂美), 시라이시(白石公子) 같은 여성시인 말인가요.
　우리나라 젊은 시인 가운데는 말을 마구 내뱉는 경향이 있는데 이를테면 쌍소리 욕소리 잡소리가 마구 튀어나오는데 일본의 경우는 어떤가요

谷川 : 뭔지 알아들을 수 없는 이상한 단어를 쓰는 경향이 있죠.

金 : 피차 잘 정돈이 안된 상태라는 공통점을 볼 수 있군요.
　그럼 다니카와씨의 시적 변모과정을 말씀해 주세요

谷川 : 일관된 것은 없고 늘 변했어요. 시란 무엇인가, 시인의 존재란 무엇인가를 생각하다보니 제대로 남편 구실도 아버지 노릇도 못했던 겁니다. 보통 인간 속에서 어떤 순간밖에 시인의 존재를 확인할 수 없었던 겁니다. 소년시절 시적인 것을 쓰기 시작하여 한국에 전쟁이 일어나자 변화가 많이 생겼는데 새로운 세계를 찾아 전혀 다른 방식으로 써나갔지요.

金 : 저는 시집을 한 시기를 정리하는 작업으로 내곤 했습니다만 일관했다는 것은 어떤 의미에선 매너리즘에 빠진다는 뜻이 아닐까요 달라지면서도 자기만의 芯 같은 게 있어야 하지 않을까요

谷川 : 매너리즘을 탈피해야죠 시인의 인격과 삶을 표출한, 다시 말하면 자기만의 코스모로지가 있어야겠지요. 요즘엔 어른과 아이가 함께 읽을 수 있는 시를 쓰고 있어요

金 : 네!? 그럼 동시 같은 건가요.

谷川 : 아니에요. 본격적인 시예요

金 : 좀 고루한 이야기가 될는지 모르겠습니다만 일찍이 괴테가 "아이들이 읽으면 동요가 되고 젊은이가 읽으면 철학이 되고 늙은이가 읽으면 인생이 되는 그런 시가 좋은 시"라는 뜻의 말을 기억하고 있습니다만……

谷川 : 그거 좋은 말이군요

金 : 다니카와씨는 이제 그런 경지에 들어선 것 아닌가요

谷川 : 뭘요 자꾸 쓰다보니 그런 게 쓰여지고 있는 거죠.

金 : 저는 지금까지 주로 앞에서 든 전전의 일본시인의 시와 시론을, 그리고 '荒地', '列島' 시인 것을 단편적으로 소개해 왔습니다만 최근에 단행본으로 세 시인의 역시집을 낸 일이 있어요. 이른바 다무라 (田村隆一)씨의 ≪四千의 날과 밤≫시라이시씨의 ≪사랑의 낙인≫그리고 한국에서 태어나 우리나라 민속놀이나 풍속을 즐겨 다른 사이

토(齋藤 忠)씨의 ≪청진의 아이들도 벌써 늙었겠지요≫를 묶었어요
기회를 봐서 다니카와씨의 역시집도 내렵니다.
谷川 : 잘 부탁합니다.

4. 역시집을 통한 교류 바람직

金 : 예전의 金素雲씨 일역시가 원시보다 낫다는 평을 듣고 있습니다만 원시보다 좋게 번역할 자신이 없군요. 전에 나의 친구인 全鳳健씨가 다니카와씨의 작품을 좋아해서 ≪現代詩學≫에 번역 소개한 걸 본 적이 있는데 그가 적임자였어요. 지금 이 세상에 없으니 제가 할 수 밖에 없군요.
谷川 : 그런 일이 있었던가요. 까맣게 모르고 있었습니다.
金 : 다니카와씨의 작품은 많은 나라에서 번역되었겠지요.
谷川 : 몇 군데서 역시집이 나왔어요. 주로 영어로 말입니다.
金 : 일본 현대시의 수준을 어떻게 보십니까.
谷川 : 連詩를 국제적인 시인들과 어깨를 나란히 하여 시도하고 있는데 작품수준이 결코 손색이 없는 걸로 봐서 세계수준에 도달해 있다고 봐요.
金 : 그래도 프랑스시 앞에서는 고개를 빳빳이 못쳐드는 거 아닌가요
谷川 : 그렇다고 봐야겠지요. 일전 프랑스 시인이 와서 시를 보여주었는데 가로 세로 어떻게 읽어야할지 몰라 물었더니 어느 쪽으로 읽어도 괜찮다는 거예요. 프랑스 현대시는 시로만 알 뿐 잘 모르겠어요.
金 : 언젠가 ≪現代詩手帖≫에서 프랑스 현대시를 특집한 걸 읽어봤더니 아는 것보다 모르는 것이 더 많았어요. 한국에도 온 적이 있는

미셸 드기씨의 시와 시론은 정말 어려워 모르겠더군요.
　한국 현대시를 접할 기회는 있었나요?
谷川 : 이바라기(茨木) 노리코씨가 최근에 ≪韓國現代詩選≫을 펴내서 봤어요.
金 : 저도 봤어요. 이바라기씨 개인취향으로 시인과 시가 선정된 것 같은데 번역은 잘 됐더군요. 이외에도 작금에 일본에서 세 권의 ≪한국현대시선≫이 더 나왔는데 冬樹社의 ≪現代韓國文學選集5 －詩集≫(金巢雲역) 土曜美術社의 ≪韓國現代詩集≫(姜晶中역) 柏書房의 ≪韓國의 現代文學 6－詩≫(姜尙求역)이 바로 그겁니다.
　앞으로 한국 현대시에도 관심을 가져 주시길 바랍니다.
　시간을 내어 주셔서 감사합니다.

　付記 : 그는 명함을 소지하고 다니지 않는지 종이에다 주소와 전화번호 팩스 번호를 적어 주었다.

III

국제적 유대와 폭넓은 시도
知的이며 動的인 유닉한 시인
1998년의 神話를 쓴 국제감각
이제야 듣는 양심의 소리
동정 아닌 분노, 약자와의 일체감
종군위안부를 다룬 속죄시

국제적 유대와 폭넓은 시도
― 다재다능한 木島 始

 일본의 전후시를 생각할 때 우선 머리 속에 떠오르는 것이 '아레치(荒地)'와 '렛도(列島)'이다. 이 두 그룹이 일본 전후시의 주류를 형성하면서 영향을 끼쳐왔기 때문이다.
 ≪荒地≫가 시의 의미성을 회복하며 모더니즘을 超克하려 했다면 ≪列島≫는 전위적인 수법으로 민중과의 연대를 도모하면서 프롤레타리아 시를 지양하려 했다고 볼 수 있다. 즉 전자가 전후시의 키포인트 역할을 시작한 것은 패전 직후인 1947년이고 후자는 1952년부터의 일이다. ≪荒地≫는 불과 10개월 동안 6권의 동인지를 내고 ≪列島≫는 3년 동안 12권을 냈을 뿐이지만 그 시사적 의의는 높이 살 만하다.
 전자의 경우 창간 멤버는 1998년에 다무라(田村隆一)를 마지막으로 모두 가버렸지만 후자의 창간 멤버 중 이들보다 좀 연하인 하세가와(長谷川龍生)와 기지마(木島 始)는 아직도 건재하다. 지금도 왕성한 시작활동을 하고 있다.
 하세가와에 대해서는 ≪현대시≫(2000. 5월호)에서 언급한 바 있지만 기지마는 ≪미네르바≫(2000. 여름호)에서 그가 나의 시에 聯彈한 4행시를 공개한 바 있어 내친김에 그의 장시를 소개키로 하였다. 〈일본공화국 초대대통령에의 편지〉가 바로 그것이다.

작금에도 일본을 두고 '神의 나라'니 '皇道'니 하는데 대한 야릇한 감정표시를 이런 공상적 가상으로 풍자 표출한 것임을 알 수 있다.

이 장황한 시를 이 땅에도 소개하고 싶어진 것은 전쟁을 명령한 사람이 패전 후에도 그 자리에 그냥 눌러앉아 있는 사실을 말한 대목을 읽고서 그냥 지나칠 수가 없었다. 시인의 양심의 소리를 들었기 때문이다.

근래 군국주의 시절에 높이 쳐들고 목이 터지게 불러 제꼈던 일본의 '국기'와 '국가'가 그냥 제정된 데 대한 일부 일본시인들의 이화감과 상통한다고나 할까. 즉

      부에노스 아이레스에서 온 해부학자와 이야기했을 때
      ―天萬乘의 임금 대원수폐하의 영어에 고통받고
      나는 때로 킹 King이라고도 불러보고
      때로는 엠페러 Emperor로 부르기도 하면서
      전쟁을 명령한 사람이 그대로 물러나지도 않는
      이상함을 설명할 수 없어서 초조했다

이 대목이 그러했다. 그 밖의 대목은 실제 상황이기보다는 있을 수 있는 경우를 가정해 놓고 전개한 듯하다.

이 작품은 1975년에 쓴 것으로 시화집으로 펴내고 있다. 지금까지 그는 10여 권의 개인시집과 여러 권의 앤솔러지 그리고 몇 권의 시화집을 간행하고 있는데 일일이 열거할 지면을 갖지 못한다. 이밖에도 번역시집이 더 있는데 눈길을 끄는 것은 《휘트맨 시집》《랭스턴 휴즈 시집》이다. 랭스턴 휴즈와는 그의 생존시 15년간이나 서신교환을 통해 간접 지도를 받은 듯하다.

그후 기지마가 펴낸 일·영 대역 현대시집 ≪즐거운 번갯불≫(1998)을 출판사에서 나에게도 보내와 서평을 원했다. 그래서 매호 뭔가를 써야 하는 동인지 ≪ゆすりか≫에다 서평을 쓴 것이 그와의 친분을 더하게 했다. 이 앤솔러지에는 교포시인(최화국·강순·김시종)의 작품도 다뤄져 있다.

진작 그와의 만남은 일본 여성 시인 사가와(佐川亞紀)의 주선으로 이루어졌는데 내가 ≪東京新聞≫에다 한·일 양국시단의 전후동정을 연재하면서 ≪荒地≫와 ≪列島≫를 비교해서 다룬 것이 그의 관심을 끈 듯하다. 이 인연으로 그가 펴낸 ≪列島詩人集≫(1997)도 기증 받았는데 49명의 작품이 10편 내외로 수록돼 있었다. 이 속에 유일하게 창간멤버였던 교포 시인 許南麒(1918~1988)의 작품이 10편 있어 주목을 끌었다.

기지마한테서 받은 편지에는 거의 전각이 찍혀 있었다. 몸소 조소한 것이었다. 그리고 지난 4월에 출간된 〈일본현대시문고〉(101) ≪(新)木島 始詩集≫에는 초기작부터 최신작까지 발췌되어 있었다. 15권의 시집과 시화집에서 픽업한 듯하다. 그런데 70년대 후반부터는 한자를 되도록 없이 하고 '히라가나'와 '가따가나'를 전용하다시피 하고있어 주목되었다. 하긴 동화와 동요에까지 손을 대다보니 그리 된 듯하다. 뿐더러 시극이나 소설도 쓰고 그림책까지 엮어내고 있다. 다재다능한 시인임을 알 수 있다.

그의 시나 동요에 곡이 붙여진 것만 해도 33편, 합창곡 리스트에 명기돼 있다. 훨씬 선배인 기다하라(北原白秋)나 사이조(西條八十)에 버금가는 활동을 보이고 있다고나 할까.

그러고 보면 20세기에 들어와서 세계도처의 시인들이 동요를 쓰기 시작한 듯하다. 독일의 엔첸스베르카가 열거한 시인 속에는 다다이스트나 쉬르레알리스트도 있지만 우리가 너무나, 잘 아는 T. S 엘리어트, 쟝콕토, 브레히트, 로르카 등도 포함되어 있다.

일전 일본의 동시지 ≪こだま≫에서 청탁이 있었기에 마지못해 60년대에 ≪동아일보≫에다 쓴 동시 〈한웅큼〉을 기고한 바 있지만 이거 만만하게 볼 게 아니라는 생각을 새삼 갖게 되었다. 말을 일상적인 속박에서 해방시켜 틀에 얽매이지 않는 멜로디를 끌어내야 하는 동요. 동요가 지니는 아나키스틱한 유머에는 어떤 이데올로기도 당해낼 수가 없다는 사실. 불경스러워도 神이나 세상사를 농담으로 처리해 버릴 수 있는 동요는 권위도 웃음거리로 만들 수 있다. 뿐더러 권력이나 금력을 자랑삼는 어른들의 속셈을 넌센스 하게도 은근슬쩍 들춰내는 데가 있다.

그의 동요에의 지향은 70년대 초반부터 비롯되지만 여기에 소개한 〈일본공화국 초대 대통령에의 편지〉도 이런 심사에서 이뤄진 것이 아닌가 싶다.

木島 始는 1928년 교토(京都)에서 출생. 토쿄(東京)대학 영문과를 졸업하고 24세 때 교직에 취업, 1991년까지 40년 동안 영어교사로 근무하면서 집필과 전각 판화 제작에 몰두해 온 듯하다. 퇴직 후에는 주로 영어와 일어로 된 4행시를 聯彈하고 있는 듯하다. 근래는 외국시인까지 끌어들여 우편엽서를 확대한 크기의 신종엽서에다 세나라 말(본국어, 영어, 일어)로 된 聯彈詩를 그 속에 인쇄하여 배포하고 있다. 지난 4월에는 두 번째로 졸시 〈음악〉을 그가 聯彈한 〈그림의 소지〉와 함께 엽서로 작성한 것을 수백 매 우송해 온 바 있다.

일본공화국 초대대통령에게 보내는 편지

첫 번째 편지 취임과 棺에 대하여

안녕! 취임을 끝낸 우리들의 공화국 초대 대통령이여

안심하게 이것은 창공의 젖가슴이라고 우기는
詩는 아니다 그대에게 내 눈으로 본 마음가짐을
공화국 대통령답게 보이기 위한 닮은 모습을
극히 산문적으로 보내려 한다 필요하다
"임금의 통속성이야말로 국민 대다수를 기쁘게 한다"
라고는 G. B. 쇼오의 말투지만 그대는 우선 싫어하게 만들게

스타를 좋아하는 군중의 눈이 그대를 무지개 속에 쏟아 넣든
나는 구름의 붕괴를 타넘는 것이 아침의 첫 과제로서
낙오자의 눈 졸음을 참고 견디는 눈으로 잠들지 못하는
사내이므로 삶은 콩을 발효시킨 맛처럼 잘 알지는 못하리라
그러므로 그대가 새로 선출되어 우리들 공화국 대통령으로
승격한 기회에 나는 다음과 같은 편지를 공개하련다
그대는 우선 환상의 제왕을 암흑의 石棺에서
해방시켜야 한다 저 가엾은 崇神의 위대함
그는 考古學者의 빗살에도 원숙해 있지 못하다
地圖도 없이 아름다운 산마루를 끝까지 가려는 것이
우리들 시인이라고 깔보는 자의 통폐지만
나는 죽은 자와 환상만으로 통한다기보다 解剖圖일세

부에노스 아이레스에서 온 解剖학자와 이야기했을 때
一天萬乘의 임금 대원수폐하의 영어에 고통받고
나는 때로 킹 King이라고도 불러보고
때로는 엠페러 Emperor로 부르기도 하면서
전쟁을 명령한 사람이 그대로 물러나지도 않는
이상함을 설명할 수 없어서 초조했다

일찍이 〈大古墳〉이라는 장시를 쓴 사내가 있었다
그 녀석은 팔리기 시작한 아라공 따위 시원스레 버리고 나서
古典 古典 히힝하며 대중의 체취로부터

멀어져서 안도하고 있는 그 다음을
차마 나는 더 볼 수가 없는 이 지겨움
하지만 古典은 존중하여 그 사내의 旧作도 고쳐 읽으련다
저작권 침해는 안되겠지 인용해 보자
 그 大古墳에는 "그 묘지를 짓는 데만도 백팔십만 명의 연인원을 필요
로 한다고 계산돼 있다/백 팔십만명이라면
 1949년 겨울의/일본 실업자 수와 맞먹는다"
마침내 그로부터 神話의 나쁜 감정을 도려내지는 않지만
쓰는 법은 卽物的이고 나의 기호에 꼭 들어맞았다

 "나에게는 지금도 늙은이도 젊은이도 사내도 계집도/千貫의 큰 돌을
부지런히 개미같이/끌어가는 천오백 년 전의 그들 부족의 모습이 보
인다" "말단 관리의 채찍 밑에 그들 고향의 아리랑처럼 슬퍼하고 있다/
그 원한 고통의 노랫소리가 들려온다" 거참 천년의 視聽力!
 그렇다 대통령이여 그대도 갖췄으면 하는 능력일세

 "우리들이 배운 일본 역사는/仁德天皇이라면 백성의 아궁이로 가르치
고/이 大前方後圓墳도/부족의 절실한 바람에 의해 만들어진 것으로 가르
쳤다." 그리고 "생각해 보라"고 했다. "그 속에 잠든/메마른 하나의 미이
라(木乃伊)를"라고는 하지만 그대에게 보이는가
 X선이나 레이다보다 부족한 이런 상상력으로 무덤 속이
 씩씩한 우리들의 공화국 초대 대통령이여
 그대는 무당이 장수에게 호위된 石棺이 아니다
 그대는 "메마른 하나의 미이라"가 과연 잠자는지
 가차없이 大古墳 속에 촬영현상을 파견해야 해
 죽은 崇神의 정신을 범하기 위해서가 아니라 거울의 암호를 해득해서
 그 살아 있는 폭풍의 상처 자국을 보이는 줌 렌즈(Zoom lens)로

 執刀하라 임금에 대해서 226項目을 포함한 〈마누法典〉에는
 "해독제인 약을 언제나 먹이에 섞어 해독의 저주의

보석을 몸에 지니라"고 돼 있지만 이 나의 편지는 약일까 독일까
액땜을 하고 무시한다면 그대는 암흑의 石棺 속
영광에 찬 상징의 안개 속에서 갈피를 못 잡는 부끄러운 미이라로다
그럼 잡일은 다음 차례이다 순수주의의 敎祖들을 세척하면서

안녕 그대의 어릴 적 벗으로부터

두 번째 편지 새로운 士氣에 대하여

안녕하신지 대통령? 우리들 공화국의

대통령에게 있어서 무기란 무엇인지
그것은 언어에 있어서 美란 무엇인지
그럴싸한 눈도 귀도 갖지 못한 자에게 넋을 주는
先驗的인 言靈說 신앙보다 중대하다

혁명의 마무리 첫 단계는 적의 계급의
무장해제에 성공하는가 못하는가 라고 그대는
정통도 이단도 심문하는 일없이 믿어왔다
그렇다 병사들이 쾌히 무기를 버리는 기적이다

무기가 국경의 무서움을 조성해 왔지만
계급의 경계를 넘어서 항복하는 것이 아니라
기술자들이 새로운 위신에 응하도록
그대에게 한가지 넋의 소생전략을 쳐들어주기 바라네

그런 그대가 선전포고하는 상대는 적국의 심볼
저 낡아빠진 국기 따위 지니고 있지 않기 때문에
전혀 다른 목표를 그래 교통표지처럼

만인이 알 수 있는 곳에서 세우게 하지 않으면 안돼

무엇에 대한 선전포고가 먼저인가? 우선 가난인가?
그래 아니야 무엇보다도 몸 속의 죽음 공장에서 흘리는 독이
보이다 말다 하는 적을 사로잡는 새로운 부대를
그대는 어느 공화국의 도시에도 설치하지 않으면 안돼

그 시민들의 부대의 사기가 오르는 것은
새로운 무기 즉 정밀하고 간명한 檢査器에서이다
이 시민들이 적을 사로잡는 모습에 그대는 보리라
옛날 얘기에서 듣는 도깨비 손톱을 깎은 애들이 다시 옴을

그렇다 경관이 失政의 뒷치닥꺼리를 하는 시기가 너무 길었다
혈통도 학력도 돈도 없이 오랜 국내 망명정부의 우두머리였다
그대는 경관이 사람들의 권리를 지키는 것을 꿈꾸었으리라
그리고 그대의 권력 밑에 화장실처럼 출입하기 쉬운 딱한 사정을
처리하는 부서를

칼 사냥에서 기병대에서 軍人勅諭에서 맥맥히
무기를 잡으면 시험해 보고픈 핏줄이 있어
흥분하면 분별없이 돼버리는 무기를 지니는 자들을
그대야말로 진정시킬 자격을 가진 제일인자로 있어주기 바래

우리들은 권력의 동향을 야구장에서의 볼과 심판의 손처럼
민첩하게 감시하는 것을 모르고 지나쳐왔지만
대통령이여 그대가 사람들의 딱한 사정을 최우선적으로
경찰에 의한 발포를 맨 먼저 지시한 것은 옳았다

발포에는 반드시 시민의 공청회가 따르도록 했다
그대의 政令은 참으로 보이지 않는 鎭靜銃을 나눠준 것이나 다름

없었다
더욱이 그대는 경관조합과 간호사조합을 묘하게 조합해서
재난구조에 향하는 젊은 남녀를 확보할 수 있게 되있다

대통령이여 국민통합을 위한 文武兩道가 낡은 형태의
전쟁에 얽혀 지쳐 있는 걸로 알고 있는 그대는
경관조합에 대해 유도와 수영을 사람들에게 가르치는 것이
새로운 중요임무라 말하는 것을 나는 인정한다

반대론자가 말하듯이 武가 설령 살상에 통하더라도
그대가 선택한 두 가지 유도와 수영에 나는 그대의 마음을 본다
상대가 힘을 지나치게 쓰면 지체없이 그걸 잡을 수 있도록
또한 벌거숭이로 될 수 있는 한 모든 근육을 생생히 움직일 수 있도록

그대가 공화국의 적에게 두려움을 줬다고는 믿을 수 없어
그대가 자신의 권총으로 자신을 향하게 하고 라지만
아니 그 자살을 초월해서 그 감촉을 말로 녹이고 라지만
그대의 말투는 외려 상냥해진 듯하다

경관조합의 자유는 그 자체 권력을 지니고 있다
그런 뜻에서 그대는 권력의 분산으로 자신을 토막쳐 왔다
그대의 지령으로 온 저 최고의 妙藥 효능은 지금 어떠한지?
그것은 마취에 의한 의사표시 즉 以心傳心의 파업이지?

그대가 누구보다도 改宗시키고 싶지 않은 것은 그대 자신이겠지
왜냐하면 이미 그대는 法의 집행자로서 형벌을 폐지하고 싶어
한 나라의 대표로서 좁다란 주권을 뛰어넘고 싶은 사내이기 때문
그대가 권총의 호위를 물리치고 있기 때문에 모두 몸서리치고 있지

그럼 조심하도록
그대의 목욕탕 벗으로부터

세 번째 편지 공화제의 혼돈에 대하여

뭉개져 주름 투성이가 된 대통령이여

그대는 退路를 적에게 넘겨주어 자포자기가 되지 않았는가
그대 자신이 등뒤에서 공격당하고 있는 것은 자기편으로부터이다
나라면 홀로 숲 깊숙이 사라져버렸을 게다
그대의 金利絶滅案을 박수갈채로 가결한
같은 借主가 그대에게 감상적 충성을 빌려주고 있다!

그대는 표적이 되기 시작한다 과거의 투자를 되찾으려 한다
예전의 菊과 葵의 紋章주의자들 잠잠해진 의리꾼에게
몸을 깨끗이 하는 의식의 관습 합장해 보이는 모습의 엄숙함
그대는 깃발 올리는 게 즐거운 무리의 가마에 운반되어
쏘면 반드시 맞는 표적이 되어버렸어

사회주의자가 아닌 회사주의밖에 신봉한 적이 없는 사람들이여
하지만 그대는 자신이 대표하는 것은 어디까지나 세속적인 나라로
믿고
예전 같으면 환상의 수식으로 연기로 감싸버렸을 텐데
속되고 속된 이권에 눈이 어두운 사람들에게 대응하여
위태롭다 그대 무엇보다도 우리들의 공화국의 이상이!

우리들은 포위되어 있다 속되고 악한 획일주의에
자동기계의 과잉 생산되는 한없는 악취미의 강박에
빤히 느끼기 위해서라도 비평의 물길을 티어야만
이제 지식이나 기능만으로는 부족하다 살아 있는 우리들의 求心力에는
중히 여기기 바라 고뇌를 느끼는 사람을 공화국 중심부에서

되풀이되는 죽인다는 말투에 견딜 수 있으면 둔감해진 나머지
일상의 업무에까지 투기꾼의 편승이 어느새 스며들어
느끼는 방법의 세련을 예술가에게 맡겨서 좋을 리 없다
아아 그대가 신체장애자 고용기업에 조성금을 내고
청소 완수를 위한 국제발명상을 설치한 것은 적절했다

휴식의 규정을 만들어 사람들을 속 깊이 편안하게 했다
그대가 그런 같은 대중의 의사표시에 끌려다니는
그대라면 걷어 채인 파편에서 암호해독이 되었을 터
사람들의 내부 깊숙이 금이 간 것을 새겼던 선전의 되풀이
그 끝없는 파상 공격에 자신을 질식시키려 하지 않고

자기 자신과 사귈 수 없는 것이 轉進작전의 尖兵일세
말씀의 꽃불 하나로 지령이 사람들의 불만을 방향 지운다
그대가 지지자의 얼굴만 보고 있다니 믿을 수 없어
우리들의 공화국 내부의 적에 이지러진 원한을 봐야 해
나는 홀로 기계장치의 척도를 넘어 목소리를 채집하련다

무의식이란 무정부를 동경하는 것임을 한시도 잊지 않고
나는 눈을 크게 뜬 핏자국에서 지하의 性도착을 보고 걷는다
그대라면 패배한 자의 대기장소를 냄새맡고 다녔으리라
내가 어느 날엔가 저작권 폐기 안에 찬성해도 된다그 생각하는 것은
팔리는 기대에 사로잡혀 붓을 들고 싶지 않기 때문이다

그대 어디까지 선동 당할 것인가 이 싸구려 화장을 서로 즐김은
쉬고 있는 관리들의 귀가 무엇을 듣고 있을까
사람은 자신의 무기로 누구보다도 자신을 찌를 것이
내부 적의 최면술에 자진해서 걸려드는 사람들이여
이 공화국의 암살에 나까지 공범으로 몰리다니!

우리들에게는 훈련을 겪은 사람들이 너무도 빠져 있다

대통령이여 그대가 선택된 것은 좀 빠른 것 같다
사람은 고생 끝에만 자신을 정화시킬 수 있어
그대의 비폭력에 의한 인권옹호는 막다른 골목에 들어섰지만
절망해서는 안되지 막 시작했을 뿐이라고 그대의 눈은 외친다
부끄러워하자 연구하는 사람 발견하는 사람들을 빈궁에 처넣어
어찌된 치욕이랴! 연주하는 사람 춤추는 사람들에게 셈까지 시키다니
누구나가 자연스런 性 위에다 배우고 싶어하는데
배운 性이 되는 긴 세월이 모두 적이 아닌가
대통령이여 우리들은 때가 잉태했다고 착각하고 있는 게 아닐까?

칼 외에 주권을 토하게 할 수 있는 것은 神뿐인가?
말씀이 모두 살기를 띨 때 의지할 곳은 神뿐인가?
나라면 다른 次元의 질서에로 전념할 거야
날이 막 샌 지금 그대에게는 아직 神이 되어달라고 하고 싶지 않아
그대 깨끗하게 자신을 팔아 넘기는 면전에서 악마가 되어 떡 버티고 서라

그대의 天邪鬼의 벗으로부터

네 번째 편지 전보

대통령 사람이 나무틈새에
음력 오월이 보이기 시작했다 지하의 벗

다섯 번째 편지

그대는 대통령 이제 없다 예상보다 빨리 사라졌군
해가 떠올랐을 때 총에 맞았다 맞았다

나는 수취인 주소 없는 편지를 쓴다 미망인인가?

그대는 연기를 계속하겠지 지옥에서 빠져나오는 길 안내 역할을
굶주림을 잊어버렸을 즈음 찔린 것이다 찔린 것이다
나는 말씀의 번득임을 脚光처럼 심을 뿐인가?

그대는 갇혀져간다 기록으로부터 書庫에 年號에
호수가 맑게 개었을 즈음 헤엄치기를 끝낸 우리들의 기억이여
나는 해방하고 싶다 해방되고 싶다 사람의 흉내내는 定評의 막힘으로부터는

그대는 살아 있다 공화국의 혼돈과 노여워 꾸짖는 충돌 속
방랑을 좋아하여 아무데나 쓰러져 자기 좋아하는 우리들에게야말로
규칙이 있었다
나는 들어맞을 豫言에 당황하는 지리멸렬의 시인인가?

그대의 적의 죽음도 슬퍼한 사람 하물며 그 비굴함 따위에는
언제 언제까지나 실현을 연기시킨 채로의 꿈의 강령은?
내가 살아 남는 것은 보이지 않는 낙인을 지닌 광대이기 때문인가?

아아 우리들을 괴롭히고 있는
멀고도 가까운 목표의 갖가지
곤난으로 고무시켜주는 동경의 갖가지
비폭력주의자들에 의한 권력집중을 지속하라!

반역의 가수들에게 전국 교통무료 버스와 절대 불간섭을!
양성의 교제에 의한 최고의 환희의 자리를 곳곳에!
동물원 울 속에 부당이득 죄인들을 영구 수용해!
밤낮 아세아인 상호 유유히 행동하고 언어국경을 넘는 도약을

아아 우리들은 끊임없이 모순되고

변신하고 있으므로 엉뚱한 樂想으로
우주의 명멸과 호흡하고 있다
하지만 대통령 그대는 이미 없으니까
우리들의 오해마저도 되살아나지 않겠지
어떻게 하면 진공의 공화국은

에끼! 그대가 펜이라면
나는 잉크로서 착상이 가는 곳
우리들의 종이는 사람들일 수 있었는데
그대가 없어서 나는 괴어버린다
여기저기 할 것 없이 괴어버린다

대통령 그대가 없어서 그대가
그대가 꽃가루라면
내가 씨앗이고 내일의 거름을 잠재운다
우리들의 대지는 사람들일 수 있었는데
그대가 없어서 나는 뜨거워진다
여기저기 할 것 없이 뜨거워진다
대통령 그대가 있다면 그대가

그대가 화살이라면 대통령
나는 줄로서 활의 늘어남을 받아들인다
우리들의 목표는 사람들이었다
그대가 없어서 나는 떨고
잘리어서 떨고 켕긴 데 하나없이
아아 어데로 어데로 이 편지는
    —— 잃어버린 벗을 쫓는 논다니 넋으로부터

知的이며 動的인 유닉한 시인
— 일본의 新遊牧民, 長谷川龍生

    20세기 1990년대 중반에 월간 ≪현대시학≫에서 한동안 〈일본현대시 산책〉을 연재한 바 있다. 그때 이 속에 포함시켜 살펴보고 싶었던 시인의 한 사람이 하세가와(長谷川龍生)였다. 하지만 이룩하지 못했다. 어쩌다 그의 작품을 주워 읽고 관심을 촉발하긴 했지만 이렇다할 자료를 갖지 못했기 때문이다.
    그 무렵 일본의 '지큐(地球)시제'에 참가했다가 그곳에서 하세가와를 만나게 되었다. 강연을 마치고 돌아가려는 그를 사이토(齋藤 忠)를 통해 소개받았던 것이다. 몇 마디 주고받으며 "한국 시단에 소개하고 싶으니 자료가 있었으면 좋겠다"고 하자 "그러자"고 고개를 끄덕이는 듯했다. 하지만 그 후 감감무소식이었다. 좀 별난 시인이구나 싶어 더 이상 그에 대해 집착하지 않다가 몇 해가 지났다. 일본 文教대학 객원연구원으로 가 있는 동안 그에 대한 자료를 도서관에서 접할 수가 있었지만 〈산책〉이 끝난 뒤라 복사한 자료만 지니고 있었는데 어이된 인연인지 ≪현대시≫에서 〈오늘의 세계시〉란에 일본 시인을 다루어 달라기에 〈산책〉에서 누락시킨 하세가와를 픽업하기에 이르렀다.

근래 그가 일본 현대시인회 회장직을 맡고 있다기에 그와 절친한 야리다(鎗田淸太郎)에게 그의 거처를 물어봤더니 "모른다"는 것이었다. "오사카(大阪)에 있는 거 아니냐"고 했더니 "도쿄(東京)에 있을지 모른다"는 것. "지금은 외국에 나가있다"고?

또 한번 별난 사람 다 보겠다는 생각이 머리를 스쳤다. 새삼 그에 관한 자료를 뒤적이면서 그야말로 현대판 아웃사이더로구나! 어쩔 수 없이 떠돌이 신세가 되었구나! 싶으면서 괴짜라는 생각보다 측은한 마음이 더 앞섰다.

하세가와는 1928년 오사카에서 태어났다. 그러고 보니 나보다 한 살 위인 용띠. 그의 가문에는 묘소가 두 개 있을 뿐 집이 없는 걸로 봐서 진작 도산해 버린 듯하다. 일찌감치 가족은 뿔뿔이 흩어지고 여성 둘과 7형제 중 그만이 살아 남았단다.

그의 본명은 나야(名谷)인데 26세 때 하세가와 가문에 어쩔 수 없이 양자로 입적하게 되는 그야말로 저주받은 가문의 태생이었다. 그의 自閉症은 여기에서 비롯된 듯하다. 이 저주받은 가문을 환상의 가문으로 만든 것이 시인 하세가와였다.

"나는 어려서부터 그와 같은 환경 속에서 스스로와 세상과의 통로를 닫았다. 분명 자폐증이어서 시인의 길을 택했다. 그러나 자폐증으로는 살아갈 수 없어 亡靈을 창조했다"고 실토하고 있을 정도이다.

소년 시절 재목상에 일하러 다니며 중학을 마치고 와세다(早稻田)대학 불문과에 진학했으나 중퇴. 30여 개의 직업을 전전하면서 살아가야만 했다. 그가 끝내 살아남을 수 있었던 것은 시의 길이 있었기 때문이었다.

그가 〈나의 랭보론〉에서 밝힌 글, 즉 랭보와 자신의 처지를 비교하면서 오사카의 중공업지대에서 일하던 당시를 이렇게 회상하고 있다.

내가 일하고 있는 곁에서는 석탄의 산이 새빨갛게 타서 냉각로에 끊임없이 흘러들고 있었다. 이 열의 방사를 등에 가득히 받으면서 나는 고독에 시달리며 노예상태가 될 수 없는 자신에게 시의 발상을 구하려 했던 것이다.
　랭보는 이교도이며 26세까지는 대체로 시적 재능을 충분히 개화시키고 있었다. 그리고 관능적으로도 충분히 성숙돼 있었다. 그런데 26세의 나는 그저 한 생활 궁핍자에 불과했다. 생활이 궁핍한데다 몽상과 환상이 몸 주변에 솟아올라 현실과의 어긋남이 생기기 때문에 자주 자폐증에 빠졌다. 이 자폐증과의 싸움이 나의 시의 시작이다. 즉 남을 엄연한 남 그 자체에서 남과의 교류를 시작할 필요가 생겨 자폐의 문을 개방하는 것이 급선무가 되었기 때문이다

라고 그가 시를 쓰게 된 동기를 실토하고 있다.
　그는 오사카의 선배시인 오노(小野十三郞)를 스승으로 卽物的 방법의 영향을 받아가며 시작에 전념했다. 동인지 ≪列島≫와 ≪코스모스≫에 작품을 발표하면서 첫시집 ≪바우로의 鶴≫(1957)을 간행, 이어 ≪호랑이≫(1960) ≪長谷川龍生 詩集≫(1967) ≪直視의 포옹≫(1976) ≪시적생활≫(1978)을 내고 이후 ≪눈물이 흘러내리는 동안은≫과 ≪바르바라의 여름≫등의 시집을 간행하는 한편, 영화 평론에도 손을 대고 있다.
　대체로 그의 시는 길다. 여기에서는 그의 대표작의 하나인 〈이발소에서〉를 비롯하여 짧은 것만을 고르려고 했지만 〈질투〉같은 작품은 두 씬으로 이루어져 있어서 비교적 긴 것에 속한다고 볼 수 있다.
　하세가와의 시는 실제적인 상황을 사설조로 구성하여 그것을 드라마틱하게 전개해 가면서 으스스한 씬으로 긴장감을 고조시키는 데가 있다. 뿐더러 즉물적인 기록의 표출에 지탱된 환각적인 이미지의 사실적 전율감을 자아내는 것이 그의 시의 생명이자 특징이라 할 수 있다.
　한편 하세가와의 방법적 특징에는 그의 문체가 극단적으로 드라이하

다는 데 있다. 미사여구나 형용사로 듬뿍 정감을 흘리는 서정시와는 아주 대조적이다. 그런 점에서도 이 비형용 시인의 시세계는 지적이고 유닉하다고 볼 수 있다. 그에게 있어서 비유나 암시는 전혀 별개의 새로운 방법적 영역으로 발전해 가고 있는 듯하다.

그는 주관성을 배제하고 즉물적이고도 영상적인 수법에 의해 시대상황의 밑바닥을 파헤치려 드는데 이 시대상황을 보다 속 깊이 보는 눈이 환상적 시각에 의해 지탱되어 있음을 유별난 것으로 주목하게 된다.

또한 그는 자신의 내부에 존재하는 괴기성을 인정치 않는 사람 남의 미스테리를 인정치 않는 사람은 시인이 아니라고 까지 극언하면서 그것을 모르는 시인이 있다면 그는 영탄과 애잔함을 노래하는 서정시인 일거라고 빈정대고 있다. 이쯤에서 우리는 하세가와의 독특한 세계를 논리적으로 파악하려는 정지상태가 아닌 본질을 꿰뚫어 보려는 새로운 세계관에 입각한 動的인 시의 방법론의 도입에서 온 것임을 알 수 있다. 즉물적 영상적 리얼리즘을 가지고 피지배계급의 지배자에 대한 증오에 입각한 상황을 그로테스크 하리만큼 파헤치고 있는데 그는 起承轉結의 극적인 구성능력이 뛰어난 시인이라 할 수 있다.

그의 시에 극적인 구성을 초래한 최대원인은 자신의 행위자로서의 경험을 시속에서 재현하고 있는 점이다. 작품 속에 보이는 광기의 행위는 그 자신의 실제 경험에 의한 것으로 보인다. 하지만 그는 이들 행위의 소용돌이 속에 파묻히지는 않는다. 그는 광기의 한 가운데 있으면서도 자신을 관찰하고 묘사하고 있는 것이다. 그는 초현실주의의 자동기술법을 취하면서 자유로이 이미지를 발전시키고 자신의 정신과 행위의 사실 기록을 관찰자로서 완강한 입장을 취하고 있다고 볼 수 있다.

하세가와의 시세계에는 '어둠'과 '밝음'이 공존해 있다고 볼 수 있다. 어두운 분위기를 표출해도 거기에는 한 가닥 날카로운 대립의식이 있는 對自의 줄기가 통해 있어서 '밝음'이 드러나게 마련인데 어쩌면 응큼한

명랑성이라 해야할지 모른다. 이 '어둠'과 '밝음'은 그가 대립의식이 없는 即自적인 동시에 대자적인 지향과 에너지를 갖고 있는 데서 비롯되는 것 같다. 한 마디로 말하면 잠자리 눈알 같은 複眼사상의 소지자라 할 수 있을 것이다. 앞서도 잠시 언급한 바 있지만 그의 작품에 나타난 세계는 스승인 오노의 즉자의 존재이면서도 대자의 존재로 있다할 것이다. 이 대자의 존재라는 구조는 그의 시세계를 특징짓는 속성이기도 하다.

오노가 냉철한 물질을 토막내서 정감을 배제하여 내세울 때 그 세계는 뭔가를 말하는 창조성의 신념 위에 있는 듯하다. 하지만 하세가와의 경우는 이런 점에서 이를 뛰어넘었다고 볼 수 있다. 오노가 예감같이 드러내 보이는 물질 우위의 방법에 대해 하세가와는 다시 한번 그 사물을 지적이고 주체적인 의도에 의해 자기 지배하에 감싸 버린다고나 할까. 그에게 있어 세계는 즉자상태로 머물러 있는 것이 아니며 또한 움직이려는 예감에 멈춰있는 것이 아니라 생성, 발전, 소멸로 소용돌이치는 사물의 본질적 자태를 예리하게 파악하는 방법을 제시하고 있다할 것이다.

단적으로 말해 오노의 사물은 멈춰 있지만 하세가와의 것은 움직이고 있다. 이 力學이야말로 그의 장기이자 특징이라 할 수 있는데 그가 늘 움직이는 것을 표출하는 것이 아니라 멈춰 있는 것까지도 그것의 내부에서 생동하는 사물로 정착시키고 있다는 사실이다.

하세가와가 세키네(關根 弘)와의 대담에서 "나는 온갖 물상에 대해 두려움을 갖고 있다. 나의 시의 비밀은 그 공포병의 자기진단"이라고 말한 데 대해 세키네는 "밀실의 환상이 그의 시세계"라고 단정하고 있다. 생활상의 불안정, 더욱 더 파란이 이는 방향으로 가고 있는 듯한 조바심, 여기에서 그는 마침내 ≪새 遊牧民≫이라는 시집을 내고 싶다—고까지 뇌까리고 있다.

근래 그는 오노의 문학상의 작업에 거의 염세적인 데가 없는 데 대해 이를 눈부신 것으로 여기기 시작한 듯하다. 자신의 일에 절망적이 될수록 스승에 대한 부끄러움을 의식하는 듯하다.

여름버섯 외 4편

한 여름 나무숲의
동굴처럼 돼버린 메마른 샛길을
몇 만 마리의 개미 행렬이
줄줄이 이어져 있다.
한쪽으로 가는 개미 턱은 비어있지만
되돌아가는 개미 턱에는
푸른 잎사귀가 물려 있다.
운반하면서 잎사귀를 짓씹으며
조상으로부터의 넓이 약 3백 입방미터의
지하 묘판에 뿌려진다.
어두운 개미집 성에서
오랜 시간이 흘렀다.
부서져 뿌려진 잎사귀는
온통 썩기 시작했다.
그 위에 희고 작은
둥근 양배추 같은 버섯의 그물선반이
가볍게 안개모양 걸려 있다.
아무도 본 일이 없는
여름버섯이다.

이발소에서

점차
잠수했더니
순양함 鳥海의 큰 몸집은
푸르퉁퉁 흔들리는 해초에 싸여
털썩 기울어져 있었다.

昭和 7년인가에 준공된
三菱 長崎에서 본 것과 다름없어
하지만 20센티 포 8문은 모두 있는 게 아니고
3센티 고사포 따위는 하나도 없었다.
지독히 당했구나.
나는 줄잡아 2천만이라 어림짐작하고
점차
올라왔다.

新宿의 어느 이발소에서
정면에 매단 거울 속의 손님이
그런 이야기를 하고 수염을 깎으려 목을 뒤로 제꼈다.
미끈하지만 번득이는 면도날이
그의 거칠고 검은 얼굴을 미끄러지고 있다.
미끄러지고 있는 이발사의 뼈 있는 손은
바야흐로 그의 눈꺼풀 밑에
비스듬히 걸쳤다.

춤 병

차를 타려고
발을 꼭 딛고
손잡이를 잡으려하자
손길이 어긋나
갑자기 허공을 허우적댔다.

아침 플랫폼의
북적이는 사람들의 감시를 받아
드르르 열려있는 자동문이
드르르 닫힐 때까지는
차에 올라타려고 했으나
손잡이를 잡지 못한 채
손은 흔들리고 튕기고 와들와들 떨려
자유스러워져서 춤추고 있다.

이래서는 안돼 손잡이를 잡아야
승차, 출발, 진행, 목적, 도착이라
생각하고 있는 사이에
인도 코브라의 손은
여덟 쌍의 늑골을 부풀려
주름을 펼 수 있는 데까지 펴서
눈 무늬를 쳐들었다.

연결된 급행열차의 창이
덜컥하고 한번 흔들려 비뚤어지자
천천히 움직이기 시작했다.
그때다 군중 속의 한 사람이
목 타는 배후에서

찌르듯이
멋대로 지껄였다.
"저 녀석은 춤병이야"

모던 타임스

4층에 이르는
큰 전기로의 강철판을 잇는
몇 만이라는 나사를 조인다.
비스듬한 데는
비스듬한 자세를 지탱하고
管이 들락날락한 곳은
管과 管에 감으면서.
공간 높이 발판이 없는 곳은
꼬리 긴 원숭이 마냥 철기둥에 매달려서
나사를 조인다
나사를 조이고 나면
이것저것 조이지 않을 수 없게 되었다.
그것은 1933년 모던 타임스에서 연출한 찰리 채플린의
기계에 쫓기는 기계공과 흡사하다.
우선 뭔가를 조이려고
때마침 순찰 온 현장복 차림의
안전요원의 다섯 개 단추를
하나하나 스패너로 조인다
갑자기 요원은 멈춰서 버렸지만
그 광대노름에 쓰디 쓴 웃음을 지었다.
저 사나이는 머리가 이상한 게 아닌가
현장의 반장과 조장에 그 사실을 보고했다.
하지만 현대 기계문명에 대한 풍자를 촬영한 채플린보다는

얼마간 두려운 데가 있다.
완성 검사 후에
큰 전기로에 기어올라가
어느 숨겨진 장소에서
두 겹의 돌솜을 후벼내어
몇 백 개의 나사를 반대로
조이고 풀어가자 몇 분 후에
부글부글 달구어진 4천도의 爐 한 귀퉁이에서
白熱의 불기둥이 열십자로 치솟았다.
그러자 창 밑에 나란히 서 있는
불룩한 가스 탱크가 차례 차례로 깨어져 울려 퍼지고
오사카(大阪)의 후나마찌(船町) 기즈가와(木津川) 연안의
아무도 없는 중공업 지대는
삽시간에 엄청난 굉음의 연기 위에
날아가 버린다.

질 투

I. 케이블카 속

겨울 소나기가 내리는 산을
한 대의 케이블카가
산 위로 매달려 올라갔지만
번갯불과 천둥이
급강하하는 하늘 밑에서
투구 풍뎅이 모양
송전이 끊겨 움직이지 않게 되었다.

산의 어둠에 둘러싸여
비뚤어진 네모난 차체의
계란 모양의 박스에서
스톨을 겉옷으로 걸친 계집이
새파랗게 질려 눈빛을 바꿨다.
매달리는 계집을 보듬고
미국 병사가 보드라운 귓불에 우뚝 선 코로 문질러대며
이어링을 물고 잡아당겼다.

봄 우뢰의 섬광에 비쳐져
나는 어지러웠다.
그러자 차체 밑의 톱니바퀴가
거꾸로 돌기 시작했다. 산 위에서의 로프가
슬슬 늘어져 느슨해지기 시작했다.
이대로 천둥과 더불어 떨어져
산기슭 정거장에 부딪칠지 모른다.
나는 이를 갈며
신음하고 몸을 뒤틀었다.

Ⅱ. 눈을 부라리고 본 욕심

종착역까지
멈추는 일 없는 급행열차에
캠프촌 매춘부가 둘
뛰어 올라 탔다.

종착역까지 지켜보자고
숨을 죽이고 눈을 번득이고 있자니
흰 便器 속에 목을 틀어박고

야릇하게 펼쳐진 배설구를
열병 환자 마냥 눈도 깜박이지 않고
지켜보고 있는 듯한 느낌이 들었다.
욕망이 치솟는다.
가슴이 터질 것 같다.

첫번째 역이
질풍처럼 지나쳤을 때
계집은 다른 계집에게
복통과 배설을 호소했다.
사정을 들은 계집은 승객 눈치를 살피며
시치미를 떼고 냉정히 거절했다.
새파랗게 질린 계집은 온 몸을 굳게 쥔 채
모피 외투에 두 손을
꽂은 채 얼굴을 숙였다.

두번째 역이
슬쩍 계집을 지나쳤다.
화장으로 그린 눈을 감고
붉은 입술을 찡그리며 어깨를 들썩여
설사 상태를 참고 있었다.
大腸 속의 오물이 소리내며 부풀었다.
배설과 인내와의 두 가지 증오가
러시 아워 속에서
격투하고 있다.

더 견딜 수 없다
계집이 죽을 듯이 외쳐댔다.
몇 역을 더 통과했으나
종착역은 아직 오지 않아.

나는 그 자리에게 샤워를 틀 듯이 해버리라고 생각했다.
하지만 계집은 이를 악물고
온갖 신경을 집중시켜
출구를 막았다.

이제 외부 것은 안 보인다.
이미 급행열차는 레일 위를 벗어나
공간에 둥 떠서 흔들리고 있었다.
이따금 경련이 와서
꿈같이 失神 상태에 빠졌다.

축 늘어져 단정치 못한
오르가즘이 돼버린 계집의 몸통에
번쩍 번쩍 질투가 솟아났다.
가슴을 마구 긁어대고 쥐어 뜯으며
殺意가 생겨났다.

1998년의 神話를 쓴 국제감각
— 지역과 인종을 초월한 白石 가즈코

　시라이시 가즈코에 대한 논평은 이번이 세번째이다. 일본시인을 두고 세 번이나 같은 사람을 논하기는 다무라와 그녀뿐이다. 즉 첫 번째는 그녀의 역시집 ≪사랑의 낙인≫(1988)을 말한 〈굴레벗은 말〉이고 두 번째는 고려원이 펴낸 현대세계시인선 ③의 ≪등줄기가 아름다운 남자≫(1994)에서 〈가장 분방하고 진지한 재기와 정열〉이라는 그녀의 시세계를 조명한 것이다. 이 모두가 해설로 다뤄졌는데 앞의 것을 좀더 보완한 것이 뒤의 것이 되었다.
　이제 세 번째에 접어들었다고 해서 그녀의 시세계가 확 달라지거나 내 생각에 변화가 생긴 것은 아니지만 내가 일본시단 현장에 있으면서 몸소 겪고 들은 사실에 입각하여 다시금 접근을 시도해 본다.
　일본시인 중 가장 국제적인 시인을 들라면 시라이시를 앞지를 사람은 아마 없을 것이다. 그토록 그녀는 다른 나라를 이웃집 드나들 듯이 하고 있다. 동에 번쩍 서에 번쩍이라는 말이 그녀를 두고 생겨난 말인지도 모르겠다는 생각이 들 정도로.
　그리고 그녀가 국내에 있을 때에도 다른 나라 시인과의 접촉이 잦다.

하긴 외국에서 어울리거나 신세진 사람이 일본에 오면 으레 그녀를 찾게 마련이다. 어쩌다 몇 번 만난 그녀 주변에는 어김없이 외국사람이 있었다. 덕분에 이스라엘의 시로니라는 일본 역사학자도 만날 수 있었고 네팔, 프랑스, 미국시인과도 어울릴 수 있었다. 일어가 안되면 통역으로 간신히 인사말을 나눌 정도였지만.

지난해 6월 일본에 당도하기가 바쁘게 '제너럴(將軍)'이라는 술집에서 알렌 킨즈버그의 추도모임이 있으니 초청한다는 것이었다. 하긴 서울의 세계시인회의 때 그녀 덕분에 킨즈버그와도 함께 사진을 찍은 일이 있어 가 보았다

추도식장 정면에 킨즈버그 사진이 크게 걸려 있었는데 정장에 넥타이까지 맨 모습이 의젓하였다. 나에게도 한 마디 하라기에 술김에 비트족의 창시자이자 히피의 대명사였던 그가 문학상을 타고 대학교수까지 지냈으니 이렇게 단정해졌는지는 몰라도 지금 노타이 차림인 내가 차라리 비트 같다고 뇌까려 참석자들을 한바탕 웃기기도 했다.

이토록 시라이시가 왕성한 국제적인 교섭을 가진 시인이 되기까지의 그 나름의 삶의 경위랄까, 어떤 인간적인 역정의 소산인지를 잠시 살펴보기로 한다.

시라이시는 1931년 연중 눈에 덮여 있는 록키산맥 기슭 벤쿠버에서 태어났다. 당시 영국의 식민지였던 캐나다에는 크게 프랑스계와 영국계로 나뉘어 다양한 인종이 살고 있었다. 이 속에서 그녀는 갓난아기 때 베이비 헬스 콘테스트에 나가 동양인으로서는 처음으로 우량아로 선발되기도 했다. 흔히 우량아가 그러하듯 그녀는 탐스럽고 풍만한 육체의 소유자, 지금도 식욕이 왕성한 편이다.

부친이 그곳에서 무역업에 종사한 것으로 미루어 세상 물정 모르는 꽤 유복한 가정의 자녀로 사회적 모럴이나 경제적 제약을 받지 않고 천

진무구하게 자랐을 것으로 짐작된다.

　대학은 일본 와세다를 다녔으나 출생지가 캐나다이고 소녀 시절을 이국에서 보낸 탓인지 뚜렷한 국가관이나 민족의식이 거의 없어 보인다. 어떤 의미에서 그녀의 조국은 세계이며 민족은 인종을 가리지 않는 인류가 될는지도 모른다. 그래서인지 백인 흑인 황인종 가릴 것 없이 어울리고 사랑한다.

　이처럼 투철한 국제감각을 지닌 시인을 나는 달리 대한 적이 없다. 한때 코즈머폴리턴을 표방했던 모더니스트들도 그녀의 생리적인 국제감각 앞에서는 꾸밈새가 드러나게 마련이다. 그녀는 아무런 거리낌없이 일본의 수도 도쿄를 영어로 표기하는가 하면 이국인 아메리카를 일어로 표기하기도 한다.

　이른 바 〈My Tokyo〉〈マイ アメリカ〉가 그것.

　한 나라의 언어는 그 나라의 얼과 슬기와 정서를 담고 있다는 우리들의 통념은 그녀 앞에서 보기 좋게 무시당하기 마련이다. 무슨 말로든지 표출하면 그만이라는 생각이 이런 바꿔치기 표현으로 나타난 것 같다. 그녀의 향수도 황인종이 살고 있는 일본이 아니라, 흑인이 살고 있는 캐나다로 향한다. 그녀는 틴에이저가 즐기는 재즈를 몹시 좋아한다고 했다. 혼혈아보다 더한 국제감각이 시라이시로 하여금 거침없이 내닫는 개방된 시인으로 만들어 놓고 있는지도 모른다.

　시라이시가 20대에 접어들기 직전에 낸 첫 시집 ≪계란이 내리는 거리≫(1951) 속에 수록된 작품들은 그녀 자신의 말마따나 〈무엇이 시인지조차 생각하기도 전에 발정된 것〉이라 할 수 있다. 도무지 두려움을 모르는 철부지가 어느 날 갑자기 시를 쓰기 시작했다고나 할까.

　두번째 시집 ≪호랑이의 유희≫(1960)는 그녀가 결혼을 하고 애를 낳고 자식을 기르는 일상적인 일에 얽매어 시작을 중단했다가 9년만에 다시 시작한 것들이다. 이 시집에는 시가 무엇인지를 알고 쓴 흔적이 역력하다. 다분히 모더니즘의 영향이 보인다. 시작방법을 의식하기 시작하면서 그녀에게도 두려움과 조심성이 싹트기 시작했다. 당시 VOU 그룹에서 기타조노(北園克衛)한테 들은 "시와 시적인 것은 다르다", "센티멘털은 가장 부끄러워해야 할 일"이라는 경고가 작용한 듯하다. 이 무렵의 무내용 무사상의 순수이미지는 예서 비롯된 것이 아닌가 싶다.

이혼과 재즈에의 경도는 그녀로 하여금 굴레 벗은 말이 되게 한다. 혼전의 천상을 날던 날개 달린 말은 이제 곤욕을 치른 지상의 야생마가 되어 세번째 시집 ≪이제 더 이상 늦게 와서는 안된다≫(1963)에서 일본 전후시의 한 특색을 이루게 된다.

네번째 시집 ≪오늘 밤은 궂을 모양≫(1965)에서는 시로서 얼마간 성숙된 반면에 그녀 특유의 산만하게 내닫는 시적 긴장과 자유분방한 발상이 사그러들고 안정감이 깃들기 시작한다.

1969년 〈성스런 음탕한 자의 계절〉이라는 4백 행이 넘는 장시로 마침내 H씨상을 수상한다. 시에 있어서의 솔로에의 지향이 이런 장시를 쓰게 한 듯하다. 보통의 솔로보다 긴 솔로가 아니면 자기가 표현하고 싶은 것을 표현해 낼 수 없다는 섹스폰 주자 콜드렌의 이론이 이를 뒷받침하고 있는 듯하다.

이후 그녀는 ≪동물시집≫(1970) ≪性宇宙≫(1974) 그리고 장시 〈단풍지는 불꽃의 15명의 형제 일본열도에 휴식하면〉(1975), 무겐(無限) 상을 탄 〈한 척의 카누 미래에 돌아오다〉(1978) 등을 시집으로 묶어내고 있다. 이어 ≪바람이 살랑대고 성스런 음탕한 자≫(1980), 레키데이(歷程)상을 받은 ≪사족(砂族)≫(1982) ≪눈에 불을 켠 사나이≫(1984) ≪태양을 들이키는 자들≫(1984) ≪불타는 명상≫(1986) ≪후레나마 후레몬 후루몬≫(1988) ≪하늘하늘 운반되어 가는 것≫(1992) 그리고 최근의 ≪나타나는 것들로 하여금≫(1996)으로 두 개의 상, 즉 요미우리(讀賣)문학상과 다카미중(高見順)상을 수상했다.

이쯤에서 우리는 시라이시의 새로운 출발과 이치를 만나게 된다. 천상을 휘젓고 다니던 천진무구한 성녀가 火刑의 불길을 쏘이게 되면 魔性을 지니게 되는 모양이다. 그녀는 바로 그런 마성을 지닌 성녀를 지향하고 있는지도 모른다.

한편 시라이시는 여성이면 응당 숨겨야 할 性을 드러내 말하는 해방감을 누리기도 한다.

> 푹 그대의 존재에 뒤집어 씌워
> 그러면 그대에게 그대 자신이 보이지 않게 되고
> 때로 그대가 남근이라는 의지 그 자체가 되고
> 정처 없이 떠돌아다니는 것을
> 한없이 안아주고 싶어진다

이 〈男根〉이라는 시의 일부에서도 볼 수 있듯이, 이러한 생각을 단적으로 표출한 것이 "그대의 넋과 마찬가지로/그대의 페니스를 사랑하리라"(〈성스런 음탕한 자의 계절〉에서)이다. 그녀는 진작 〈성과 시인〉이란 글에서 "금세기의 가장 위대한 문학이라고 불리는 성문학의 거봉 헨리 밀러의 ≪남회귀선≫만한 것을 나는 일본의 오늘의 정신풍토 위에 시도하고 싶다. 그러한 의미에서 진정 性시인이라고 불릴 정도의 것을 쓰고 싶다"고 했지만 실상 그녀는 남근 시인이라는 애칭(?)까지 듣고 있을 정도이다.

이러한 사정을 두고 평론가 요시다(吉田精一)는 〈현대시의 풍경〉에서 일본 전후시의 한 특질을 시라이시의 섹스의 대담한 해방을 노래한 것을 들고 있을 정도이다. 근년에 이르러 그녀는 자연파괴와 환경오염으로 인한 지구의 운명을 걱정하는 시도 보여주고 있다.

　　　　Z기라는 말파리가 혹성 주위를 맴돌 때마다
　　　　산소는 없어지고
　　　　죽을 상이 되어
　　　　혹성은 21세기 쪽으로 기진맥진
　　　　목을 늘어뜨린다
　　　　이중 과학의 신에게 사로잡힌 도살자들이
　　　　살인병기를 만드는 경주에
　　　　큰 환성을 지른다

　이〈조그만 혹성〉은 그 중의 하나인데 지구 최후의 날로 시시각각 다가가고 있는 인류가 딴전만 피고 있는 사실에 대해 경고의 일침을 가하고 있는 것을 볼 수 있다. 그녀의 폐활량의 넓이를 엿보게 하는 또 하나의 케이스로 간주된다.

　올들어 그녀는 시야를 다시 넓혀 인권과 관련된 문제를 광범위하게 다루고 있다. 즉 연초에 아시히(朝日)신문 일요판에 10회에 걸쳐 연재한〈1998년의 神話〉가 바로 그것. 이중 9번째의〈북에서 남으로 온 사나이〉가 화제가 된 듯하다.

　연재중인 것도 미처 모르고 있었는데 사방에서 전화가 걸려왔다. 시라이시가 내 이야기를 썼다는 것이다. 진작 그녀는 시〈태양이 곁에 있다〉에서〈세 분의 형들에게〉라는 부제를 달아 남아프리카 시인 유고슬라비아 작가 등과 함께 나를 다룬 바 있었지만 이번엔 거명이 되지 않았는데도 알아보고 법석을 떠는 것이었다. 그녀는 나를 한국의 율리시즈로 간주하고 있는 모양이다.

　　　　그는 말하지 않는 것으로서 말하는 시인
　　　　그의 더할 나위 없는 상냥함이
　　　　너무나 가혹한 운명 괴로움에서 온다니

나는 부른다 흰 나라의 형제를
진달래 술이 맛있는 나라의 진달래보다 맛나는
김광림 그 마음의 술이여

— 〈태양이 곁에 있다〉 끝 연

(…전략…)
고향인 북쪽 하늘에 날아가는 한 마리 새조차
사나이의 양친의 생사조차 일러주지 않는다
머리칼은 흰 구름이 되어 슬픔의 머리 위에 떠돌고
망향의 심정은
너무도 속 깊은 동굴 밑에 있어 아무에게도 안보인다
(…중략…)

— 〈북에서 남으로 온 사나이〉에서

이 시를 대한 순간 나는 가슴이 벅찼다. 너무도 환히 내 속을 들여다 보고 있는 듯 얄궂은 생각이 들 정도로. 아무튼 남이 자신의 처지를 이해하려 든다는 건 일단 고마운 일이 아닐 수 없었다.

여기 저기서 전화가 걸려왔다는 소식도 알릴 겸 부모 슬하를 떠난 지 45년이 아니라 오는 12월 4일이면 꼭 반세기가 된다고 했더니 메모를 하는 듯, 시집으로 엮을 때 고치겠다고 했다.

이쯤에서 우리는 일본 전후시단에 돌연변이처럼 나타난 그녀가 근래 공해문제와 더불어 세계 도처에서 발생하는 인권문제에까지 눈길을 보내 우리 겨레의 이산의 아픔을 이토록 절실하게 헤아려주는 걸 보니 분명 시라이시는 지역과 인종을 초월한 국제적인 존재로서의 세계성을 띤 시인임을 재확인하게 된다.

이제야 듣는 양심의 소리
— 石川逸子의 ≪흔들리는 무궁화≫

　　이시카와(石川逸子)의 시를 제대로 읽은 것은 지난 1998년도에 간행된 앤솔러지 ≪즐거운 번갯불≫(木島 始編) 속에 나오는 〈그대에게〉부터이다. 그때까지만 해도 나는 그녀의 시 세계를 이 땅의 현실 참여나 민중시 경향의 작품 정도로 여겨 그다지 눈여겨보지 않았다는 것이 솔직한 고백이다.

　　그러던 중 이 앤솔로지에 대한 서평을 쓰게 되어 낱낱의 작품을 음미하던 중 관동 대지진 때 아라카와(荒川)와 나카가와(中川) 둑에서 학살당한 우리 동포들에 대한 獻詩를 읽고 나서 그만 가슴이 벅차다 못해 눈시울이 뜨거워졌다.

　　시의 됨됨이나 가치를 떠나서 이 고발성을 띤 그녀의 시는 어쩌면 일제의 비인간적인 처사(만행)를 여실히 폭로한 진짜 일본인의 양심의 소리인 듯하여 이 작품을 만난 반가움에 그녀의 작품을 뒤지기 시작했다

　　때마침 이시카와에게 최근에 출간된 그녀의 시집 ≪石川逸子詩集≫ ≪흔들리는 무궁화≫ ≪지도리카 못(千鳥ヶ淵)에 갔었습니까≫ ≪박살난 꽃들에의 진혼가≫등 4권의 증정본이 당도하였다.

나 자신이 직접 겪은 일은 아니지만 바로 우리 이웃과 형제가 실제로 당해온 사실 앞에서 절로 눈물부터 앞서는 것을 어쩔 수 없었다. 아무리 처절한 상황이라도 신문기사로 읽을 때와 영상으로 대할 때가 다르듯이 여기에서 다뤄진 이시카와의 시들은 활자화된 영상이나 진배없었다.

　여기에서 다룬 38편의 역시 중 태반은 시집 ≪흔들리는 무궁화≫에서 발췌한 것이고 나머지는 각 시집에서 픽업하였다. 주제별로 살펴보면 종군위안부로 차출된 소녀들의 처절한 운명을 다룬 것이 단연 으뜸이고 징용으로 강제 연행된 젊은이들의 비참한 최후, 그리고 직접 거명을 해 가면서 그 인물에 대한 신세를 타령한 경우들이라 할 수 있다. 그런데 이 땅에 생존 중인 사람의 경우는 다루는 것을 삼가 했다.(이시카와의 요청으로)

　내가 이들 시를 우리말로 옮기면서 놀란 것은 이 시인 자신이 일일이 자료를 뒤지고 현장을 답사 확인하고 생존자를 만나 당시 상황을 직접 청취하여 이루어졌다는 사실이다.

　최근에 급속도로 친화로 치닫고 있는 한·일 관계에 그녀의 시가 찬물을 끼얹는 결과가 될까봐 염려되지 않는 바도 아니었지만, 한편 곰곰이 생각하면 과거의 잘못을 얼버무린 채 얼렁뚱땅 어깨동무한다고 일이 잘 풀릴 리도 없을 테고 진정한 친화가 이루어질 리 만무하다는 데 생각이 미치자 일제의 과오와 야만성을 뉘우치는 양심의 소리를 귀담아 듣는 게 좋을 듯 싶어 감히 그녀의 시에 손을 대기에 이르렀다고나 할까.

　그야말로 사실에 입각한 '실사시', 만행을 규탄한 '고발시'의 한 정형을 만나게 된다. 어찌 보면 사실의 폭로를 시의 형식을 빌어 표출한 것 같기도 하고 시를 넘어선 절규의 상태 같기도 하지만 아무튼 충격과 격분의 아수라장을 방불케 한다.

　지금까지 나는 나름대로 일본의 현대시를 다뤄 보느라 했지만 (역시집도 몇 권 낸 바 있지만) 인식의 공감대를 이룩해주는 시, 즉 감명 깊은 시를 만날 때가 시를 대하는 최고의 보람이었다.

그런데 이시카와의 시에서는 충격부터 안겨준다. 인식의 공감대를 이룩할 겨를조차 주지 않고 분통부터 터지게 만든다.

그런 탓인지 90년대에 들어서서 다시 말하면 전후 반세기가 다 되어서 뒤늦게나마 이러한 사실들이 겨우 작품화되었음을 알 수 있다.

시를 읽고 눈물을 지었다면 센티한 감정의 소유자로 여겨질는지 모른다. 하지만 지금까지 종군위안부의 문제만 하더라도 일부 일본 위정자들의 망언으로 우리들의 감정을 거슬러 분노를 자아낸 바 있지만 이시카와의 ≪흔들리는 무궁화≫를 통해 일본의 양심선언을 이제야 듣게 된 듯한, 오랜 기다림 끝에 간신히 얻어낸 참회에서 야기된 감루일는지도 모른다. 영영 잊어버릴 수는 없겠지만 그만 용서할 수 있다는 표시의 자국으로.

지난 1998년 11월 도쿄역 구내 찻집에서 이시카와와 단둘이 만나 한담한 바 있지만, 한국에서의 출간을 쾌히 승낙해준 데 대해 거듭 감사를 드린다.

동정 아닌 분노, 약자와의 일체감
― 小熊秀雄의 〈長長秋夜〉의 경우

　전후 50년이 지나도록 일본의 현대시라고 하면 나에겐 모더니즘 계열의 시와 서정의 혁신을 꾀한 시, 그리고 전후의 '荒地' 멤버와 '櫂' 동인시에 대한 관심이 고작이었다.
　그런 차원에서 프롤레타리아 계열의 시는 등한시해 온 게 사실이다. 다만 '列島' 멤버 중 이데올로기를 풍기되 특이한 발상을 하는 몇몇 시인에 대하여 주목을 게을리 하지 않았다. 시의 됨됨이야 어찌 되었건 일본의 프롤레타리아 계열의 시인들이 식민지하의 우리 겨레를 동정 내지는 아픔을 함께 해준 발상에 대해서는 무조건 공감대가 형성되었던 것이다.
　그러나 나는 끝내 이데올로기 시에 빠져들지는 않았다. 해학과 유머, 풍자와 아이러니로 현실비판을 하면서도 결코 목적의식을 갖지는 않았다. 민중시와의 획이 여기서 그어진다고 볼 수 있다.
　그래서 나는 지금껏 민중시에 대한 관심을 삼가 해온 편이지만 이번에 일본의 오구마(小熊秀雄)의 장시〈長長秋夜〉를 대하고는 그야말로 주목하지 않을 수가 없었다. 그는 이 한자 제목에다 일본 발음이 아닌 우리말 발음의 '장장추야'라는 토까지 달아놓고 있었다.

그는 이 시에서 일본 군국주의에 대한 저항의식과 분노를 통해 한민족에 대한 동정을 넘어선 약자와의 일체감을 표출하고 있었기 때문이다.

오구마는 1901년 홋카이도(北海道)에서 태어났다. 세 살 때 어머니를 여의고 나서는 여기저기 떠돌이 생활을 해야만 했다. 정규교육은 초등학교가 고작이고 소년시절부터 거의 독립적으로 살기 위해 아무 일이나 해야만 했다. 즉, 양계장 파수꾼으로부터 숯구이 조수, 청어어장 인부, 농부, 미역 채집공, 양복점 점원, 제지공장 노무자, 신문기자 그리고 시인이 되었다.

그가 도쿄에 모습을 드러낸 것은 1928년, 내가 이 세상에 태어나기 1년 전의 일이었다. 그가 1940년에 폐결핵으로 사망할 때까지 12년 동안 본격적인 작품활동을 한 셈인데 평생 남긴 시집은 세 권을 헤아릴 뿐이다. 즉, 1935년에 《小熊秀雄詩集》을 내고 이어 같은 해에 《날으는 썰매》를 펴냈다. 그리고 죽기 전에 엮어 내려던 《流民詩集》은 뜻을 이루지 못하고 그가 죽은 지 7년만에 나카노(中野重治) 엮음으로 나왔다.

그러나 이것이 그의 시의 전부는 아니다. 발표가 금지된 것, 시집에 넣기를 단념한 것 등 상당한 양이 있어 여기에서 골라 후일 現代詩文庫 《小熊秀雄詩集》(思潮社) 속에 120편 가량이 수록되어 있다.

그러고 보면 여기에 소개하는 〈長長秋夜〉는 장편서사시만을 묶은 《날으는 썰매》에 수록된 것이 아닌가 싶다. 그러나 아무도 이 작품에 대해 언급한 바도 없고 그의 작품계열에서는 이복자식 취급을 당하고 있는 듯하다.

몇 해 전에 小熊秀雄賞을 수상한 바 있는 사가와(佐川亞紀)가 姜舜의 미발표 번역문과 함께 원작을 보여주지 않았더라면 이 특이한 시를 모르고 지나쳤을지도 모른다. (근년에 작고한 姜舜은 진작 이 땅의 민중시인들의 일역시집을 낸 바 있지만 오구마의 〈長長秋夜〉 번역은 어딘가 어색하고 매끈하지 못해 필자 나름대로 다시 試譯해 보았다)

오구마는 먹고 살기 위해 잡다한 일에 손을 댔듯이 그는 시만 쓴 것이 아니라 그림도 그리고 데생도 하고 심지어 어린이 만화까지 논하고 있다.

그의 작품은 한 마디로 말해서 풍자문학이라 할 수 있는데 그는 이 풍자성을 통해 예술상의 암살자, 세련된 문학적 기술자가 되려 한 듯하다. 그리하여 비판정신, 풍자성, 물질적 표현 등 세 가지 呪文을 펼치다가 이런 것이 절대로 용납되지 않는 시대를 맞기 직전, 즉 독일군이 폴란드를 침공하여 제2차 세계대전이 발발한 다음해, 다시 말하면 일본이 선전포고도 없이 진주만 기습공격을 감행하기 전 해에 홀연 그는 이 세상을 떠나버렸던 것이다.

그가 ≪小熊秀雄詩集≫ 序文에 쓴 말은 매우 인상적이었다.

"어떤 자는 나의 사상을 가리켜 인도주의자라고 하고 혹은 악마주의 혹은 염세주의 시인이라고 또한 로맨티스트인지 리얼리스트인지 가늠을 못하고 있는 실정"이라고.

그의 이 말을 뒷받침이라도 하듯이 하세가와(長谷川龍生)는 "그의 시에서 받는 것은 무슨 무슨 주의로 간단히 말해버릴 수는 없다. 모든 것을 포함해서 각각의 장점을 살리려고 늘 마음쓰고 있던 발자취가 뚜렷이 보인다.

그러나 언어를 修辭 한가닥으로 조이는 시인은 아니었다. 실사회의 모순에서 몸을 일으켜 그 깊이를 탐색하려는 지향성을 지니고 있었으나 그 偏向性에 기대지는 않았다. 그의 머릿속에는 언제나 민중이 동거하고 있었던 것이다. 민중이라는 그의 개념구성이 끈질기게 따라붙어 있었다. 물론 권력에 대항하는 민중 말이다."라고 부언하고 있다. 이쯤에서 민중시의 개념도 파악됨 직하다.

오구마가 프롤레타리아 시인회에 참여했든 작가동맹(나프)에 이름을 올렸든간에 그는 마르크스주의의 기만성과 책략을 간파하고 있었던 것이다. 그가 1927년에 발표한 〈러시아 농민시인 에세닌의 자살〉이라는 글에서 "공산주의는 이미 현재에 있어서는 강권주의의 존재로서 농민을 다시금 노예의 구멍에 끌어들이려 하고 있다"고 실토하고 있다. 그래서인지 그는 정치운동에는 직접 관여하지 않았다. 때문에 군국주의 탄압에서는 일단 벗어나 있었던 듯하다. 하지만 제국주의적 국수주의의 그림자가 시의 세계에도 짙게 깔리기 시작한 그 즈음 그는 육체적인 병균에 시달리고 식량이 끊긴 상태에서도 그가 내갈긴 발언은 일본적이면서도 때로는 바이론풍이랄까, 레르몬토프풍의 발언을 서슴지 않았다.

그에게는 특히 '밤'을 노래한 시가 많은데 끝내 그는 암흑 속에서 죽지 않으면 안 되었다. 그의 나이 39세 때의 일이다.

長長秋夜

조선아 울지 말아라.
할머니 울지 마세요.
가시네야 울지 말아라.
다듬이돌이 웃겠다.
뚝딱 뚝딱 뚝딱.
저 소리가 무슨 소리지?
네가 든 방망이에서
그 소리가 난다.
여기서도 저기서도 마을에서
밤이 되면 뚝딱 뚝딱 뚝딱

조선의 산에는 나무가 없지
그래 그게 불쌍하구나.
집에는 먹을 게 없지
그래 그것도 불쌍하구나.
　　"아아 착한 애로다. 착한 애로다.
　　그런 사실을 하나님은
　　모두 알고 계시단다"
할머니는 좌우로 몸을 흔들면서
익숙한 솜씨로 나무 받침대 위의
흰 빨래를 방망이로 두드린다.
뚝딱 뚝딱
　　"아아 얼씨구 절씨구
　　신바람 나는 소리로구나."
내 딸이나 자식들의 일은 모르지만
우리 아버지나 조상들의 일은
옛날 조선의 일은
이 늙은 것의 더러운 귀청이
언제나 귓속에서 중얼거려 주지.
푸른 달빛 아래 마을 지붕 밑의
아낙네들이
장장추야
뚝딱 뚝딱
몇 천년 전 옛적부터
나무나 돌 받침대 위에 흰옷을 두들겨
풀기를 떨구고 주름을 펴서
사내들에게 말쑥한 것을
입히고 즐거워하고
조선 까마귀도 얌전하게
낙동강 물도 술렁대지 않았으며
요즘처럼 면사무소의

면장이 이러니 저러니
서류를 가지고 와서 귀찮게
집집마다 돌아다니지 않는다면
자식이나 딸도 마을에 주저앉아
늙은이들의 말벗이 되었을 것을
요즘은 어쩐지 어수선한 바람이
마을 사람들의 흰 옷자락을 뒤흔들고
고개를 넘기만 하면
고개 저편에 행복이 있다면서
마을을 떠나 고개를 넘고 싶어 하며
한사코 쫓기듯이
젊은이들은 고개를 넘어가
너의 귀여운 약혼녀는
가난한 마을을 떠나버렸다.
지금은 몸 성히 도쿄에서
일하고 있는 모양
그리고 쓰레기통이나 시궁창을 뒤져
금덩이를 찾고 있는 모양
한 몫 잡으면
가시네야 곧장 너를 데려오마
아아 하지만 그게 도대체
언제쯤의 일일는지
떠나는 사람은 있지만
돌아오는 사람은 없어
밤새 노래 부른
목청 자랑 일 자랑하던
나의 동료도 저승으로 가버렸다.
내 송곳니도 벌써
실낱 하나 끊을 힘이 없어졌다.
망치질하는 방망이도 무거워

아무리 쫓아도 까마귀들은 달아나지 않아
벌레는 울음을 안 그쳐
온갖 짓을 다해
이 노파를 업신여기다니
즐겁던 조선은 어데로 갔느냐
옛 조선은 어데로 갔느냐.
하나님이나 하늘이
이 조선을 억누르고 계시는가?
그리고 이 늙은이도 젊은이도
밤새 괴로운 듯이 뒤척인다.
뚝딱 뚝딱 뚝딱
다듬이질 소리도
옛날같이 즐겁지 않은 듯
동산에 달이 떠도
옛날같이 젊은이들은
달빛 아래 서성대지 않아.
아이고—악마에게 잡아먹히고 있다.
할머니는 들었다.
아작아작 소리를 내며 악마가
산의 나무를 먹어치운 것을,
아가씨는 강에 물 길러 갔다가 빠져 죽고
젊은것은 술만 처마시고
투전을 하고
지주에게 대든다든지
농민조합 따위를 만든다든지
마을을 뛰쳐나간다든지
젊은것은 툭하면
마을의 半鐘을 치고 싶어한다
뚝딱 뚝딱 뚝딱
할머니가 정성들여

다듬이질로 희고 새롭게
다듬은 조선옷도
젊은것은 입으려 않는다.
밀짚모자를 쓰거나
양복을 입거나 포마드를 바르거나
그리고 할머니들에게까지
어제 면장님으로부터 호출이 있었다.
면사무소에 속속 마을 사람들이
모여들었다.
높은 데서
면장은 마을 사람들에게 호통을 친다.
　　─세상은 일진월보하고
　　　문명문화의 오늘날은
　　　첫째로 규칙을 지켜야지
　　　납세의 의무
그리고 조세는 반드시 바쳐야 해.
그리고 나서 특히
할망구들은 잘 들어둬.
제기랄 완고한 것들은
밤새도록
뚝딱 뚝딱
다듬이질을 하고 있어
도무지 시끄러워 못 견디겠다.
첫째로 저 뚝딱 소리는
소한테 좋지 않아.
소 신경을 거슬리니까
젖이 제대로 나지 않아
둘째로 복장개선의
취지로 보아서도
흰 조선옷은 내일부터

일체 입어서도 안돼.
검정 옷으로 갈아입어
검정 옷은 더럼을 타지 않아
따라서 세탁을 할 필요가 없어
뚝딱 뚝딱의
빨래하는 할망구들은
방망이질을 그만 두고
내일부터 새끼를 꼬도록
    뚝딱 뚝딱하면
    괘씸한 년들이다—.
면장은 부르르 몸을 떨며 외쳐댄다.
젊은것은 떠나버리고
단지 늙은이들은 언제까지나 자리를 뜨지 않는다
늙은이들은 백로처럼 몸을 굽히고
검정두루미처럼 땅바닥에 주저앉아
목청껏
아이고 소리를 지른다.
    —아이고 면장님
    앞으로 얼마 안 남은 늙은 것에게
    너무 하십네다
    새삼스레 흰 조선옷을
    아이고
    그만 두고 염색옷을 입으시라면
    차라리 할망구를 죽여줍사
    아이고—
    하나님이 내려주신 흰옷을
    어찌 벗을 수 있으리오.
    아이고—天帝님 조상님
    면장녀석이 내게서 흰옷을 빼앗아
    까마귀 같은 검은 옷을

        입으라고 호통치네요. 천벌을 받아야 할 면장놈.
        나는 싫어.
        흰옷은 죽어도 피살당해도 못 벗어
        아이고—. 아이고—. 아이고—.
할머니는 꺼져버릴 듯한 슬픔과
놀라움에 와들와들 떨고 있다.
규칙이 무서운 힘을 가지고 있는 줄
알고 있기 때문에
당장에라도 옷을 벗기울 공포에 사로잡혀
고개를 떨구어
땅에 비비며 아이고 한다.
        —시끄러 할망구들 같으니
        너희들은 요전에도
        울며불며 지랄을 쳤지.
        툭하면 총독부의 개정에는
        시끄럽게 반대하고 나서거든
        흰옷을 염색옷으로 바꾸지 않는 패거리는
        총독부 뜻에 어긋나면
        거꾸로 매달아 버릴 수밖에,
면장은 달래가며 얼려가며
조선의 전통적인 흰옷을
새 복장으로 바꾸게 하려 든다.
하지만 깊은 데서
물이 흐르듯이
할머니들의 슬픔도
깊은 데서 오고 있다.
할머니는 분노와 비애의 열을 지어
밤의 장막은 늙은이들에게
무거운 보따리처럼 마음에 얹힌다.
발걸음도 힘없이 돌아가는

조선이여
너는 설혹 할머니들에게
흰 옷의 영원한 전통을 사수케 하더라도
자연의 대지와 사람의 마음과는
그 전통을 이어받지 못하는
야윌대로 야윈 조선이여.
젊은이들만이
너의 본질을 알고 있다.
젊은이는 무쇠같이 든든한 신을 신고
무쇠 같은 발자국 소리를 낸다.
늙은이들은 헛된 나막신을 울리며
한껏 불평을 터뜨리면서
면사무소에서 무리져 돌아간다.
저녁 어스름 속에 할머니의 한떼가 돌아가면
어스름 속에서 갑자기 할머니의
닭의 외침 같은 고함이 들려온다.
몇몇 사내와 할머니 무리가 옥신각신하며
산길에서 벼랑으로 도망치려 한다.
사내들의 한떼는 그 앞을 가로막는다
    ─빌어먹을 할망구들 같으니
    너희들 옷을
    이 모양으로 더럽혀 주마
    ─이 망할
    뚝딱 할망구야
    도무지 네년들이
    그 옷을 아니 벗겠다면
    우리들이 물감장수 노릇을
    대신 해야겠다.
도망쳐 다니는 할머니는
사내들의 발길에 채이고

손찌검을 당하고
사내들은 떠들썩하며
개가 늙은 닭을 쫓아다니듯이
손에 손에 먹물을 담뿍 찍은
붓을 치켜들어
어깨에서 비스듬히
먹물로 할머니의 흰옷에 끼얹는다
　　—네놈들은 누구냐?
　　이런 못된 짓을 하는 것은
　　늙은이를 학대하고
　　온전할 줄 아느냐
할머니는 목따는 소리를 지르며 도망쳐 다녔으나
사내들은 기어이 달려들어
할머니의 흰옷을 여지없이 더럽힌다.
할머니의 슬픔의 목소리는 높고도 깊었다.
조선의 밤 고요한 사방에
한바탕 소음이 일고
마침내 잠잠한 적막으로 돌아간다.
면사무소 사내들의 계획적인
먹물 습격으로 새까맣게 더럽혀진
할머니의 무참한 흰 옷 흩어진 머리
얼굴을 찡그리며 일어나서 그 자리를 뜬다.
날이 새면
마을의 할머니들은 아무 일도 없었다는 듯이
이웃과 더불어
낙동강 강기슭으로 일제히 나간다.
더럽혀진 흰옷을
철썩 물에 담그면
강은 순식간에 꺼먼 흐름이 된다
이윽고 검은 한줄기의 흐름은

점차 엷어져서
하류로 사라져 간다
할머니의 노여움의 표정도
차차 누그러진다
뚝딱 뚝딱 뚝딱하고
방망이질을 신나게 한다
서로 쳐다보면서
억세게 모든 지난 일을 긍정하려고
애처로운 미소를 지어보인다.
가냘픈 손을 추켜들어
힘차게 빨랫돌을 두들긴다
힘차게 조선의 노래를 부르기 시작한다.
검게 더럽혀진 흰옷을 방망이로 친다
치는 방망이도 울고 있다.
맞는 흰옷도 울고 있다.
치는 할머니도 울고 있다.
맞는 빨랫돌도 울고 있다.
모든 조선이 울고 있다.

종군위안부를 다룬 속죄시

일본 정치가들의 망언이나 폭언이 우리의 민족 감정을 상하게 만든 것은 한두 번 있는 일이 아니지만 지난 1998년에는 종군위안부(당시는 여자 정신대라 했다)문제를 놓고 새삼 아리송한 얘기로 얼버무리려다가 자기들끼리 맞붙은 일까지 벌어졌다. 즉 아사히(朝日)신문과 요미우리(讀賣)신문의 논전이 그것이다.

동기는 오부치(小淵) 내각의 나카가와(中川昭一) 신임 농수산상의 취임직후 기자회견이 도화선이 되었다. 그가 종군위안부 징집을 "강제연행인지 아닌지 불명확한데도 종군위안부 문제를 교과서에 게재하는 것은 의문"이라고 주장했다가 언론이 이를 지적하는 바람에 발언 취소 소동까지 벌어진 적이 있다.

그의 이 발언에 대해 먼저 포문을 연 것은 아사히신문이었다. 아사히는 망언 파동을 '발언 취소'로 얼버무리려는 오부치 정권에 대해 '각료의 역사인식'을 강도 높게 비판했다. 이에 맞서 요미우리 신문은 '나카가와의 발언은 지극히 온당한 발언'인 것처럼 옹호하면서 아사히에 대한 적대감마저 나타냈던 것이다.

라이벌 의식이 역사인식의 격차로까지 비화했던 것이다. 종군위안부 문제에 대한 일본 각료의 발언은 전에도 있었다. 군위안부를 '상행위'로 폭언한 오노 전 법무상, '공창제' 운운한 가지야마 전 관방상 등의 망언이 그것이다.

하긴 2차대전의 패전을 종전이라 우긴 시인 高村光太郎도 있었으니 역사 반성을 생략한 소위 대국화를 지향하려는 데서 나온 국수주의 잔재의 표출이라 할 수 있다.

그러나 종군위안부 문제와 관련된 일본의 만행을 규탄하는 발언은 주로 시인들에 의해 이뤄져 있는데 특히 여성 시인들의 목소리가 드높다. 같은 입장(동성)으로서의 동정심의 발로라기보다는 여권 수호의 차원에서 목청을 높이고 있는 듯하다.

1

신현실주의를 표방하고 있는 시지 ≪潮流詩派≫에서는 지난 1992년 4·7월호에 세 편의 고발시를 싣고 있는데 이 시들은 소위 정신대로 끌려간 조선 여성들의 처참했던 생활상과 위안부 동원에 관련된 일본인들의 잔혹한 행위를 신랄하게 고발한 내용이어서 심금을 울린다.

전후 10년 후에 태어난 사가와아끼(佐川亞紀)는 〈無花果 꽃〉에서 직접 목격한 바는 없지만 조사를 통해 혹은 듣고 느낀 바를 이렇게 표출했다.

        알을 거꾸로 놓은 모양의 꽃주머니 속에
        무수한 작은 꽃을 숨기고 있는 무화과
        목숨의 꽃들이 잠자고 있는 子宮

그 꽃들을 짓밟은 자는 누구인가

봉기씨
부르는 것조차 허락되지 않는 우리들
나카쿠(那覇) 아파트의 문을 창을 마음의 문짝을
꽉 닫고
가끔 닥치는 심한 두통에 견딘 나날
피 속에 고이는 기억의 자취
조선에서 오끼나와(沖繩)에
어느 아가씨는 중국에 뉴기니아에 태국에……
일본군이 추하고 괴팍스레 달팽이모양 긴 자국
꽃의 피를 떨구면서 질질 끌려간 자국

바나나 투성이의 樂園이라고
그런 말로 속여서
땅을 몰수하고
몸 밑바닥까지 굶주리게 하고
매달리는 부모와 애인이나 아이들을
銃劍으로 뿌리치고
트럭에 쓸어 넣어
약탈당한 조선인 종군위안부 아가씨들

외롭게 혼자 죽게 만들었다
꿈속에서마저 돌아갈 집을 빼앗겼다
봉기씨가 나지막하게 부르는 노래
"어느 날엔가
머슴애도 계집애도 낳는
여자가 되세요
밥 잘 짓고 융통성 있는 일꾼으로
머슴애도 계집애도 낳는

여자가 좋지"
애를 낳을 수 없게 된 계집들의
이 노래가 들립니까
天皇, 皇后 사진 밑에서
자식이나 남편의 武運과 충성만을 줄곧 바란 계집들
자식이나 남편 英才와 昇進만을 바라는 우리들
無花果 잎이나 줄기를 자르면
無念의 흰 젖 같은 汁이 넘친다
고통의 즙이 흙에 스며 있습니다

가난한 조선의 처녀들을 군위안부로 끌어가기 위해 군국주의 일본인들이 얼마나 악랄한 행위를 일삼았는지. 거짓말로 꾀었는지 기탄없이 폭로하고 있다. 뿐만 아니라 소위 現人神 사진 밑에서 일본 여성들이 자식이나 남편의 무운과 충성을 바라고 있을 때 사내들은 조선의 처녀들을 짓밟아 꿈속에서마저 돌아갈 집을 빼앗았다고 통렬히 규탄하고 있다.

2

한편 지바 미쓰코(千葉みつ子)는 〈長芋戰爭〉에서 일본 군인들의 야수성을 노골적으로 드러내어 소위 일본제국을 매춘부를 보듬고 전쟁한 유일한 근대국가로 힐난하고 있다.

색이 검은 뼈 없는 녀석
절구 속에 끈적끈적한 액체를 방출하고
재빨리 성적 불만을 해소

위안부는 위생적인 공중변소라고 하지만
계집을 보듬지 않으면 전쟁을 할 수 없는가
강제로 연행되어 감금되어 있었던 종군위안부
미혼여성뿐만 아니라 기혼여성도 꽤 있었다
매달리는 아이를 뿌리치면서까지 여자를 잡아
일본군인 상대의 매춘을 강요
그녀들에 대한 일본의 책임은 무겁다
하루에 열 명 이상이나 상대케 하고
위안부는 막대기처럼 쓰러진다
상대가 오지 않았으면 싶은 나날
끈적끈적한 액체 속을 돌진해 가는 고구마의 무리
그것은 계집과의 관계라기보다 사내끼리의 성행위이다.

중개 역할의 계집들은 고구마 즙에 더럽혀져
전후에도 매춘부로서 생애를 마친다
公營 매춘부를 보듬고 전쟁을 한 것은
근대국가에서는 일본뿐이다

여기에서 말하는 '長芋'는 고구마를 일컫는데 남성의 성기를 은유한 것으로 받아들여진다.

앞서 〈무화과 꽃〉에서는 종군위안부로 한국의 처녀들을 잡아간 것으로 되어 있지만, 이 시에서는 나이가 든 기혼 여성까지 끌어내어 매춘을 강요한 사실을 추궁하고 있다.

하루에 열 명 이상의 군인을 상대해야 하는 위안부의 처지에 한없는 동정과 분노를 표출하면서 끝내는 사내끼리의 성행위로 간주하는 날카로운 풍자가 어필한다.

3

 종군위안부에 대한 고발시는 주로 여성 시인들이 쓰고 있는데 유별나게 남성 시인이 쓴 것이 있어 시선을 끈다. 낭독을 위한 시〈위안부〉는 히가 다쓰오(比嘉辰夫)의 작품인데 그는 사실에 입각한 자료를 통해 위안부가 일본군 관리하에 있었던 것을 실증해 보이고 있다. 즉 1991년 9월 스탠포드대학에 보존되어 있었던 미군의 보고서가 공개되면서 그때까지 일본 정부가 '민간업자가 한 일'이라고 발뺌해 오던 진상이 밝혀지게 된 것으로 미군이 일본 영토에 상륙하면서 정신대에 관련된 자를 심문하여 밝혀낸 사실들을 시로 표출해 놓고 있다. 서술적 산문시여서 핵심 부분이라 할 수 있는 대화의 일부분만 발췌하기로 한다.

  "일본군이 고용하고 있었던 조선인 여자는 몇이나 되는가"
  "언제 누가 데리고 왔는가"
  "무엇을 시키던가"
  "있었어 저기 위안소에는 일본 병정이 총을 들고 서 있었어"
  "저 곳에 여섯 명의 조선의 아가씨가 있었어. 두서너 명이 어깨를 쓸어안고 울고 있었어…아이고…아이고…하며…"

4

 지난 1998년 나카가와의 망언을 놓고 아사히·요미우리 두 신문이 논전을 벌이고 있을 무렵, 후쿠오카(福岡)의 노다 히사코(野田壽子)로부터 ≪어머니의 귀≫라는 신간시집이 당도했다. 나보다 두 살 연상의 그녀는 국제적인 시인 모임에서 두서너 차례 만난 적이 있지만 이 속에 위안부 만행에 대한 고발시 〈체격 좋고 가난한 자〉가 있을 줄이야. 마치 아사히 신문의 논조를 뒷받침이라도 하듯이 여자정신대원 모집요강까지 들고 나왔다.

"체격 좋고 가난한 자를 골라라. 17세 이상, 40세 미만. 기혼자도 가함" —1941년 황군위문 조선인여자정신대원 모집요강

뒤쫓아와 매달리는 아이를 곤봉으로 치고
끝내는 소학생까지를 납치했다는
위안부 무리의 행선지는

20세 훈도시(치부 가리개) 하나로 병정이 되어
쌀밥을 먹을 수 있다고 빈타에 견디며
위안소에 늘어서서 울증을 푼다
'체격 좋고 가난한' 병정의 무리

날마다 강간당하고 신음하고 찢기고
누더기가 돼버린 계집들 위를
진군해 간 사나이들 또한

만주 뉴기니아 필리핀 미얀마
굶주리고 상처나고 병들고 쓰러지고
썩어 문드러진 시체는 누누이 아시아의 산하에 쌓이고
구더기의 먹이가 되고……
그로부터 50년
지금 또한 고도경제성장의 거리 모퉁이에
붙어 있는 종이 조각
"사람을 구함 국적 불문"이라고
하지만 그 뒤에 보이는 거다

"체격 좋고 가난한 자에 한함
목숨은 보증 한도에 있지 않음"

　군위안부 모집 요강까지 공개된 마당에 '강제연행인지 아닌지 불명확한데도' 운운이나 '민간업자가 한 일'이라고 슬쩍 발뺌을 하려던 일본 정부의 거짓이 들통이 난 셈이다.
　노다는 이 시를 통해 고도경제성장을 이룬 일본이 오늘날 노무자 고용을 위안부 모집 요강의 첫 조건인 '체격 좋고 가난한 자'와 같을 뿐만 아니라 목숨은 보증 한도에 있지 않음을 시사한 대목에서 지금도 인권 무시의 현상이 자행되고 있음을 고발하고 있다.

5

　이 땅에도 위안부 문제를 다룬 시가 없는 바는 아니지만 일본의 경우만큼 사실에 입각한 고발이나 규탄보다 심정 위로에 더 충실해 있는 듯하다.
　시인이 이미지 창출을 위해 허상과 상상력을 구사한다 하더라도 국익에 손상을 끼치면서까지 없었던 일을 있었던 것같이 꾸미거나 과장할 수는 없는 노릇이다.
　이와 같은 관점에서 앞에 인용한 위안부 관련 시들은 숨기고 있는 것을 들춰낸 것에 불과함을 알 수 있다.
　대체로 일본의 매스컴들이 외면하다시피 하는 만행 고발이나 보상 문제를 시인들이 들고나서서 사실을 폭로하고 있는 것은 예술이 국가이념을 초월하여 인간성 회복을 위한 문제를 무엇보다도 진지하게 다루는 분야임을 실증한 것으로 받아들여진다.

이밖에도 더 있을 것으로 여겨져 집필을 망설이고 있던 참에 뜻밖에도 이시가와 이츠코(石川逸子)의 시집 ≪흔들리는 무궁화≫(花神社)가 날아들 줄이야. 일면식도 없는 시인이 직접 보내온 것이다. 8년 전에 나온 시집이니 일부러 구하기도 어려운 책이었다.

타이틀의 무궁화를 '木槿花'로 적고 토를 무궁화로 달아놓고 있는데 하긴 故 金素雲씨가 '木槿通信'을 낸 걸 생각하면 이 말에 수긍이 안 가는 바도 아니다.

문제는 이 시집이 내 손에 닿게 된 동기인데 얼마 전 어느 동인지의 요청으로 기시마 하지메(木島 始)가 펴낸 앤솔러지 ≪즐거운 번갯불≫의 서평을 쓴 것이 인연이 된 듯.(논제의 例로 그녀의 시 〈당신에게〉를 언급)

겉 띠지에 이런 말이 적혀 있다.

"'國花이기 때문에 일제시대 때는 심으면 빼버렸다' 말할 수 없는 치욕과 아픔을 받은 사람들에게 사죄와 진혼의 뜻을 담아……"라고

시집 속에 수록된 24편의 시가 거의 우리에 대한 사죄시로 되어 있다. 이 속에 종군위안부에 대한 연작시 〈소녀〉가 있기에 이것만이라도 전문을 소개해 볼까 한다. 별도의 해석을 필요로 하지 않을 만큼 읽는 그대로 우리의 심금을 울려줄 것이기에…….

1
치마 저고리를 입은
소녀 셋
빙긋이 웃으며 강가에서 멈춰선다

망향의 생각을 숨기고
(빼앗기기 전날에 가족과 본 살구꽃이여)

참으로
천진난만한 어린이로 보이지만
은근슬쩍 사모하던 사람에게도 허락지 않은
소중한 숨긴 데를
'皇軍'의 이름으로 밤마다 농락 당하는 당신들이군요

전쟁이 끝날 무렵
무사히 도망쳤을까
하지만 어김없이 고국에 돌아가기를 주저하여
지금 나이가 들어 어디를 헤매 다니고 있을까

한 병사의 배낭에 운반되어 온 사진
어느 날의 조선인 종군위안부 셋

   11
고향은
이제 저기에 보일 듯한데
엄마!
이제 돌아왔어요!
하며 외쳐대면 달려나와
보듬어 줄 어머니에게
얼마나 만나고 싶은데

어릴 적 순진하게 놀던
제비꽃 피는 강기슭을
마음껏 뛰고 싶은데

감나무 가지에서 가지로 날고 있는 까치의 모습
새빨간 고추밭
한 번 보고 싶은데

치마 저고리 펄럭이며
복숭아의 정력처럼 춤추고 싶은데

지금쯤 고향에 틀림없이 돌아가 있으리라 생각되는 분과
아아 만나는 것이 소망이었는데

그 고향으로 한사코 달리는 뱃머리에서
몸을 내던져
깊이 깊이 가라앉아 버린 소녀—

당신의 이름은 모르고
단지 종군 위안부였다고

당신을 능욕한 우리나라 사내들은
대일본제국의 사내들은
견장을 떼고 칼을 떼고
거침없이 일본의 거리와 마을 속에 휩쓸려 들어갔는데
지금쯤 전우회에서
그립게 군가를 불러 제킨다는데

아직 못 돌아온 당신
10대의 소녀인 채 당신은
지금 어느 바다 밑에서
영원한 슬픔의 꽃 피우고 있을는지

찾아내야지
찾아내야지
그 꽃을
핏빛의 그 꽃을 찾아내야지

IV

生과 死의 불굴의 시인
소설과 시의 뛰어난 양수걸이
邊境에의 志向
求道者的 파토스의 詩
詩로서 맞선 죽음

生과 死의 불굴의 시인
— 岩瀨正雄의 노익장

'90대의 현역'이니 '90대에 수상하다'는 말만 들어도 눈이 번쩍 뜨인다. 수상도 공로 때문이 아니라 숱한 경쟁자를 물리치고 차지한 상이니 그러하다.

지난 해 필자는 월간 ≪문학과 창작≫에다 '일본현대시산책—현장답사기'를 쓰면서 〈90대의 현역시인들〉을 다룬 바 있다. 여기에서 나는 주로 '생과 사의 불굴의 시인'으로 평가받고 있는 이와세 마사오(岩瀨正雄)에 대해 언급했다. 즉 그를 알게 된 내력과 현지에서의 재회 상황 및 두 편의 작품을 번역 소개한 바 있다.

그가 1992년에 지큐(地球)상을 탄 제10시집 ≪나의 죄 나의 사죄≫를 낼 때 그의 나이 85세였다. 그는 마지막으로 엮는 시집으로 낸 모양이지만 그후에도 ≪斑鳩行≫(1995)과 ≪空≫(1999)을 더 내고 있다. 지난 해에 낸 시집이 올해의 현대시인상 수상시집이 된 것이다.

앞서 나는 ≪문학과 창작≫얘기를 한 바 있지만 그를 소개한 게재지를 기증하자 다음과 같은 인사장이 당도했다. 젊은이의 글씨 못지 않게 또박또박 쓴 것이었다.

김광림님

　《문학과 창작》 고맙습니다. '90대의 현대시인들'에 대해서는 나는 한국어를 읽을 수 없어 내용을 잘 알 수 없습니다만 인용된 작품〈해바라기씨〉〈올해〉만 하더라도 고령이 되어 작품의 시상이 무미건조해지는 것을 두려워하고 있습니다.

　숨을 쉬고 살아 있는 이상에는 인간이며 인간은 인간사회에 살고 있기 때문에 사회를 떠나 시를 쓸 수 없습니다.

　지난 해 11월의 도요바시(豊橋)시 중앙도서관에서의 전람회에 와주셔서 참으로 고마웠습니다. 깊이 감사합니다.

　저 전람회는 나의 인생의 총결산을 하는 것으로 도서관에서 열어 주었습니다만 그후 작품도 써져서 제12시집 《空》을 내기에 이르렀습니다. 지금 인쇄중입니다.

　한국에 나는 아직 간 적이 없습니다. 아키야(秋谷)씨의 기획에 참여하지 못한 것이 아쉽습니다. 한국의 풍물과 문화를 머리 속에 그리고 있습니다.

　고령이기 때문에 멀리 가는 것을 삼가고 있습니다만 8월에 일본현대시인회 총회가 도쿄에서 있어 일본현대시인회의 명예회원으로 추대할 테니 출석하라는 내시가 있었기 때문에 도쿄에 갈 작정입니다. 당신이 참석하신다면 만날 수 있겠습니다. 그 날을 낙으로 삼고 있습니다. 상쾌한 녹음이 날로 짙어지고 있습니다

　더욱더 건필하시길 빌며

1999년 5월 11일

　이 서신을 접한 지 6개월쯤 지나 새 시집 《空》의 기증본이 왔다. 책 속에 간략한 인사말이 곁들여 있었다.

　지금까지 나는 고령자와의 서신교환은 기타카와(北川冬彦, 1900~1990)뿐이었는데 그것도 그의 만년에는 부인이 대필해 왔었는데 이와세는 92세인데도 자필이다. 불과 석 줄짜리 사연인데도 가슴이 뭉클했

다.

> 김광림님
> 격조했습니다. 건강하실 줄 압니다.
> 이번엔 동봉한 시집을 간행했습니다. 읽어봐 주신다면 고맙겠습니다.
> 1999년 11월 28일

이에 대해 내 딴에는 정성껏 감사의 표시를 하느라 했지만 지금 기억에 남아 있지 않다.

이와세는 17세에 시를 쓰기 시작해서 92세에 열두번째 시집을 냈으니 70여 년에 2백 편 썼을까 말까 하다. 이 땅에선 60편이 넘어야 한 권 시집 분량이 되지만 일본에선 이것의 절반이면 거뜬히 시집 한 권이 된다. 그런데 이분은 20편 안짝에서 시집을 엮고 있다. 시집 ≪空≫만해도 15편, 3부로 나눠서 각부 5편씩을 묶고 있다. 하지만 듬직한 호화양장본이다. 심오한 시들로 망라돼 있어 그런지 꽤 무게가 있어 보인다.

과작을 게으른 탓으로 돌리는 다작 시인도 있지만 이분의 작품은 결코 한 두번 읽고서 내칠 수가 없는 데가 있다. 읽을수록 새삼 생과 사의 불굴의 의미가 솟구치기 때문이다.

그가 地球상 수상소감에서 밝힌 "시를 쓴다는 것은 뛰어다닌다든가 떨어진다든가 남과 경쟁하는 일이 아니고 자신의 사상을 내부를 향해 파내려 가는 일"이라고 한 말이 새삼스럽다. 그러니까 시작 행위는 자기천착이지 남을 위하거나 대중에게 영합되기 위한 것이 아님을 일러주고 있다.

한 해에 세 편 정도밖에 못쓰는 시인은 게으르고 시집 한 권의 분량을 스케치하듯 내갈기는 시인은 부지런하다고 말하기 전에 참다운 시의 소재를 생각해 볼일이 아니겠는가.

참다운 시란 그에게 있어서는 실인생에서 한눈을 팔지 않고 써가는 바로 그런 시였던 것이다. 바로 이런 시작태도를 지니게 된 동기에 대해 당사자는 이런 고백을 하고 있다.

이와세가 어떤 사정으로 새로 지은 집을 남에게 건네고 게다가 막대한 빚까지 지게 된 비통한 밑바닥 신세에서 고향 선배인 마루야마(丸山薰)를 찾아갔던 모양이다.

"이와세군, 시인은 모두 불행해. (중략) 시는 안락의자에서 태어나지 않아. 절망의 연못에서 흠뻑 젖어 기어 올라와. 시를 쓰려거든 그런 일로 주저앉지마. 이제부터 참다운 시를 쓸 수 있게 된다."고 마루야마는 말했단다. 그로부터 그의 시는 일변했다고.

이렇듯 일변한 그의 시상의 원점을 고백한 시가 시집 ≪나의 죄 나의 사죄≫ 속에 수록돼 있는 〈마른 가지를 태웠다〉이다. 개요는 이러하다.

    나의 왼손 등에 1센티미터 가량의 상처 자국이 있다. 몇10년 상처 자국은 사라지지 않는다. 열등감과 반항의 극단의 표시이다. 나의 감귤감에 속하는 가시가 있는 탱자나무 종류이다. 나는 가련한 꽃을 가시와 더불어 보듬고 싶었다. 흰 다섯 잎의 꽃은 내게 있어서 무엇일까. 누구보다도 떨어지고 누구보다도 화내고 누구보다도 상냥함을 좇는 갈곳 없는 애원하는 모습이었다.

이걸로 미루어 보건대 그의 숱한 작품의 뿌리는 예서 비롯돼 있는 듯하다.

그는 시작 초기에 하기하라(萩原朔太郞)의 인정을 받은 듯하다. 뿐더러 다카무라(高村光太郞)와도 어울리고 구사노(草野心平), 오노(小野十三

郞) 등과는 新詩人會를 결성하는 등 활동하고 있다. 하지만 그가 地球상을 수상할 때까지는 지방 시인의 이미지를 벗어나지 못한 채 있었던 게 아닌가 싶다. 그 자신도 "자기는 지방문화 발전을 위해 힘을 쏟았을 뿐"이라고 겸손하고 있지만.

자신의 시집이 번역이라도 될라치면 국제적인 시인이 된 듯이 착각하는 태도와는 너무도 판이하다.

여기에서 주목할 것은 그가 75년의 시작과정에서 고작 12권의 시집과 3권의 에세이집뿐이라니 신중에 신중을 기하느라 그랬는지는 몰라도 의욕적인 활동을 했다고는 볼 수 없다. 다만 그가 첫 시집 ≪悲劇≫(1932)을 내고 나서 무슨 사연인지 다음 시집 ≪炎天의 樂器≫(1953)를 낼 때까지 무려 21년의 세월이 흘렀다는 사실이다.

폴 발레리가 ≪레오날드 다빈치 方法論 序說≫을 내고 나서 초기에 잠시 상징파 지면에 시와 논문을 발표하다가 무릇 20년 동안이나 침묵해버린 사실을 연상케 한다. 그동안 발레리는 도든 지적 활동의 목적과 수단에 대해 특히 수학 건축 무용 등을 깊이 연구 검토한 모양이지만 이와세는 뭘 했을지 궁금하다. 어쩌면 앞서 언급한 바 있는 말못할 사정의 笞刑기간이었는지도 모른다.

비록 그가 발레리처럼 침묵으로 지적인 활동을 못했을망정 심신의 고통을 통한 생과 사에 굽힐 줄 모르는 실인생의 깊이를 터득했을 줄 안다.

이쯤에서 우리는 이와세의 시가 늙음을 모르는 정열과 영혼의 밑바닥으로부터의 기도인 동시에 존재의 궁극적 증명으로서의 영혼의 시적 표현임을 감지할 수 있을 것이다.

轉生의 새

大寒도 지나
호랑가시나무 가지에
정어리 머리를 꿴 것을 집 입구에다 세운다
이상한 풍습을 보고 있자니
나는 자신이
轉生하고 있는 것을 알아차렸다

태어나고 죽고 태어나는 것은
끝이 아니고 처음도 아니고
조그만 芥子씨로부터
빨간 痲醉의 꽃이 피고
누에의 번데기가 나방이 된다

삶은 子宮이 있기 때문이다
피에 더럽혀져 공기를 호흡하고
産聲을 지르는 것은 비명이 아니고 무엇일까
那智폭포의 신은
훌쩍훌쩍 울면서 떨어지고 있다

발이 점점 가늘어진다
손에 새털이 생겨 날개가 된다
脫皮한 백조가 북으로 울면서 날아간다
춤추는 거다 나는 거다 아름답게 춤추는 거다
내가 나에의 이별의 목소리
바다를 건너
하늘에 사라진다

하 늘

백목련의
흰 불길이 아스므레 흔들려
계절을 달릴 때
어머니 태내에서 호흡하고 있었으나
울음소리를 지른 것은 이 세상에 나와서부터이다
내가 처음으로 본 것은 무엇일까
두 개의 젖가슴 다음에 아버지 얼굴
그리고 인간이란 이름이 붙어 살아가는 것이 되었다

집 앞 논밭에
올챙이가 있었다
손이 자라 발이 자라 성장하듯이 나는 커졌다
한 여름
놀려 둔 밭의 4만 그루 해바라기를 보러 갔다
반짝이는 꽃 밑에서 너를 보듬었다
너의 다리는 개구리의 다리보다 부드러웠다
사마귀가 있다
들쥐가 불어난다

나는 아프리카 남단의
희망봉 근처 마을에서
검둥이가 셋이서 해를 두들기고 있는 조각품을 샀다
어떤 소리가 울리고 있었을까
히로시마의 原子雲
르완다의 피난민 대열
북극권의 사냥꾼은
오로라 밑에서 사슴 가죽을 벗겨 먹는다
피는 언다

오늘의 대낮
하늘이 푸른 것은
푸른 신이 하늘에 있기 때문이 아니다
내가 지금까지 보아 온 모든 것
어머니나 아버지나 너나 올챙이나
원자운이나 희망봉의 검둥이가
푸른 하늘을 운행하고 있기 때문이다
안녕 안녕 안녕

이쪽을 향해
지나가고 있다

화 석

간밤의
바지락과 양파를 된장으로 부드럽게 한 반찬은 맛있었다
오늘 아침
보았다
복숭아의 꽃봉오리 연분홍은 신선했다
그런 조그만
마음의 두근거림이
촛불처럼 조개무지의 도롱이벌레처럼 白亞紀의 시라칸드*처럼
천연의 돌 속에
남겨질까

赤羽根 해변에
두 마리의 고래가 밀려왔다
母子로서

어미 고래는 이미 죽어 있었다
모랫벌에 푸른 비닐로 덮여 있었으나
누군가에게 아랫배를 잘리었다
새끼 고래는
비치랜드로 보내졌으나
이틀 후
죽어서 벌렁 떠 있었다
고래 무덤은 아직 세워지지 않았다

같은 무렵
NATO의 유고 폭격이 심해졌다
  도망치는 아기를 보듬은 무리
  포대기를 보듬은 노인
  멍청한 사내의 눈길
어데로 어데로
피난민이라 부르지 말라 '聖학대 받는 사람들'의 무리로다
슬픔과 노여움과 비참이 되풀이되었다
조각한 판화처럼
살아 있는 화석이 되어
찍혀 있다

  * 시라칸드(coela canth)―古生代에서 中生代에 생존한 硬骨魚種.
  1938년 마다가스카르섬에서 발견되어 '살아있는 化石'으로 유명해졌다.

별이 될 때까지

  동에서 북으로
  국경의 산줄기가

태어나기 전부터 이어져 있었다
해가 뜨고
저녁 노을에 물드는 것을 바라보면서
어버이도 자식도
해를 거듭했다

슬픔을 알 무렵부터
능선과 경사면에
白玉星草랑 코스모스꽃을 보게 된다
인생은 빠르다
꽃들은
점점이 묘지로 바뀐다
묘지는 숲처럼 들어서는 빌딩 같다
종이 울린다

하늘에
소리개가 날고 있다
바다에 정어리가 무리져 있다
산 표면이 차례로 달라져 가는데
같은 새이며 고기인 것이 이상하다
눈앞에 폭포가 떨어지고 있어서
이미 轉生해 있는 것도 모르고
소리개가 소리개로 정어리가 정어리로 보이는 것이리라

밤이 되면
산줄기는 어둠에 휩싸인다
지구 위에
별들이 반짝인다
冥界로부터 먼 곳이지만
저것은 너다 너다 너다 너다 너다

모든 것에
죽은 이의 이름이
붙어 있었다

天 劇

날이 새기 전부터
자꾸만 닭울음소리 났지만
울음소리가 들리지 않게 되었다
수탉과 암탉
목이 조여지고
털이 뜯겨져
넋까지는 잘리지 않았으리라

放射冷却의
심했던 아침은
낮은 진공지대처럼 개였다
둘은 순환버스로
묘지 근처의
高臺 공원으로 간다
은행나무 단풍나무 벚나무가 단풍들고
낙엽 위에 앉으면
光背가 되지만
宗敎가 아니다
사랑이 절박하면
지상에서 떠난다

둘은
온몸을 관통해 버려

얼굴도 손도 없어져 버렸다
두려운 지도도 없다
밤낮은 사라지고
無限無色의
天劇이 불타고 있다

소설과 시의 뛰어난 양수걸이
— 伊藤桂一의 시집 ≪개나리 띠≫

지난 해 1997년 地球賞을 이토 게이이치(伊藤桂一)가 수상했다. 해마다 아키야(秋谷 豊)의 主宰로 열리는 다이아몬드 호텔에서의 일이다.

수상자 이토의 인상은 온화하고 독실한 인격체를 연상케 했다. 僧房에서 태어났다는 말을 들어서 그런지 더욱 그러했다. 여든의 나이답지 않게 당당한 모습이었다.

수상소감을 말하고 나서 하단하여 축하객의 인사를 받을 때 나도 그에게 다가가 "처음 뵙겠습니다. 수상을 축하합니다." 했더니 "작년에도 뵈었는걸요. 고맙습니다."라고 대꾸해왔다. 1996년 地球賞 수상식 때 나를 알고 있었던 모양이다. 한 대 얻어맞은 얼얼한 기분이었다.

실상 나는 이토에 대해 이렇다 할 시인으로서의 이미지가 박혀 있지 않았던 것이다. 이름은 익히 알고 있었지만 소설로 나오키상(直木賞)을 받은 바 있는 작가이기에 그러했는지도 모른다.

그러나 막상 작품을 대하고 보니 빨려들었다. 이번 수상이 없었다면 끝내 나는 이토의 시를 읽지 못했을는지 모른다.

수상시집 ≪개나리 띠≫는 입수하지 못했지만 계간지 ≪地球≫(120

호)에 수록된 작품들을 읽어보았다. 우선 재미가 있었다. 그리고 두툼한 인생의 깊이를 실감하게 되었다.

"나이가 새겨지는 시간을 들뜬 기분으로 즐기려 하고 있다/덕분에 뜰에 오는 새의 말도 알아들을 수 있도록" 이렇게 쓰면서도 "주검은 들판에 내갈겨 둘 일이었다/될 수 있으면 늑대에게 먹히고 싶었다"고 뇌까리고 있다.

이런 사정을 이구라(以倉紘平)는 "그의 작품세계는 식물이나 생물, 꽃이나 고기나 개 등을 소재로 풍부한 구상의 기쁨에 넘치고 있다. 그러나 그 세계의 배후에는 어딘가 쓸쓸한 것이 숨겨져 있다. 억압된 통분, 통곡, 단념 같은 것이······"라고 말하고 있다.

이토는 1918년 미에겐(三重縣)에서 출생. 1938년부터 두 번에 걸쳐 주로 중국전선에 7년 동안 종군했다. 그는 종군이나 복무라는 말을 쓰지 않고 근무라는 말을 사용하고 있다. 즉 '전장근무' 했다는 것이다. 전후에는 출판사에 근무하면서 1962년에 소설 ≪개똥벌레의 江≫으로 直木賞을 수상했다.

주된 저서로는 ≪定本·竹의 思想≫과 ≪黃砂의 새김≫일본현대시문고의 ≪伊藤桂一詩集≫ 등이 있다.

그는 수상소감에서 "이 시집은 내가 고령이기 때문에 전체적으로 追悼시집의 느낌이 듭니다만 밝게 느슨하게 노래하고 있습니다. 그 점이 평가되었는지도 모릅니다. 이 다음에는 경쾌한 기분의 시집을 생각하고 있습니다. 현대시의 수준은 더할 나위 없이 향상되어 있다고 생각합니다. 다만 일반사회와의 격차가 어찌하여 메워지지 않는 것일까요"라고 현대시와 독자와의 괴리를 은근슬쩍 개탄(?)하고 있다.

우리나라에서는 문학상 수상작을 결정할 경우 전원합의나 만장일치의 형식을 취하지만 일본에서는 심사위원 각자가 "나는 어느 작품을 왜

밀었다"는 소신을 밝히고 있다. 다만 다수결 원칙에 따랐음을 시사하고 있을 뿐.

기왕 줄 바엔 생색이나 내려는 두리뭉실은 아닌 듯하다.

이번 수상에는 젊은 시인 잇시키(一色眞理)의 시집 ≪元型≫이 끝까지 겨룬 듯하다.

매미소리

매미 한 마리가
산 하나를 흔들며 영롱하게 운다
매미를 몇 마리 얻어
큰 광우리 속에서 기른 적이 있다
그러자 그들은 서로 다투어
강자는 곧 약자를 물어 죽이고
마지막에 남은 한 마리가
광우리 속에서 소리 높이 울기 시작했다
어째서 다투었는지도 모른다
다만 한 마리가
산 하나를 흔드는 소리는
그 전투의식 속에 깊이 간직되어 있었으리라
한 마리가 산 하나를 흔드는
매미소리를 듣고 싶어 한다
자기 외의 다른 모든 것을 제압하는
저 승자의 상쾌한 외침의 운율을 듣고 싶다

바람의 마중

개가 죽을 때는
바람이 마중하러 와 준다
개는 바람을 타기 위해
목을 늘어뜨리기도 하고
엉덩짝을 들어올리기도 하며
길러준 주인에게 이별의 눈짓을 보내기도 한다
그러다가 의자 밑에 숨어든다
바람과의 밀약이 있기 때문
바람은 의자 밑 어둑한 곳에 살짝 스며들어와
어느 새 개의 넋을 빼앗아 달아난다

君子蘭

군자란의 기세는 놀랍다
꽃 싹을 단 줄기가 잎을 제치고
용감하게 쑥쑥 자라 삽시간에 꽃을 피운다
그 꽃이 또한 핀다기보다는 차라리 터진다고 할만큼
새빨갛게 분출한다
잎도 해마다 커진다
금세 집안에 잎이 퍼져 사람이 사는 공간을 압도할 것 같다
군자란이 피는 것을 보면
남녀의 일을 끝내버린 나도
애써 정기만은 지탱해야겠다고
불타는 군자란에 격려되어
어쩐지 춤추는 듯한 발걸음으로 집안을 돌아다니곤 한다

잉어요리

사소한 심포지엄을 위해
베이징(北京)에 갔었다
어느 날 중국측 문인들이 초대한 점심 모임에서
몸 길이 한 자 정도의 잉어요리가 나왔다
그 잉어는 가슴 지느러미부터 위가 原型 그대로이고
가슴 지느러미부터 아래쪽은 그냥 튀겨져 있었다
더구나 아직 살아 있는 입을 느슨히 벌렸다 오므렸다 한다
몸뚱이의 대부분은 기름으로 튀겼는데도
아직 살아 있다
圓卓이 돌 때마다
손님은 거의 무관심하게 잉어 살을 자신의 접시에 집어 갔지만
내게는 전혀 식욕이 동하지 않았다
전쟁 때부터의 벗이 頻死의 병상에 있는 걸
문안하고 온 탓도 있겠지만
요리된 동체를 거의 먹히면서도
아직 입을 놀리고 있는 잉어가 마음에 걸렸던 것이다
결국 잉어는 접시를 가져갈 때까지
즉 가슴 지느러미부터 아랫부분은 뼈만 남았어도
역시 입은 뻐끔거리고 있다
이런 요리를 생각해 낸 요리사에게도 놀랐지만
아무렇지도 않게 먹어치우는 사람들에게도 놀란다
더불어 이런 일을 당하면서도 여전히
숨을 쉬고 있는 잉어에게도 놀란다
이 잉어는 쓰레기통에 버려져도
쓰레기 밑바닥에서 여전히 입만은 뻐끔거리고 있지 않을까 생각되었다
밤에 호텔 방에서 벗의 안녕을 바라며
般若心經을 중얼거렸다
讀經하는 내 머리의 어둠 속에서

아직도 입을 놀리고 있는 잉어의 모습이 아물거렸다

彗星의 밤

별만을 쳐다보고 있기 때문에
대낮에도 별을 보고 있는 듯한 눈을 하고 있는—그 사람이

하레 혜성을 보러 오라
하기에 갔더니
일본에서 볼 수 있는 마지막 날 밤
새벽녘 지평선 가까운 한 지점에
위태로이 떠 있는 하레 혜성이 보였다
아스라하게 흐릿한 이상한 빛의 한 덩어리

거리의 天文臺 주변은 너무 밝아
도망쳐 자욱한 숲 속 산 위에
새로운 天文臺를 만들어
매일 밤 그 사람은 별을 보고 있다

별만 쳐다보고 있으면
사람을 봐도 별을 보듯이
상대방 정신의 빛나는 것만을 보기 때문에
마침내 눈부신 것에 사로잡혀서
—하고 웃어 제킨 그 사람은
어쩐지 마음 깊숙이 마음에 드는
하레 혜성적인 異性을 보듬고 있는 듯했다
이제 그만 晩年이라고 할 수밖에 없는 인생 視野에
아스라이 흐려 보이는 듯한

그 존재의 요사스런 빛의 한 덩어리
그 사람의 가슴 깊숙한 곳의 하례 혜성은
그 사람에게 어떤 매혹의 자태를 던지고 있는 것일까

邊境에의 志向
― 秋谷 豊와의 첫 대면

    1980년 우리나라에서 있은 제4차 세계시인대회에는 이웃나라 일본에서 18명의 대표가 참석했다. 이들 중 하이쿠(俳句)나 한시(漢詩)를 하는 사람도 끼어있었긴 하지만 대부분 현대시인들이어서 한·일 양국간의 현대시 교류와 비교 연구에 하나의 좋은 계기가 되어주었다.
    일본에서 온 현대시인 가운데 아키야(秋谷 豊), 도바시(土橋治重), 가와무라(河邨文一郎), 츠브라이(粒來哲藏), 지넹(知念榮喜), 에모리(江森國友), 신도오(新藤凉子) 등은 일본 전후시단의 독특한 존재들로 주목을 받고 있는 시인들이었다.
    지금 그들은 종합 시지나 동인지를 통해 작품활동을 활발히 전개하고 있는데 일본측 수석대표이자 계간 시지 ≪地球≫ 동인의 보스인 아키야와 일본 전후시단의 동향을 중심으로 일문일답을 해 보았다.

  金 : 일본의 대표적인 종합 시지에는 어떤 것이 있는가? 그 발행부수는
      어느 정도인가?
  秋 : ≪ユリイカ≫ ≪現代詩手帖≫ ≪詩學≫등이 있는데 많아서 오천

부, 적을 때는 삼 천부 정도 발행한다.

金 : 동인지가 꽤 많다고 들었는데 중요한 것 몇 가지만 들어달라.

秋 : 한 오백여 종 나오고 있다. 주된 것으로는 ≪歷程≫ ≪地球≫ ≪日本未來派≫ ≪櫂≫ ≪時間≫ ≪無限≫ 등이 있는데 꽤 오랜 연조를 가지고 지속되어 온 동인지들이다.

金 : 신인들은 어떤 방식으로 시단에 데뷔하는가?

秋 : 동인 시지나 혹은 개인시집을 자비출판해서 사회에 호소하여 시단의 주목을 끌게 되면 시인으로 인정을 받게 된다. 가령 H氏賞같은 것을 타게 되면 일약 유능한 시인으로 평가된다.

金 : 최근에 나온 젊은 시인 중 주목되는 신인은 누구인가?

秋 : H氏賞이 금년까지 29회 시상됐는데 아라카와(荒川洋治)와 마쓰시다(松下育男)가 주목을 끌고 있다.

金 : 이들의 특징적인 경향은 어떤 것인가?

秋 : 소시민적인 샐러리맨 사회의 슬픔과 유머가 담겨져 있는 것이 특색이다. 삶의 의미를 추구하고 있는데 전후의식 같은 것은 이들에게서 찾아볼 수 없고 자기를 싸고 도는 개인적인 문제만 다루고 있다. 이를테면 사사로운 '나'의 문제, 즉 '나'란 무엇인가를 집요하게 파고들고 있다.

金 : 표현 양식은 어떻게 달라졌는가?

秋 : 레토릭은 거의 찾아볼 수 없고 솔직하고 直截한 표현을 일삼고 있다. 시의 테마에 문제의식을 담기보다는 말을 뒤집어 본다 든가 언어의 의미를 회복하는 데 역점을 두고 있다.

金 : 전후의식이 없는 시는 다니카와(谷川俊太郎)부터 시작된 것 아닌가? 그의 시에는 밝고 싱싱한 새로움이 있어 보이던데.

秋 : 그렇다고 볼 수도 있겠다. 요시노(吉野 弘)에게는 생활의 반영에 참신한 데가 있고 오오카(大岡 信)에게는 형이상적인 데가 있다.

金 : 현재도 활동하고 있는 전전 시인들의 작품을 어떻게 평가하고 있는가?

秋 : 전전 시인들의 작품을 우리는 충분히 인정하고 있다. 가령 호리구치(掘口大學)라든가 니시와키(西脇順三郎), 기타카와(北川冬彦), 다나카(田中冬二), 구사노(草野心平), 오노(小野十三郎), 다카하시(高橋新吉) 등이 하고 있는 작업을 우리는 평가하고 있다.

金 : 이노우에(井上 靖)는 좋은 소설가로 알고 있는데 그가 쓰고 있는 시에 대한 평가는 어떠한가?

秋 : 위트가 있는 로맨티스트라고 생각한다.

金 : 당신은 어떤 시를 쓰고 있는가?

秋 : 나는 여행을 즐긴다. 히말라야에도 가보았지만 실제로 걸어다니며 본 체험적인 것(자연풍물)을 쓰고 있다. 나에게 있어 邊境에의 지향은 인간의 로맨티시즘을 의미한다. 이를테면 로맨티시즘은 '삶'의 근원의 모습이라고 생각하고 있다. 그것은 '생명감'이라고도 말할 수 있는데 동시에 오늘의 문명사회에 아이러니(批評)를 느끼는 마음이 현대의 로맨티시즘이라고 할 수 있을 것이다.

金 : 대회 2일째 발표할 당신의 주제는 무엇인가?

秋 : 〈일본에 있어서의 서양의 현대시〉이다. 주제 발표는 가와무라(河邨文一郎)가 영어로 하게 될 것이다.

*요점만 정리하느라 경어는 일체 생략

〈일본에 있어서의 서양의 현대시〉

우리나라 나라(奈良)의 正倉院에 옛부터 전해 내려오는 악기가 있습니다. 이름도 확실치 않은 이 악기는 이천 년 전에 서방의 나라에서 만들어지고 실크로드의 황량한 갈색 사막을 동쪽으로 동쪽으로 운반되어 온 것이겠지요. 약간의 화려함을 지닌 이 악기의 울림은 일본의 옛사람들이 처음으로 마음속에 간직한 유럽문화였습니다.

당시 유럽에서는 음유시인들이 악기를 끼고 거리에서 거리로 걸어다니던 시대였습니다.

이와 같은 이름도 없는 한 개의 악기는 우리들에게 서방에의 환상을 보듬게 합니다.

우리나라에 萬葉集이라는 서정시가 성립된 것은 6세기. 또 하나 古事記라는 서사시가 나타난 것도 거의 같은 시기로서 이것은 일본문학의 한 역사의 모습이라고 해도 좋을 것입니다만 일본문학의 새로운 자각이 생긴 것은 19세기에 이르러서입니다.

유럽의 문학이 일본 풍토에 흘러 들어와 근대문학의 토양을 굳건히 한 때부터입니다. 여기에서 일본에서의 청춘이 있게 되고 시인들은 발랄한 시대에 알맞은 정감을 가지고 인간성의 해방에 맞부딪쳐 청년의 괴로움이나 희망, 그리고 기쁨을 노래하고 그때까지 없었던 새로운 시의 창조의 걸음을 내딛게 되었습니다.

역사적으로 보면 신체시로 불린 일본의 근대시는 벡년 정도의 역사를 가지고 있는데 불과합니다만 시마자키(島崎藤村)의 ≪若菜集≫의 톤 높은 로맨티시즘은 신체시를 심화하고 풍부하게 하고 참으로 근대인간의 정신을 지니게 하였습니다.

그는 스스로 그의 시집의 서문에 "새로운 시가의 시대는 왔도다."라고 기술하고 있습니다.

하지만 근대 이후의 서정시가 근대적인 성숙을 나타낸 것은 유럽의 상징주의가 대두한 이래의 일입니다.

의학도로서 독일에서 유학한 모리(森 鷗外)는 독일의 새로운 문학을 일본에 소개하려는 의욕에 불타 호프만 스탈, 베르하렌, 괴테, 하이네

등 시인들의 역시집을 냈습니다만 릴케는 아직 그 속에 들어가지 않았습니다. 일본에 ≪릴케詩抄≫가 나온 것은 릴케의 사후 일년 후인 1927년입니다.

제1차 세계대전과 제2차 세계대전을 사이에 두고 일본은 정신의 붕괴에로 치달았습니다. 인간이 자연 속에서, 사회 속에서, 자기 자신을 믿을 수 있는 시대는 지나가 버리고 있었습니다.

하기하라(萩原朔太郎)는 우리나라 근대시에 口語詩를 확립시킨 시인입니다만 그는 독일의 낭만파 시인의 한 사람인 니체의 사상적 영향을 받고 "니체는 내가 살아온 생활이었다."고 말하고 있습니다.

광기의 세월을 보낸 헬다링의 비극적인 〈정신의 기후〉도 황량한 과도기에 사는 일본의 젊은 시인들에게 하나의 핵심이 되었습니다.

> 태양은 아름답게 빛나고
> 혹은 태양이 아름답게
> 빛날 것을 바라며
> 손을 굳게 맞잡고
> 조용히 우리들은 갔다
> 이토록 유혹하는 것이 무엇이든지 간에

헬다링을 깊이 사랑한 이토(伊東靜雄)는 그리스적 자연의 재생을 꿈꾼 헬다링처럼 남방에의 동경을 노래하고 있습니다.

가령 우리들이 릴케의 시에서 배운 것도 인간의 존재라는 것이었습니다. 物心의 만남, 시를 쓰는 사람에게 있어서는 존재 그 자체가 사는 일이었습니다.

현재의 일본의 시는 제1차 세계대전 후 프랑스를 중심으로 하여 유럽에서 일어난 콕토, 쟈콥, 브르통, 엘뤼아르, 아라공 등의 에스프리 누보

(新精神運動)에 그 현대적 의미를 많이 입고 있습니다. 유럽의 신문학을 소개하고 당시의 일본문학에 전위적, 예술적인 新風을 불러 일으켰습니다.

1929년 새로운 세대의 시인들은 ≪시와 시론≫이라는 잡지에 의해 이 시운동을 전개했습니다만 ≪시와 시론≫의 이론적 지도자의 한 사람이 된 것은 니시와키(西脇順三郎)입니다. 그는 영국의 시인 T. S. 엘리어트의 〈황무지〉를 우리나라에 소개한 시인입니다.

일본의 시는 유럽의 시 같은 운율이나 詩型의 전통을 가지지 못합니다. 유럽의 현대시는 운율이나 형식을 부정했다고는 하지만 유럽의 시에는 부정하는 전통(대상)이 있고 그것의 발전이라고 할 수 있는 것을 가지고 있었습니다.

어느 나라 시인이든 자기나라 말이 가장 아름답다고 믿고 시를 쓰고 있습니다. 물론 일본의 시인도 마찬가지입니다. 이천 년의 역사를 지닌 일본말은 言靈으로 불리고 있습니다만 오늘의 시인은 오히려 작자의 내부에서 말하는 자연스러운 구성, 언어의 내면적 리듬을 높은 美意識에 의해 표현해 가려고 하고 있습니다.

전후 일본의 새로운 시인들은 국가의 붕괴와 폐허의 한복판에 던져진 고독한 개인을 어떻게 사회적인 것에 연결지어 갈 것인가? 언어 그 자체를 역사적으로 파악함과 동시에 인간의 존립조건 그 자체로서의 전체를 분명히 하려는 노력을 게을리 하지 않고 있습니다.

끝으로 이 영광스러운 서울대회에 참석해 주신 세계의 시인들의 우정과 연대를 충심으로 바라마지 않습니다.

蟬

　나무들은 조용히 몸부림친다 爽凉한 영양과 커다란 여름의 日暮를 조금씩 떨어뜨린다 포도를 담은 접시에 씨앗만 남겨놓고

　그날 나를 울린 것은 누구 마른 나무 가지는 그림자가 어리는 서재 벽에 엷은 껍질들이 잠들어 있다 새로운 營爲는 날마다 심하여 나는 과실을 보듬고 바람 부는 벌판으로 걸어가리라

　― 사람아 잠시 그대와 헤어지기 위해

방 랑

인생은 한낱 지평선에 불과하며
저 아득한 곳
어딘가에
아무도 모르는
나무 그늘과 샘이 있다는 것을
우리들은 알고 있다
햇빛이 내리쬐는 사막을 방황하면서
참을성 있고 마음 착한 나귀를
우리들은 생각한다
무거운 짐에 시달리며
가난한 것을 몸에 지닌
나귀는 언제나 나그네였다
몇 천년 전부터
나귀는 우리들의 꿈속을
저렇게 걸어 온 것이다

그리고 사람은 언젠가는
깊고 긴 잠을 자기 위해
지평선 저 너머로 사라져 갈 것이다

나 귀

쓸쓸한 빙하 기슭에
나라가 있다고 한다
뭉크러진 왕궁의 문이 있다고 한다
보리 물결을 넘어
인더스강을 거슬러
우리들은 북으로 북으로 나갔다
처음보는 기로기뜨의 거리여
가엾은 말이나 양이 있는 평원의 시골 거리여
이로부터 산의 왕국 수도까지는 100여 킬로미터
한 마리의 나귀가 우리 뒤를 따라왔다

갈색의 캐러밴은
고개를 넘고
강을 건넌다
그래도 쓸쓸한 나귀는
아직도 우리 뒤를 따라온다
프란시스 쟘의 나귀는
고삐에 묶여 있었지만
평원의 나귀는
어디까지 걸어야만
휴식할 마을이 있는 것일까
나는 손수 만든 지도 위에
서역의 탐험사를 그려본다

파미르를 넘어 東征한 알렉산더
玄奘三藏
마르코 폴로
1902년 大谷探險隊
그것도 내가 태어나기 훨씬 전이다
서방에서 유목해 온 산악민족은
2000년이 바로지뜨의 계곡마을에서
몇 세대나 조그만 사랑을 영위해 온 것이다

이 왕국의 길은
하나는 빙하의 푸른 얼음의
뾰족한 탑에 이어져 있다
(이것은 흔적 없이 사라져버렸지만)
또 하나의 길은
일찍이 중국 신강에서 인도로 비단이 운반되어 온 길
그러므로
몇 백년 전부터
한 마리의 나귀는
저렇게 비단 뒤를 따라간 것이다

求道者的 파토스의 詩
— 高橋喜久晴 소묘

다카하시 기쿠하루(高橋喜久晴)와는 20년 지기가 되었다. 그동안 공식, 비공식 접촉과 만남, 꾸준한 서신교환으로 우의를 다져온 사이이기도 하다. 다카하시의 작품에 대한 관심은 그의 시집 ≪日常≫(1973, 詩學社)이나 ≪은밀히 횃불≫(1984, 百鬼界) 등에서 존재론적 인식의 발상을 보았으나 존재의 시인으로서의 확신은 〈새〉를 읽음으로써 이루어졌다.

다카하시는 1926년 磐田市에서 태어났다. 專修대학을 마친 후 전문대 강사, 공립학교 교사, 교장 등을 역임하면서 정년퇴직까지 교직에 종사해온 카톨릭의 시인이다. 시지 ≪地球≫의 동인으로 있으면서 시지 ≪幻≫을 主宰하고 있다.

시집으로는 ≪알 수 없는 물고기≫(1960) ≪부드러운 忠告≫(1966) ≪日常≫(1973) ≪쓸쓸하지 않느냐≫ ≪旅路에서≫(1980) ≪은밀히 횃불≫(1984) ≪中世喩法≫(1991) ≪遊々窟日錄≫(1997) 등이 있으며 평론집에 ≪宗敎와 文學에 관한 노트≫(1962) ≪詩의 幻影≫(1978)이 있다. 그는 〈H氏賞〉〈東海現代詩人賞〉 심사위원을 맡은 일도 있으며 중·일 단시

형문학상, 중흥특별문예상(대만)을 수상하였다.

　일본은 우리나라처럼 그리스도 계통의 시인이 많은 것 같지 않다. 더욱이 카톨릭의 저명한 시인은 불과 몇 사람밖에 안되는 실정이다. 그는 일찍이 일본에서 결성된 〈일본카톨릭시인회〉의 멤버이긴 하지만 이 모임은 현재 유명무실, 아무런 활동도 않고 있다. 그런 탓인지는 몰라도 그는 한국의 카톨릭 시인의 활동과 그 사상체계에 깊은 관심을 기울이고 있다.

　다카하시의 시는 그의 시집 제목에도 있다시피 '日常'에서 비롯된다. 일상은 우리가 아무렇지도 않게 지나쳐 버리는 대상이며 흔히 놓쳐 버리기 쉬운 관념이기도 하다. 그것은 우리가 비일상적인 것에 집착해 있기 때문일 것이다. 일상은 그 속에 비일상성을 내포하지만 비일상은 일상성을 파괴하는 데서 비롯된다. 다시 말하면 현실이나 생활에서 이탈한 환상에 이르게 된다.

　하지만 다카하시는 우리가 생활에 갖가지 테마를 다 부여하고 나면 마지막에 남는 압도적인 주제가 일상이라는 걸 잘 알고 있다. 그래서 그는 일상에서 멀어지는 일이 없다. 간혹 그의 시에서 표출되는 비일상적인 발상은 일상 속에 내포된 비일상성일 뿐 결코 환상이 아니다. 비상한 상상력이 빚어내는 새로운 이미지일 것이다. 그는 어떠한 관념이나 정서 또는 그것을 표현하는 레토릭까지도 철저히 생활인으로서 표출하고자 한다. 우리가 그의 시에 믿음이 가는 것은 이 때문일 것이다.

　　　　낯익은 계단을 헛 딛는다
　　　　왜?
　　　　왜
　　　　하고 물을 때는
　　　　벌써 일상의 계단을 헛 딛고 있다

헛 딛는 일상을
우리들이 기다리지 않고
마침내 談笑하며 계단을 오를 때
우리들의 계단은
벌써 썩은 냄새를 풍기고 있었다고
알아차린 아침도
이미 일상에 속한다

 작품 〈日常〉의 전문이다. 우리는 때로 낯익은 계단을 잘못 밟아 좌절하고 상처를 입는 수가 있다. 이 때 일상은 비일상으로 뒤집히고 우리는 애당초 좌절하고 깊은 상처를 입고 있다는 사실을 깨닫게 된다. 여기에서 우리는 그의 시를 지탱하고 있는 것은 일상의 불안과 위기, 다시 말하면 공포에 대한 성실한 視點이 아닌가 생각된다.
 그의 〈협박당한 채 석 달〉이라는 작품에서도 볼 수 있듯이 일상은 공포의 대상으로 표출되어 있다. 쓰는 것을 잊은 일년 전 일기장의 공백이 '나'에게 자신의 일상이란 무엇이며 나의 존재란 무엇인가를 되묻는 것으로 되어 있다. 이 공포는 상식의 말로는 전달이 안되고 시로 쓸 때 비로소 특별한 의미를 지니게 되는 것이 아닌가 싶다.

물통 하나를 끌어당겨
가슴에 안으면
또 하나의 너는
아득히 어두운 이끼 그늘에 사라져 버린다
소리없이 다시금
불러들이면
내 손에 다가오는 하나의 옆을
내 가슴에서 떠나는 하나가 떨어져간다
엇갈린다

두 물통의 입술을 깨문 말없는 시소게임

다가오는 것이
다가올수록
멀어지는 것에의
부름이 되고
멀어져 가는 것이
내던져 보내는
들리지 않는 부름
되풀이한다
생각과 생각의
잔등을 맞대는 엇갈림
이따금 살짝 스치기만 해도
배신의 고민처럼
공명한다
서로에게 주는 상처의 깊이에
메아리치며 공명한다
입술에 베어나는 피는 마르지 않았다

 연작시 〈두레박〉의 첫 연을 제외한 나머지 2, 3연이다. 예전의 일본 고유의 생활 양식의 하나인 우물의 물을 길러 올리는 두 개의 물통을 제재로 한 이 시에서 그는 현실을 그리면서 현실이 아닌 초현실의 정념을 불태운다. 절실한 표현과 생명의 근원에 육박하는 놀라운 詩法을 보여주고 있다.
 여기에서 표현된 대상은 단지 위아래로 오르고 내리는 두 개의 물통이 아니라 복잡한 정신 내용의 교차 상태라든가 부부간의 감정의 드라마로도 받아들여진다. 한편 '하늘의 높이에 올라가는' 물통과 '奈落과 같은 우물 밑에 떨어져 가는' 물통과의 二律背反, 자기의 삶과 기쁨이 남의 失意와 죽음에 의해서 밖에 보상될 수 없다는 절대적 관계와 깊은 단절감, 서로가 상처를 입히는 것으로도 회복될 수 없는 인간존재의 비참과 부조리를 파고드는 예리한 視點을 만나게 된다.

무릇 다카하시의 시는 사건을 서술하는 경우를 제외하고는 대체로 연금술사와도 같이 언어를 갈고 닦고 절제하여 간결한 표현을 보여준다. 얼핏보기엔 단순하고 리얼하게 그려져 있으면서도 실은 함축과 암시에 의한 단순 속에 복잡을, 평범 속에 비범을 일상 속에 비일상을 배경에 거느리고 있는 것을 알 수 있다.

    새는
    맞아
    치명상을 입어도
    힘껏 난다
    그리고
    날면서
    죽는다
    죽어서
    비로소 땅에 떨어진다

    새는
    달아나려고 계속 난 것일까
    달아나려고 난다면
    죽어서
    비로소 달아날 수 있다
    떨어진 것은
    단념했기 때문일까
    그렇지는 않으리라
    날면서 죽은 것이다
    깊은 상처에 지쳐

> 단념하고
> 떨어져
> 그리고 죽은 것은 아니다
> 나의 모습 그대로
> 그의 삶은 直角으로 방향을 바꾼 것이다

그는 작품 〈새〉에서 새는 죽는 것이면서도 죽지 않는 존재로 표상되어 있다. 새는 죽는 것이 아니라 삶의 방향을 직각으로 바꾼 것이라는 생각이 바로 그것이다. 이러한 생각은 죽음 쪽에서의 삶의 파악이라고도 볼 수 있다. 죽음은 삶의 계속이라는 이러한 인식은 일찍이 '죽음을 삶의 발전적 형태'로 본 R. M. 릴케의 생각과도 맥락을 잇고 있다. 이를테면 삶의 의미를 '직각'으로 바꿔놓고 있는 것이다.

"날카로운 감수성이 있는 눈에는 세상의 모든 현상이 이상야릇한 멋진 것으로 비치게 마련이다. 경이를 느끼는 능력이야말로 지적인 인간의 생애를 영원한 환상의 황홀경 속에 몰아 넣는다."고 미국의 현대시인을 평한 어느 評者의 말은 그대로 다카하시의 시에도 해당될 것이다.

그는 지금도 존재론적 인식의 패턴 위에서 '존재자의 존재'를 만나려는 구도자적 파토스를 저버리지 못한 채 이를 불태우는 시를 영위하고 있는 것이다.

詩로서 맞선 죽음
― 藤本直規의 경우

어쩌다 TV화면을 시청하다가 젊은 가수들의 러플리한 노래를 대하게 되었다. 초만원을 이룬 젊은 층 관객이 거칠고 난폭한 노래에 호응하여 야단법석 환성을 지르기도 한다.

예전에는 가사는 잘 알아듣지 못해도 간드러진 곡조에 취해 숨죽이고 들었는데 요즘은 뭐라 마구 주워섬기는, 분명한 말투에다 간신히 곡이 매달려 있다고나 할까. 곡조보다 말투에 혹해 관중이 부화뇌동하는지도 모르겠다.

단적으로 말하면 '나이브'와 '러프'의 차이지만 노래의 개념이 이렇게 달라졌나 싶으니 격세지감이 없지 않다.

*

일본의 젊은 시인 한 사람을 픽업하라는 청탁을 받고 나는 한동안 망설였다. 구세대라면 서슴지 않고 시를 번역하고 거론해 볼 만한 시인이 떠오르는데 신세대는 선뜻 잡히는 사람이 없다. 뭔가 새롭고 근사한 언어의 작희나 비상한 상상력의 작동을 볼 순 있어도 이미지 메이킹이 잘 안 되는 시는 걷잡을 수가 없다. 그러니 번역도 불가능해진다. 말만 옮겨 놓은 게 번역이 아니니까. 한두 편 씩 여러 사람 것을 고르라면 또 몰라도 한 사람을 집중적으로 조명하라니 망설일밖에.

한참만에 떠오른 시인이 있었다. 1988년에 제39회 H씨상을 받은 후지모토 나오키(藤本直規)라면 무더기로 작품 번역이 가능할 것 같았다. 곧 그한테서 온 편지 한 통과 수상시집 ≪헤어질 차비≫(花神社 刊, 1988)를 찾아냈다. 수상하고 나서 발표한 시〈왈츠(円舞曲)〉(≪文學界≫ 6월호)와〈신뢰〉(≪每日新聞≫, 1989. 3. 30) 카피도 동봉해 있었다. 편지 사연은 이러했다.

   (전략)
  갑자기 소식 올리는 실례를 용서하십시오. 일전 이시하라 다케시(石原武)씨로부터 선생에 대한 말씀 들었습니다. 拙著를 읽어 주실 수 있으시다니 곧 보내는 바입니다. 비평을 들을 수 있다면 다행이겠습니다.
  곁들여 최근 여러 신문과 잡지에 소개된 저의 프로필도 동봉합니다. 웃으며 보아주시길
  그럼 앞으로도 잘 부탁드립니다.

여기에서 말한 '프로필'이란 아래 두 편의 작품인 듯하다.

  나는 무릎꿇고 당신의 벗은 가슴을 대한다
  그리고 그 가슴에 귀를 묻고 심장의 고동을 듣는다
  약하게 이는 亂流의 소리도 놓치지 않는다
  이것이 삶과 죽음을 나누는
  유일한 것이니까
  내게만 들려주는 것은
  신뢰 때문이라고 생각한다

(중략)
오전 0시 5분 전
막 전차가 어둠 저 쪽에서 모습을 나타낸다
승객이 없어도 언제나 반드시 열심히 달려간다
어둠은 장막을 열고 철길은 굽히면서 견딘다
언제부터인가 승무원마저 없어지고
막 전차는 어둠과 철길을 마음속으로 신뢰하며 달린다

하지만 어찌하여
아무리 서로 사랑을 해도
두 사람의 몸과 몸의 사소한 틈 사이에서
어둠은 생겨나는 걸까
그리고 각각의 마음의 부설된 철길의 행방은 아무도 모른다
그래서 나의 내부의 어둠과 철길을
마음속으로 신뢰하는
저런 막 전차가 나의 내부에 질주해 주길 바란다

시 〈신뢰〉에서 볼 수 있듯이 후지모토의 직업은 의사임을 직감할 수 있다. 남의 벗은 가슴에 귀를 묻고 심장의 이상한 소리를 듣는 걸로 그 것을 알 수 있다. 사느냐 죽느냐의 갈림길을 자기에게만 일러준다는 발상이 바로 그것.

흔히 현대를 두고 불신시대라고 일컫는데 아무 것도 믿을 게 없다는 데서 불신사조가 팽배한 듯하다. 그러나 이 시인은 신뢰할 수 있는 걸 몇 가지 들먹이고 있다. 즉 삶과 죽음의 갈림길을 자신에게만 일러주는 의사로서의 신뢰감, 승무원이 없어도 어둠과 철길을 신뢰하고 달리는 막 전차의 경우만을 앞에서 들었지만 펭귄의 신뢰감이 우리의 가슴을 더 뭉클하게 만든다.

몸 길이 30센티 정도의 妖精 펭귄의 수컷은
遊氷이 꺼지는 바다를 며칠이나 헤엄쳐
먹이를 뱃속에 잔뜩 쓸어 넣고
반드시 같은 바다 기슭에 돌아온다는 것이다
거의 0(零)에 가까울 정도의 낮은 확률의 歸巢를
반드시 해낸다
이것은 과학적으로는 설명이 안 되고
아마도
집을 지키는 암컷이 보내는 신뢰만이
그들을 인도하는 것이라고 나는 믿고 있다

그런데 사람의 경우는 아무리 서로 사랑을 해도 두 사람의 몸과 몸의 사소한 틈 사이에서 어둠은 생겨나고 제각기 마음에 부설된 철길의 행방은 아무도 알 길이 없다는 것이다. 이것은 불신의 벽 때문인 것은 두말할 나위도 없다.

하지만 이 시인은 앞서 든 신뢰감의 표상물로 하여금 자신의 내부의 어둠과 철길을 마음속으로 믿고 의지하며 달릴 수 있기를 바라는 낙천적인 데가 있어 보인다. 그는 삶과 죽음을 일상사로 대하고 종이의 앞뒤 정도로 여기는 탓인지 인간의 가장 심각한 문제를 아무렇지도 않게 주물러대고 있는 듯하다.

이렇게 되기까지는 그에게도 시련은 있었다. 그가 의사가 된 초기에는 숱한 환자의 죽음과 접하여 자신의 일상생활과의 괴리에 괴로워하고 한동안 시를 쓰지 못했다는 것이다. 그가 수상소감에서 밝힌 시 쓰는 이유에서 이 사정에서 잘 드러내 보이고 있다.

　　죽음의 늪에 선 사람에 대해서 살아 있는 자는 거의 말을 잃고 싶어

증 같은 상태가 된다. 온갖 수사는 거절하고 오열 같은 혹은 외침 같은 말이 남는다. 의사로서 임종을 맞이한 사람에게 건네는 말은 언제나 "힘 내"라든가 "꼭 낫는다"인데 이것은 진부한 거짓말이다. 그러나 어김없이 되풀이하고 있는 것을 보면 죽어가는 사람의 넋을 편안하게 해 주기 위해 산 자가 짜내듯이 죽어가는 자에게 보내는 유일한 말일는지 모른다. 그것은 또한 죽어가는 자가 이쪽 기슭에서 마지막으로 듣고 저쪽 기슭으로 안고 가는 말이기도 하다. 깊은 슬픔에서 나오는 말 이외는 불필요하다. '죽음'에 대한 이 말의 무력감을 인정하고 나서 '시'라는 '언어의 허구'로 '죽음'에 어떻게 맞서갈 것인가? 그것이 나의 과거 및 현재(그리고 장차도) 시를 쓰게 될 이유이다.

그러고 보면 그는 죽음을 응시하는 괴로움을 시로 표출하고 있다고 할 수 있는데 역설적으로 시가 있기 때문에 죽음과 맞설 수 있었다고도 볼 수 있다.

*

여기에서 후지모토의 이력을 살펴보기로 한다.

그는 1952년 오카야마겐(岡山縣)에서 태어나 22세 때부터 문예 동인지 ≪文苑≫에 소속되어 시를 쓰기 시작한다. 1978년에 교토(京都)대학 의학부를 마친 후 그곳 부속병원의 노년과 의사로서 근무한다. 같은 해 첫 시집 ≪解体로≫를 내고 이듬해 고하마(小浜) 병원 내과의사로 근무하면서 숱한 죽음을 접한 듯하다. 1980년 연애시집 ≪마리느≫를 출간하였다. 그의 커플인 마리코(眞理子) 부인과의 사랑 이야기를 담은 얄팍한 시집인데 그녀도 시인이다. '마리느'는 마리코의 애칭인 듯한데 그녀가 남편의 직업과 관련된 시 〈死者들의 숲〉에서 이런 놀라운 발상을 하고 있다.

　　　　그 후에 들이닥치는 사내는
　　　　역시 피 냄새를 풍기고 있어서
　　　　나는 그 냄새의 강도에서
　　　　오늘은 한 사람 죽이고 왔는지
　　　　일곱 사람 죽이고 왔는지 대충 짐작이 간다
　　　　열심히 손을 씻고 있는 사내 등에
　　　　나의 정념은 비등하고
　　　　死者를 위한 눈물을 逆流시켜
　　　　쉽사리 사내에게 안겨 버렸던 것이다.

　여기에서 말하는 '죽인다'의 개념은 우리가 흔히 말하는 살인 의식이 아니라 살려내지 못한 반대 개념으로 사용되고 있는 듯하다. 사람을 죽이고 피 냄새를 풍기며 돌아온 남편이 손을 씻는 동작에서 정념을 끊고 死者를 위한 눈물을 역류시켜 쉽사리 그에게 안겨 버렸다고…….

　잠시 한눈을 팔았지만 후지모토는 동인지 《숲 속》에 참가하여 주검을 제재로 한 시를 쓰기 시작한다. 그는 다시금 대학원에 진학하면서 동인지 《언어》에다 〈헤어질 차비〉를 비롯해서 〈밤에 손톱을 깎다〉〈호두 깨기〉〈빵굽는 인부〉 등 그의 일련의 대표 시를 발표한다. 지금은 성인병 센터 뇌신경 내과 의사로 일하고 있는데 뇌신경 내과라면 의학에서는 꽤 까다로운 분야로 알려져 있다. 그는 그 과정을 무난히 마친 듯하다. 게다가 시도 쓰고 기타도 치는 등 다재다능한 사람인 듯하다.

　나는 진작 그한테서 기증본과 서신을 받는 인연으로 아직 일면식도 없지만 전화를 걸어 소개 자료를 요청했더니 대답이 좀 시원치 않았다. "시인과 의사 양쪽을 제대로 할 수가 없어서 시를 그만두고 있다."는 것이었다. "이제 다시 할 생각"이라는 부언이 있었긴 하지만.

　그는 H씨상을 타고 나서 〈왈츠〉와 〈신뢰〉 등을 쓴 다음 일단 붓을 놓은 듯하다. 더 이상 좋은 작품을 쓸 수 없어서 혹은 그의 말대로 양수걸이가 안 돼서 그랬는지는 알 길이 없다.

일본 문인들은 걸핏하면 자살을 한다. 새로운 창조적 돌파구를 찾다가 실패하면 예사로 자기 목숨을 끊고 있다. 훌륭한 예술작품에는 끊임없이 희생이 따르지만 자살도 그런 행위의 하나일 것이다. 하지만 후지모토는 의술에서 도피처를 찾은 듯하다. 그는 수상소식을 제일 늦게 안 迂闊함을 피력하고 있지만 후지모토는 분명 낙천적인 성격의 소유자인 듯하다.

*

전후 50년만에 한·일 양국에서 동시에 펴낸 두 나라 전후 세대 100인 선집 ≪푸른 그리움≫속에서 후지모토는 다음과 같은 말을 하고 있다.

> 1990년에 이르러 과학의 진보는 당치도 않는 속도로 더하기 시작했다. 의학의 진보는 '생명의 창조' 일부를 神의 지배로부터 빼앗아 인류의 손에 맡기려 하고 있다. 뿐만 아니라 가까운 장래에 '죽음(뇌사)'에 대한 과학적인 해석이 더해질 것이다. 현대의 바벨탑은 天上의 세계에 닿을 듯하다.
> 아니 그렇지 않을 것이다. '생명의 창조'와 '죽음'에 대한 '진실'은 결코 일부 과학자의 점유물로 만들어서는 안 된다. 이것은 역시 신의 몫이며 시인들의 어둠같이 깊은 사색과 나비처럼 자재로운 상상력으로 간신히 틈새로 엿볼 수 있을 뿐이다. 씌어진 한 편의 시의 '언어'로 '삶과 죽음'에 조용히 대처하고 싶다.

그는 〈나의 시의 토포스〉(주제와 표현 방법—필자 주)에서 '삶'과 '죽음', '진실'은 신의 몫이지 일부 과학자의 점유물일 수 없다는 것을 역설하고 다만 시인은 깊은 사색과 자재로운 상상력으로 그것을 간신히 틈새로 엿볼 수 있을 뿐이라는 것이다. 그렇게 해서 씌어진 한 편의 시로서 그는 '삶과 죽음'에 조용히 대처하고 싶다는 것이다.

그러고 보니 후지모토의 시는 무릇 '삶'과 '죽음'과 '진실'을 엿보려는 안간힘의 소산이며 편편이 '삶과 죽음'에 대처하고 있는 것들이라 할 수 있다.

(전략)

빵굽는 직공으로서의 자랑은
향기로운 빵을 짧은 시간에
얼마나 솜씨 있게 잘 굽는지
단지 그것에 있다

인도에서는 능숙한 화장인부한테 걸리면
사람 하나 30분에 태워 준다는 것이다
사내도 계집도 늙은이도 젊은이도 가릴 것 없이
남김없이 태워준다
육체는 더불어 소멸시켜 주는 것이
육체에 대한 온화함이니까
불길에서 다리만이 한 가닥 나와 있기라도 하면
인부로서는 참으로 부끄럽다

(중략)

사람을 잘 태우는 인부는
물론 빵을 굽는 것도 잘한다
사람과 빵과

교대로 구워서 생업으로 삼고 있는 인부도 있는 모양

주검과 빵을
잘 구울 수만 있다면
양쪽 다 살아 있는 자의 양식이 되는
그 점이 닮았다

이 〈빵굽는 인부〉는 주검을 화장하는 인부와 빵 굽는 일을 매치시켜 전혀 이질적이고 엉뚱한 상황을 동질화하고 양쪽 다 살아있는 자의 양식이 되는 것으로 표출하고 있다. 물체를 불로 태우거나 굽는 일, 즉 '燒'적인 행위로 하여금 빵 굽는 인부와 화장터 인부의 일을 동일시한 이 시인의 당돌하고 놀라운 발상이 인식의 공감대 형성에 적극 기여하고 있는 것을 볼 수 있다.

*

실뱀에게 거위알이 삼켜지듯이
놀랄 만큼 많은 양의 솜이 삼켜져 간다
들어가지 못한 몫은 둥글게 말아 젓가락으로 쑤셔 넣는다
 (중략)
콧구멍에도 쑤셔 넣는다
분비물을 막기 위해
귓구멍에도 조금
가는 대나무로 쑤셔 넣는다

이제 아무 것도 들리지 않는다
(실은 아무 것도 들은 바 없지만)

마지막으로 가장 소중한 순서인데
항문에도 솜을 채운다

오오
죽은 자의 늘어진 속 빈 곳으로
한없이 솜이 삼켜지고 있다
배설하는 모든 구멍을 막는다
그것은 죽은 자를 보내는 의식 같지만
실은 산 자는
죽는 자의 구멍이라는 구멍을 두려워하고 있는 거다

  사람이 죽으면 小殮을 하며 구멍이란 구멍을 솜으로 틀어막는다. 분비물을 막기 위해서이다. 언젠가 인간의 육신을 물주머니로 일컫는 소리를 들은 적이 있지만 시 '솜을 채운다'에서는 인간을 배설하는 관 같은 존재로 보고 있다. 살았을 때는 관의 통제가 가능하지만 죽으면 그것이 안되어 누수현상이 생긴다.
  그러고 보면 산 자도 죽은 자도 모두 '관'이라는 인식에는 다를 바 없지만 후지모토가 이런 발상을 하기에 앞서 선배인 기다무라(北村太郎)가 진작 그런 발상을 하고 있어 주목된다. 즉 그는 〈비〉라는 작품에서,

무엇에 의해
무엇 때문에 우리들은 관 같은 존재인가
다리 밑의 블론드의 흐름
모두 흐르고
우리들의 장에 죽음은 흐른다

고 표출하고 있다. 그는 인간의 실체를 식도→위→장으로 이어지는 관 같은 것으로 보고 결국 인간이란 더러움의 터널을 빠져 나오는 그야말

로 굴욕의 과정에 불과한 것으로 여기는 듯하다. "무엇 때문에 우리들은 관 같은 존재인가"라고 의문을 제기하고 있는 것은 육체에 대한 정신의 탄식을 나타낸 것으로 볼 수 있다.

그리하여 그것은 다리 밑을 흐르는 브론드색의 누렇게 뜬 강물로 이어지고 소화기관을 통과하는 부패물의 운명에까지 더블시키고 있는 것이다.

하지만 후지모토의 관은 죽은 자가 지니고 있는 구멍이기 때문에 수분이나 부패물이 못 나오게 틀어막기만 하면 되는 것이다. 그래서 그는 주검이 두려운 것이 아니라 죽은 자의 온갖 구멍이 두렵다는 것이다.

이쯤에서 우리는 후지모토가 죽음을 아무렇지도 않게 어쩌면 감미롭고 니힐한 서정으로 표출하여 충격을 안겨 준 바 있지만 여기에서는 자신에 대한 시니컬한 변신으로 두려움을 느끼기 시작한 수줍음마저 드러내고 있음을 알 수 있다.

그가 H씨상 수상 이후 의사라는 직업에 충실하기 위해 시를 안 썼는지 새로운 창조적 돌파구를 못 찾아 쓰지 못했는지도 딱히 알 순 없지만 아무튼 한동안 침묵해 있었던 까닭을 여기에서도 살펴볼 수 있을 것 같다.

V

인생파의 詩人
고집스레 천착해 가는 자기 세계
1998년도 '地球賞' 수상 작품
일본 시인들이 다룬 이산의 아픔

V

인생파의 詩人
— 小海永二에 대하여

  고카이 에이지(小海永二)와의 만남은 지난 1990년 8월 서울에서 개최된 제 12회 세계시인회의가 그 동기가 되었다. 미국의 킨즈버그라든가 러시아의 보즈네센스키 등이 참가한 이 회의의 분과회의 강연에서 나는 일본의 고카이, 대만의 천치엔우(陳千武)와 함께 주제인 〈현대시에 있어서의 동서양의 만남〉에 대해서 말했는데 그때 고카이는 〈일본 현대시에 있어서의 서양과의 만남〉이라는 제목으로 발표를 했다.
  같은 날 오후 두 사람을 내가 편집하고 있었던 월간 시지 ≪현대시≫에 초대해서 '현대시의 행방'에 대해 주로 일본·대만·한국의 시를 중심으로 두 시간 남짓 이야기를 나누었다. 이 시지의 〈세계시인회의 특집호〉에서 이를 특별좌담으로 취급하게 되었다.
  이때 고카이는 자신의 시에 대해 "예나 지금이나 한결같이 한 마디로 말해서 인생파의 시"라고 말했다. 이어 "젊었을 때에는 청춘시절의 애상이라든가 비애라든가 혹은 탄식이라든가 사람과의 관계 속에서 생겨나는 굴욕감 같은 것이 있었으며", "인간 관계 속에서 보여지는 타자와의 위화감, 나는 다른 사람과는 다르다는 데서 오는 고독의 쓸쓸함 같은 것이 초기의 작품에는 있었다."고 덧붙이고 있다.

이쯤에서 고카이의 사람됨이라든가 시의 패턴을 엿볼 수 있을 듯하다. 솔직히 말해서 고카이는 좀 친숙하기 어려운 데가 있다. 맑은 눈 표정 재빠른 판단력, 민첩한 동작이 그러한 느낌을 가져다주지만 뜻만 맞으면 쉬 친숙해질 것 같다.

어쩐지 고카이의 이러한 성격은 信州의 소개처에서의 굴욕감에서 이뤄진 것이 아닌가 여겨진다. 신경질적이고 좋고 싫은 것이 분명한, 그러면서도 지독히 마음 약한 내성적인 소년의 기질이 그렇다고 하겠다.

고카이가 청춘의 출발점에서 쓴 〈고개〉는 인생의 고개라는 뜻도 포함해서 그것을 넘어 어른이 되어간다는 느낌을 포함하고 있다. 〈고개·1〉이 초기의 대표작으로 간주된다.

> 소년시절의 나는 고갯길을 올라갔었다
> 고갯마루에서 산길이 끊어지면
> 나는 저녁 어스름 속에 솟아 있는
> 한 그루 杉木을 기어올랐다
> 두 가닥의 굵직한 가장이에 걸터앉으면
> 계곡 저쪽 언덕에
> 소나무 숲이 있고
> 소나무 숲 사이를
> 지금 저녁 해가 커다란 붉은 구슬이 되어
> 장엄하게 가라앉는 것이 보였다
> 소년시절의 나는 조그만 연을
> 품속에서 꺼냈다
>   (연은 전국시대의 장수 얼굴이 그려져 있었다)
> 보랏빛 냉기가 골짜기에 깊이 스며들 무렵
> 소년시절의 나는 하늘 높이 연을 띄웠다

갑자기 연줄이 뚝 끊어졌다
나의 마음속에서 뚝하고 줄이 끊어졌다

　마지막 두 줄이 아주 효과적이다. 연끈이 뚝 끊어진 찰나 소년의 마음속에서 자기와 외계를 잇는 마음의 줄이 뚝 끊어졌다는 발상은 〈시에의 눈뜸〉을 암시하는 것으로 보이며 단독자의 최초의 첫발을 내디딘 순간의 충격을 이렇게 표출한 것으로도 간주된다.

　고카이의 두 번째 만남은 한국시인협회 '1992 가을세미나'에서의 일이다. 또다시 小海, 陳 둘을 초청하여 한국시인과 더불어 강연을 의뢰했다. 그때 정숙한 부인도 동행하여 내한했다. 주제는 〈정보화 시대에 있어서의 시의 역할〉이었으나 고카이는 〈정보화 시대에 있어서의 일본의 현대시〉에 대해 이야기했다.
　한국에 머무르는 동안 선약이 있어서 구상 시인의 점심초대에는 응하지 못했지만 대신 부담 없는 구상 시인 서재 방문에 고카이가 선뜻 응해준 데는 모종의 인연이 있었다는 것을 후에 알게 되었다. 이야기가 앞서 가지만 후일, 고카이 서재에서 받은 8페이지의 알팍한 팜플렛의 ≪해외시 연구·4≫(1960. 4. 1 발행. 유리이카 4월호 부록)에 구상시집 ≪초토의 시≫에서 세 편이 번역되어 실려 있었다. 역자는 일본 유학 중에 젊어서 죽은 C군인데 뜻밖에도 그는 나와 중학 동기생이었다.
　이 팜플렛 편집을 고카이, 슈와(諏訪 優), 시미즈(淸水康雄) 세 사람이 하고 고카이가 구상 시인의 소개를 겸해 평문까지 곁들이고 있었다.
　즉 "데카당스와 인도주의와 애국주의와의 기묘한 혼잡이 보인다", "다분히 묘사적이고 기술적으로는 반드시 높다고는 할 수 없으나 되풀이 읽고 있는 사이에 단순용이한 이 시에서 마음에 스며드는 것이 있었다."고 날카롭게 찝어대고 있는데 "문인으로서 무공훈장을 받은 모양인데 이것은 무엇을 의미하는 걸까"라고 의아한 발언을 하고 있다. 나는 훈장 건에 대해서 몰랐던 일이지만 후에 본인에게 여쭈어본즉 ≪승리일보≫ 주필을 한 공로로 받았다는 것이다.

애기가 좀 옆길로 새었지만 같은 1992년 11월 '地球詩祭'에 초청되었을 때 요코하마(橫浜)의 댁까지 이시하라(石原 武)의 안내를 받아 한국의 시인 네 명과 함께 폐를 끼친 것이 세 번째 만남이었다. 이 모임은 '일본현대시연구자 국제네트워크' 멤버의 축소회합이기도 했다.

오스트레일리아의 리스 모튼과 아이자와(相澤史郎)를 여기서 처음 만났다. 모튼은 아직 40대의 장년으로 일본어도 능숙하며 기타조노(北園克衛)의 시와 시론에 자상한 데 놀라버렸다.

당일 기타가미(北上)시에 있는 일본 현대시가문학관에서의 세미나 개최에 대해 의견을 교환했다.

고카이의 書庫는 한마디로 사설도서관을 방불케 했다. 거기에는 책의 크기나 국적을 불문하고 시의 자료가 되는 것이면 무엇이든 보관하고 있는 듯했다. 1만 권이 넘는 장서의 절반 이상이 자비 출판물의 기증본인 모양이고 버려도 괜찮을 것까지 소중하게 보관돼 있는 데는 놀라지 않을 수 없었다. 일찍이 다무라(田村隆一)가 아이오와의 창작교실에서 기증받은 책을 몽땅 술과 바꿔버린 것과는 좋은 대조를 이룬다.

전번 방한 때 가지고 돌아간 우리의 시지와 시집도 잘 간수되어 있었는데 이국에서 만난 자신의 시집이 반가웠다.

서재는 별실로서 타인의 출입이 통제되어 있는 듯하다. 슬쩍 엿보고 그런 느낌이 들었다. 이 댁의 전망대에서 바라본 저녁노을의 광경은 멋지고 인상적이었다.

나는 고카이와 사귀기 훨씬 전부터 고카이의 평론집 ≪근대시에서 현대시에≫(有精堂) ≪일본 전후시의 전망≫(研究社) 및 공역인 ≪입체파의 화가들≫(昭森社)을 읽고 있었던 것이다. 그러므로 평론가인 小海永

二에 대해서는 진작부터 잘 알고 있었으나 시인 그카이와의 사귐은 1980년대에 들어 서서의 일이다.

무릇 고카이의 비평안은 날카롭고 엄하다고들 하지만 일단 시에 돌아오면 상냥해진다. 표현도 쉽다. 어떤 의미에서는 점잖은 소년적인 감상마저 곁들이고 있다. 희노애락을 노골적으로 드러내고 있는 것은 아니지만 어딘지 애수가 떠돌고 있다. '閑寂'이라든가 '쓸쓸함'의 정념과는 다르다. 객관화된 센티멘털이 눈에 띈다.

"확실히 신슈(信州)의 자연은 아름답고 풀숲에 누워보는 산의 구름은 소년시절의 내 마음을 애상과 더불어 아득히 멀리로 유인한다."고 말하고 있다시피 고카이의 시는 신슈의 '고개'를 원점으로 해서 시작되고 인생의 '고개'를 종점으로 하고 있는 것이 아닐까?

> 나는 아름다운 시를 사랑할 수 있었다
> 진실로 감탄하고 눈물지은 일도 있었다
> 하지만 시의 비평 따위는 도저히 할 수 없었다
> '시론' 따위 어떻게 썼을까

시 〈변명〉의 일부에서도 아시다시피 아름다운 시를 감상하고 감탄하고 눈물지은 일도 있었던 소년 기질에서 비롯되는 감상성은 고카이의 시의 패턴이 되어 있는 것이 아닐는지. "달콤한 서정시를 써서 비판을 받아왔다"고 고백하고 있다시피 고카이의 시에는 소년, 소녀, 어린이가 제재로 자주 등장해서 순진한 기질을 표출하고 있다.

고카이는 "시의 비평 따위는 도저히 할 수 없었다/'시론' 따위 어떻게 썼을까"고 생각하면서도 일본을 대표하는 비평가, 시론가가 된 것은 참으로 아이러니컬한 일이 아닐 수 없다.

무릇 현대시가 自我에 갇혀 있는 데 대해 고카이는 독자의 입장에서 시의 존재 가치를 추구하고 있는 듯하다.

심지어는 앞서도 언급한 ≪현대시≫ 좌담에서 말하고 있다시피 "나는 현대시인이 아니고 근대시인인지도 모릅니다. 근대시 쪽에는 사람과 사람과의 마음을 이어주는 풍요한 맛이 있었던 것이 아닌가 생각합니다. 이에 대해 지금의 전위적인 현대시에는 인간과 인간과의 마음이 교량으로서의 역할을 포기하고 자기만의 틀 속에서 세계를 이루려는 경향이 보입니다."고 솔직하게 자기입장을 밝히고 있는 것으로도 알 수 있다.

대상을 솔직하게 수용하고 평이하고 卽時性이 있는 말로 표출하고 있는 것이 눈에 띄는 것도 제멋에 겨운 실험보다 독자의 입장에서의 배려로 여겨진다.

고카이의 시가 단순 직절한 것은 현대시인이 즐겨 사용하고 있는 메타포의 테크닉에 구애받지 않기 때문인지도 모른다. 왜냐하면 메타포에 의해 인간으로서의 소중한 것을 잃는 것을 두려워했기 때문인지 모른다.

이 소중한 것이란 가령 약자의 입장에서의 고백과 같은 휴먼이라든가, 개개의 구체적 실재를 위한 싸움이라든가, 소외된 정신의 회복 등을 들 수 있을 것이다.

이와 같은 관점에서 고카이의 에스프리는 호리(堀辰雄)와 공통되는 점이 있다고 하겠다.

고카이와의 네 번째 만남은 일본 현대시가문학관에서의 세미나에 의해 이루어졌다. 세계의 시인 시리즈의 최초의 기획에 의한 〈한국의 시인은 말한다〉에 具常 시인과 내가 파네라로서 초대되었던 것이다. 코디네이터를 고카이가 맡았다. 주로 한국의 현대시에 대해 이야기했기 때문에 고카이에 대해서는 전혀 언급할 기회를 가지지 못했지만⋯⋯

결론적으로 말해서 고카이는 철두철미의 시인이라고는 말할 수 없을는지 모른다. 하지만 시의 비평가, 해외시의 연구가, 번역가 등으로 폭넓게 활동하고 있으며 그 때문인지 15년간의 시작의 공백도 보이기 때문이다. 그래도 ≪고개≫ ≪풍토≫ ≪경망한 시대의 어두운 노래≫ ≪나의 인생찬가≫ 등의 시집은 시인으로서의 고카이를 지탱하고 있는 듯하다.

지금도 여전히 맨 먼저 취급되어 화제가 되고 있는 것은 초기 시집인 ≪고개≫로서 그 중에서도 ≪고개·1≫이 고카이의 이미지에 꼭 들어맞는다고 하겠다. 하지만 ≪未刊시집≫의 작품 〈작은 새가 모이를 쪼듯이〉는 시작의 전환기를 시사하고 있는 듯하여 주목된다.

　　　　작은 새가 모이를 쪼듯이
　　　　나는 말을 쪼아서
　　　　마음의 굶주림을 채운다
　　　　나는 늘 굶주려 있다

"마음의 굶주림을 말을 쪼아서 채운다"는 발상은 언어예술로서의 시에 대한 새삼스런 관심이든가 아니면 말에 굶주린 인생파 시인의 갈증을 호소한 것으로도 받아들여진다.

고집스레 천착해 가는 자기 세계
— 木津川昭夫와 片岡文雄

시인의 평가는 어디까지나 작품으로 이루어져야 한다. 그런데 간혹 작품보다 사람이 더 알려져 굉장한 시인으로 들먹거려지기도 하고 한편 제대로 평가를 못 받아 거의 묵살되다시피 하는 시인도 없지 않다.

이를테면 필요 이상의 평가를 받는 시인이 있는가 하면 제대로 평가를 못 받아 억눌려 있다시피 하는 시인도 있다. 그래서 진정한 작품평가는 시인의 사후 내려진다는 설까지 나오게 되는 모양이다.

대체로 이 땅에서는 상복을 누리면 유명해진다. 그렇지 못하면 無名有實로 견딜 수밖에 없다. 어쩌면 이게 有名無實한 것보다 훨씬 값진 것이 아닐까. 상도 상 나름이지만 수상을 위한 액션 여부에 따라 수상 여부가 달라지는 경우도 있는 모양이다. 이 땅에도 무명유명의 상이 적지 아니 있지만 일본의 경우는 더한 것 같다. 내가 알고 있는 시인상만 해도 10여 개나 된다.

이를테면 현대시인회의 H氏賞과 現代詩人賞, 일본시인클럽의 시인상과 신인상을 위시하여 作故시인 명의의 小熊秀雄賞, 丸山薰賞, 高見順賞, 萩原朔太郞賞, 丸山豊賞 등과 讀賣文學賞, 地球賞, 花椿賞이 그것이다. 이밖에도 지방에도 상이 있으니 꽤 많은 셈이다.

이 중에서 가장 오래된 것이 지난해 48회를 시상한 H氏賞인데 이것은 신인상이다. 소설의 芥川賞에 버금가는 시인상인 것이다. 고 崔華國 시인이 70세에 이 상을 수상하여 화제가 된 적이 있다.

이러한 상 중에서 작금에 수상한 바 있는 중견 시인 두 사람을 픽업 했다.

이들을 뽑은 데는 내 나름대로의 기준이 있다. 두 시인단체의 상을 각각 받았다는 사실보다 좀 특이한 입지에서 詩作하고 있다는 데 비중을 두었다. 나와도 엇비슷한 나이의 동연대 시인이라는 점도 물론 작용했다.

그보다도 기즈가와 아키오(木津川昭夫)의 경우, 나는 은행생활에서 도중 하차하여 교직에 선 적도 있지만 그는 끝내 은행생활로 일관했고, 가다오카 후미오(片岡文雄)는 여러 가지 병마에 시달리면서 37년간 교직에 몸 담아온 시인이다.

문제는 이들의 수월치 않게 씌어진 어쩌면 외곬수의 심각성 때문인지 난해하기까지 한, 인기와는 아무런 상관이 없는, 그저 자기만의 세계를 고집스레 천착해 가는 작시 태도를 나는 높이 샀던 것이다.

기즈가와 아키오의 시와 시세계

주 먹

나는 물끄러미 손을 보고 있자니
손은 날로 야위어 가는 것을 발견한다
그리고 숨쉴 때마다

가슴속에 숱한 물체가 떨어져온다

그것은 맑게 개인 하늘의 봄날 오후 산책에 지쳐서
가로수 길에 멍청히 서 있는 벗이나
모든 창을 열어제친 빌딩이나
극장가는 여인네 푸른 양산도 있다

그것들은
내가 저녁 어스름의 포장도로에 멈춰서면
콧노래를 부른다든지 창을 서둘러 닫는다든지
양산을 펼치고 걸어다니기도 한다

그럴 때 나는 물끄러미 손을 보지만
나의 손은 너무도 야위어서
주먹이 될 것 같지는 않습니다

잔등 생각

사람은 잔등에 소금 같은 무거운 것을 짊어지고 있다
잔등이 어둠 속에서 중얼거린 날은 좀처럼 잊기 어렵다
잔등은 정체를 드러내고 때로는 정체를 숨긴다
무거운 잔등에 괴로워하고 잔등을 벗어 던지고 싶어진다

아침은 승용차 속에서 볼썽사납게 등을 긁적인다
신문을 읽으려고 다리를 뻗고
잔등을 도전적으로 경직시키는 사내가 있다
잔등을 긁으면 에로스가 발동하는 계집이 있다

잔등에 짊어진 사막투성이의 地球儀 같은 거

잔등에 자라고 있는 공룡의 지느러미 같은 거
잔등에서 돌출된 등산 나이프 같은 거
이것들은 잔등과 잔등이 싸울 때의 사람의 무기이다

사람은 잔등을 하나님처럼 걸치고 있다
잔등은 언제나 계산하고 곧잘 배신한다
잔등에 낙인이 찍혀도 곧 알지 못한다

시치미를 떼는 잔등은 새침떼기이다
잔등에 샘이 솟고 있는 사람이 있다
잔등에 마그마가 불타고 있는 사람이 있다
잔등에서 노래하고 있는 사람이 있다
잔등에 박수가 일고 있는 사람이 있다

사람은 자신의 잔등을 향해 달릴 수 없다
잔등에는 세계 속의 어둠에서 슬픈 소리가 모인다
걷는 것을 멈추면 사람은 죽는다
뒷걸음쳐도 시간을 돌이킬 수 없다

잔등은 하루하루 퇴색해 간다
하루의 끝 잔등이 바라보는 저녁 하늘은 피를 흘리고
허리에 화사한 것이 있는 여인들에게 빠지고 싶지만
그녀들의 잔등은 흰 여름꽃처럼 언제나 어둠에 꺼져 있다

겨울벌레

어느 나무 빈자리에 숨어 있었는가 겨울벌레
더부룩한 턱의 날카로운 입으로 우울을 깨물고

玉蟲의 굳은 날개로 내 얼굴을 두들기다

묵직하게 터벅터벅 뒤를 좇는 검은 나비
逆三角形의 날개에 붉은 배암무늬가 번득이고
귀울음이 나면서 꿈 속 깊숙이 들어온다

저녁에 내리는 눈의 기억에서 헤매고 있는 푸른 모기
귀족의 終章같은 섬세한 날개가
眉間을 스치며 옛적 음악을 울리고 있다
겨울 벌레는 눈 밑에 사는 계집의 영혼 모습인가
흠뻑 눈비에 젖은 벌레의 날개나 손발이
열을 내며 나의 목덜미에 엉겨붙는다

어느 裸木숲에 숨어 있었는가 겨울벌레
나의 마음은 겨울의 우울에 메말라 있다
산책하는 나의 주변을 환각의 날개가 날고 있다

기즈가와 아키오(木津川昭夫 1929~)

홋카이도 (北海道) 다키가와(瀧川)시에서 6남매 중 세 번째로 태어났다. 그는 태어나면서부터 허약 체질의 소유자여서 끝내 대학 진학도 포기한 듯하다.

내가 그를 대한 것은 지난 1998년 '地球賞' 심사의 공식석상에서 마주앉아 작품 심의를 했지만 아직 정식 인사를 나눈 바는 없다. 하지만 올해 그가 '일본시인클럽상'을 수상했다는 소식을 접하면서 그의 시세계에 관심을 갖기 시작, 이력과 작품을 뒤져보았다. 그는 나와 동년배인데다가 생년월일까지 엇비슷하다. 게다가 은행생활까지 같다.

그리고 主情을 배제하고 主知的으로 살아온 시인이라는 데 다소의 공통점마저 발견하여 공감대를 갖게 되었다. 한때 나는 주지적 서정을 지향한 바 있지만 그는 主知를 조탁하고 언어의 음영의 미를 탐구한 시인으로 알려져 있다.

그가 자라면서 몸소 겪은 것은 받아들이는 사랑과 베푸는 사랑과의 어중간한 지점에 끼어 있었다는 사실이다. 이 양자의 사랑의 차이는 성인이 되어 사회에 진출하여 대인관계에 꼭 지켜야 할 교훈을 갖다준 듯하다.

한편 시인으로서의 자기 주장에 있어서도 절규하는 것을 의식적으로 피해가는 방식을 암암리에 배우게 된 것이 아닌가 싶다.

세계 2차대전의 참상은 다감한 소년 기즈가와에게 전쟁에 대한 증오심을 불러일으키게 되는데 그 직접적인 동기는 전쟁터에서 앓다 죽은 형에서 비롯된다. 그 상처는 지금도 치유되고 있지 않은 듯하다.

유사이래 세계에서 가장 큰 운석이 떨어진 곳이 比로 吉林省 延吉이라는데, 여기서 죽은 형에의 만가 《운석》은 그로 하여금 "그 운석이야말로 우리들 시대의/우리들의 뜨겁고 거대한 슬픔"이라고 분노하고 있을 정도이다.

北海道라는 그의 고향의 광대한 들판은 이 젊은 시인으로 하여금 순수한 시의 싹을 가슴 속 깊이 심어주었고 무한한 詩魂을 길러주는 토양 구실을 한 듯하다. 이러한 사실은 그의 시의 출발당시부터 오늘에 이르기까지의 작품에 일관되게 흐르고 있는 일상의 구상화를 거절하는 자세에서도 엿볼 수 있다. 이것은 북방적 낭만을 바탕에 둔 심볼이즘이라 할 수 있는데 낭만과 심볼이즘의 일체야말로 그의 정신풍토를 풍부한 이미지로 채색하고 있다 할 것이다.

그러고 보면 그의 시를 한갓 상징주의의 범주에 쓸어 넣을 것이 아니라 강력한 환상적인 북방적 낭만의 소산이라 해야 옳을 것 같다. 그의 시의 원점이 바로 여기에 있는게 아닌가 싶다.

지금까지 그는 9권의 개인시집을 출간하고 있다. 첫 시집은 ≪幻想的 自畵像≫(1971)인데 그의 나이 42세 때의 일이다. 그는 일찍이 20년 전에 등사판 시집 ≪가짜 에튜드≫를 낸 바 있다. 후년 첫 시집과 제3시집 ≪아침가족≫에 수록된 주요 작품은 여기의 시들이 재수록되어 있다.

그는 시를 쓰기 시작했을 때 프랑스 심볼이즘의 영향을 받은 듯하다. 가령 "손가락을 펼치는 針葉樹의 야윈 청춘"이라든가 "강철의 이내 대리석 안개" "한여름의 굶주림을 불태우고 있었다"는 등 예민한 감각적인 표출에서 그것을 엿볼 수 있다. 이러한 그의 당돌한 메타포는 독자를 놀라게 만들기도 한다.

제2시집 ≪雪의 아픔≫(1975)과 ≪아침가족≫은 그의 청춘기의 숨결과 아픔의 표출이라 할 수 있는데 모더니즘의 영향과 청춘과의 만남에서 비롯된 듯하다. 시간을 초월한 냉철한 허무감과 언어의 치밀한 미적인 조탁이 보인다.

그로부터 4년 후에 낸 시집 ≪꿈의 구조≫에서 그는 "사고, 표현에 쉬르적인 방법의식을 사용해서 현대인의 불안을 핵으로 한 생명감에 다가가려는 의도"를 후기에서 실토하고 있다.

이러한 쉬르적인 방법의식으로부터의 전환이 제5시집 ≪새들의 축제≫(1980)로부터 이루어지는데 長詩에의 의욕이 자연 스토리 중심이 되니까 그럴 수밖에 없었으리라. 하지만 詩話의 이완은 별로 눈에 띄지 않는다. 이에 대해 야리타(鎗田淸太郞)는 "그것은 중세적 발라드가 아니라 흙과 콘크리트, 숯과 원자로, 인간이 걷는 발과 초음속 제트기가 공존하고 더욱이 인간의 죽음만이 영원토록 변하지 않는 단일한 죽음 그 자체일 수밖에 없다는 현대에의 默示錄적인 발라드"라고 평한 바 있다.

다음 시집 ≪氷見≫(1984)에서는 지금까지의 시어의 조탁에 뜻을 기울이던 자세에서 현실 속에 몸을 맡기는 시법으로 바뀌고 있는데 우리가 말하는 현실참여와는 상관이 없어 보인다. 한마디로 꽁트적인 맛이

랄까. 그런 요소가 있는 작품을 뜻하는 것 같다.

그후 그는 ≪연과 鳥語의 사나이≫(1989)에서 참다운 심볼이즘의 기법이 어떠한 것임을 나름대로 보여주고 있다. 즉 심볼이즘이 현실을 벗어나 언어의 향기를 어디에선가 지녀와서 현실을 다른 모양으로 재현시켜주는 것임을 생각할 때 그의 시의식의 결실이 이쯤에서 이루어지고 있음을 알 수 있다.

기즈가와의 시인으로서의 제대로의 평가라 할까, 浮上은 극히 최근의 일이다. 지난 1996년에 ≪迷路의 어둠≫으로 '小熊秀雄賞'을 수상하고 1998년에 낸 ≪竹의 異界≫로 '일본시인클럽상'을 안게 되어 심볼이즘과 낭만의 일체를 晩成한 셈이다.

그리고 보면 현대시인 가운데서도 특이한 위치를 차지하고 있는 그의 시는 어쩌면 현대 문명의 병폐를 넘어서려는 神이 없는 시대의 묵시록 같은 것이 아닌가도 싶다.

가타오카 후미오의 시와 시세계

綠 陰

다시 한번 태어난다면
몇 살부터입니까
그이는 흰 나무의자에서
불쑥 내쪽으로 돌아앉으며 물었다

갈수록 고통은 더해가지만
사람으로 두 번은 싫다
고는 말할 수 없었다

미소를 보낼 수밖에 없었다

하지만 사는 것도 이걸로 됐다고는
도저히 말할 수 없다
미련이 있는 것도 또한 속일 순 없다
절박한 죽음의 꿈에 가위눌리기도 한다

이슥한 나무 밑에서 지긋이 눈을 감고
아무 것도 아닌 이 한때를 좀더
라고 바랄 뿐

역시 입에 담지는 않았지만
자신이 토하는 실을 타고 멀리로 날아가는
저 구름이 되고 싶은
웬지 그런 생각이 머리를 스쳤다
지금 막 물어온 것에 그이는
더 관심이 없는 듯했다
바지를 고쳐 잡으며 달려가는
포충망을 든 소년한테 눈길이 쏠려 있었다

가 위

　　알아 맞추기 놀이 같지만 싸늘하고 하지만 늙은 종 같은 고독한 器物은 나의 경우 가위를 두고 달리 없다. 날마다 가장 많이 손을 대는 만년필이라면 글씨를 쓰는 것으로 멀리 가는 것도 가능하다는 마음의 부드러움과 더불어 봐 줄 수 있다. 어쩌다 산길을 가려고 작은 칼을 서랍에서 꺼낸다. 이것은 대체로 녹슬어 있다. 녹슨 대로 호주머니에 쓸어 넣고 휘파람을 부는 기분으로 지니고 간다. 이에 대해 가위는 책상에 아무렇게나 놓는 순간 예기치 못한 높은 철물소리를 내서 오후의 고요뿐만 아니라 쨍쨍 쬐는 햇살마저 상처나게 할 기세이다. 물질에 정념이 고일 까닭이 없다. 단지 그 몰인정한 소리가 순식간에 걷힌 후 억세게 조이며 깊어지는 無音은 찌르는 듯이 적막하다. 나는 지금 꽤 큰 가위를 쓰고 있다. 네 아이를 일본제로 기른 어머니한테서 받은 것인가. 아내한테서 물려받은 것인가. 아무튼 10년은 넘었으리라. 내가 가지고 있는 데 대해서는 하나의 부자연스러움이 해결수단이 되어 있는 듯 싶다. 즉 엄지손가락을 끼는 쪽의 날 1센티 정도가 떨어져 있다. 더욱 다짐하기 위해 말하자면 나는 본시 왼손잡이다. 뾰족한 데가 떨어져나간 편리한 기계 그 손잡이 구멍에 왼쪽 엄지손가락을 쓸어 넣어 더욱 나의 손끝의 하나가 마치 떨어지나 한 듯이 얼마간 딱딱한 開閉를 하면서 일을 보고 있다. 하지만 웬일인지 나는 이 빠져 떨어진 데 대해 이것을 내처버리지 않고 있는 것이다.

잔등의 어머니

대체
뭘 생각하고 있을까

어머니는 내 등에서
나를 업고 있는 것으로 여기는 듯
그렇게 서둘러 본들
어떻게 될 것도 아니다

돌아가신 아버지를 위해 언덕 위에
간신히 납골당을 만들었지만
마무리 상태를 보러갔다
좀더 이랬으면 좋았을 걸 하며
어머니는 자꾸 투덜댄다
여기에 모셔질 날도 그리 멀지 않을 텐데

荒野에 옮겨 산다는 말투
빈틈없는 常住를 결심하고 있다

어머니를 업고 나는 더 간다
이제 저승도 이승도 없다
바람은 어느 쪽에도 불어
나는 어디라 할 수 없는 곳을
아주 홀가분한 기분으로 걷고 있다
사람은 무엇을 업고
목숨을 보낸다는 걸까
사람은 무엇을 남기고
저편 세상에 당도하는가
무겁게 사람을 붙잡아 놓고
언제까지나 짓누를 수 있는 게 없다
그토록 창피를 당하고
입술을 깨물어 왔건만
한덩이 주먹밥처럼
목숨은 보인다

그만 내릴까
내가 너를 업고 갈까
나는 대꾸도 않고 걸어간다
존재하는 것이 이렇듯 분명한 허깨비라면
나를 낳은 어머니는
더욱 단호한 허깨비임에 틀림없어

가다오카 후미오(片岡文雄 1933~)

시고쿠(四國) 高知에서 태어났다. 그의 부친은 뇌막염을 앓고 있었으며 그도 뇌병에 시달렸다. 공업학교 건축과에 입학, 상급반에서 사와무라(澤村光博)와 시마오카(嶋岡 晨)가 있었다. 졸업 후 하수도과의 임시직으로 있다가 상경, 도쿄의 구획정리 사무소 임시직으로 있으면서 밤에는 메이지(明治) 대학 불문과에 다녔다.

그가 고향을 탈출하다시피 한 것은 선배인 시마오카의 권유 때문인 듯하다. 온갖 고생 끝에 졸업과 동시에 고향에 돌아와 교원 면허를 취득, 37년간 고등학교 교직에 몸 담았다가 정년퇴임했다. 퇴직 후 개복수술과 뇌종양으로 인한 절개수술을 받는 등 생사지간을 헤매다 간신히 목숨을 건졌다.

가다오카에 대한 나의 관심은 그가 시집 ≪떠도는 물가≫로 1988년도 '地球賞'을 수상한 데서 비롯되지만 별로 그의 작품을 대할 기회를 갖지 못했다.

진작 그는 ≪귀향수첩≫(1997)으로 '小熊秀雄賞'을 수상한 바 있으며 지난 해에 시집 ≪흐르는 집≫(1997)으로 '現代詩人賞'을 수상, 그런대로 상복 꽤나 있는 시인임을 알게 되었다.

새해 들어 뜻밖에도 가다오카한테서 정중한 私信과 함께 네 권의 시집 및 에세이집 한 권이 날아들었다. 즉 ≪그늘진 뜰≫ ≪떠도는 물가≫ ≪흐르는 집≫ ≪片岡文雄詩集≫(現代詩文庫 93)과 ≪片岡文雄의 世界≫가 그것.

이름만 알고 있었을 뿐 일면식도 없는 이방인한테서 이렇듯 푸짐한 선물(?)을 받고 보니 좀 어리둥절했다. 사연인즉 수와(諏訪)에서 발행되는 동인지 ≪ゆすりか≫가 사주해서 비롯된 일이었다. 두 번의 대수술을 받고 옹색한 처지에 있는 것을 잘 알고 있는 그녀이기에 책도 사줄 겸해서 내게 우송토록 한 모양이다.

그는 책의 속표지마다 또박또박 詩句같기도 하고 格言같기도 한 말을 적어 도장까지 찍어 놓았다. 예컨대 "살아있는 것은/어째서 이토록 슬픔을 나누는 일인가" "霜月(음력 11월)의 어느 날/한 마리 매미를 얻었다" "봄비에 젖는 뜰이 비친다/창틀을 적어도/한 마리 개미가 되어 건너가지 않으려나" "어떤 넓이, 좁아도 좋다/그 퍼진 길이에 줄을 드리우는 일" 등등.

나는 정중한 답신과 함께 일본에서 출간된 두 권의 역시집을 기증했다. 나도 책에다 한마디 곁들였다. "말뚝이 잘 뽑히지 않았다/ 반쯤 부러진 채"라고.

가다오카는 지금까지 14권의 개인시집을 엮고 있는데 그 중 네 권이 方言詩集이다. 소위 土佐사투리로 쓴 것들인데 그의 시 속에는 '강', '피', '혼', '령', '죽음' 등의 어휘가 등장한다. 강을 거슬러 올라가 넋의 행방을 추구한다는 작업이 사투리에서 그 실마리를 잡을 수 있게 된 듯하다. 그가 늘 마음속에 간직하고 있는 것은 이토(伊東靜雄)의 시집 ≪내 사람에게 주는 哀歌≫ 속에 나오는 시 〈귀향자〉의 한 구절 "자연은 한없이 아름답고 영원토록 주민은/가난하고 궁했다"라고 〈먼 흐름의 나날 속에서〉피력하고 있다.

앞서도 얼핏 언급한 바 있지만 가다오카는 젊은 시절 몹시 가난에 쪼들린 듯하다. 그의 표현의 핵에 존재하는 절실한 인간의 애처로움이나 부조리에 대한 분노는 이런 체험에서 길러졌을 것이다. 하지만 그는 이를 절규나 선동이 아니라 충분히 절제됨으로써 독자의 심금을 울리고 있다.

하숙비가 없어 밤에는 자재창고 귀퉁이에서 새우잠을 자며 자재 도난 감시 역할을 맡았으며, 세 끼를 썩어가는 싸구려 토마토를 사다가 그것만 먹다보니 영양실조에 걸려 걷지 못한 적도 있었단다. 그러나 이런 궁핍 속에서도 책상 대신 쓰는 귤상자 위에는 프랑스 서정시인들의 原書가 있었다니 먹는 것을 아껴 병들면서도 책을 산 모양이다.

낮에는 일, 밤에는 학교, 피로에 지쳐 돌아오기 일쑤였다. 그래도 휴

일이나 여가가 생기면 슈베르비엘, 르네 샤르, 폴 에퀴아르에 빠져들었다고. 하기사 놀러 다닐 재력도 기력도 없었을 테니 그럴 수밖에. 그는 이런 가난 속에서도 결코 유머를 잃지 않았다고 시마오카는 진술하고 있다. 남모르게 간직하고 있는 고통이나 슬픔은 유머나 익살, 아이러니로 풀 수밖에 없다는 것이 나의 지론이다.

그의 시에 동물이 자주 등장하는 것은 현대시의 테크닉으로서의 등장이 아니라 지옥에서 녹초가 된 시인의 애달픈 넋의 꿈에 불과하다는 것을 알 수 있다. 그가 고향에 돌아온 후 가족과 혈연 등을 통틀어 도망칠 수 없는 현실의 고삐 일체를 거머잡고 그립고도 고달픈 애증의 지옥을 감당해야만 했다.

그는 '현대시인상' 수상소감을 말한 글에서 "비현실성이나 가공성 혹은 심미성을 언어와 상상 공간에 전개해 가려는 지향은 내게는 없다. 그것은 다른 분들에게 맡기는 바이다. 나는 표상으로서의 시의 달성에는 표현기법의 精練이라는 것이 불가결하다고 생각하지만 지향하는 데는 실생활에서의 치욕, 굴욕 혹은 애절한 체험의 밑바닥에서 뭔가를 움켜잡는 일"이라고 했다.

과연 그는 언어에 의한 가상의 규범보다 실생활에서의 치욕이나 굴욕 혹은 애절한 체험 밑바닥에서 뭔가를 움켜잡으려는 태도가 앞에 인용한 시 〈녹음〉에도 역력히 드러나 있다.

그리고 보면 가다오카는 사적인 제재를 시로 다루고 있으면서도 단순한 사실이 아닌 프로에 들어선 문체의 긍지를 지니고 있다 할 것이다.

1998년도 '地球賞' 수상 작품
— 尾花仙朔, 柴田三吉의 시

　　일본 시단의 최대 동인체인 ≪지큐(地球)≫가 내후년이면 50주년을 맞는단다. 그러고 보니 이 땅에서 남북이 분단되어 동족상잔의 비극을 연출하고 있을 때 그들은 소시민적 연대와 실존에 의한 인간 본연의 모습을 추구하는 네오 로맨티시즘의 이념을 들고 결속했던 모양이다.
　　이 '지큐' 멤버가 주축이 되어 일본의 국제적인 시의 행사나 참가를 담당해 온 걸로 알고 있다. 이를테면 세계시인회의, 국제시인회의 그리고 한·일·대만이 중심이 된 아시아 시인회의 등이 바로 그것이다. 뿐만 아니라 그들은 자체적으로 해마다 '지큐시제'를 베풀고 있다. 1970년대에 들어서서 이 페스티벌을 동인뿐만 아니라 범시단적으로 확대하면서 동아시아 지역의 시인들까지 폭넓게 참가시키고 있다.
　　그리고 이 동인체의 또 하나의 특색은 범시단적인 시인상 '地球賞'을 제정하여 해마다 '지큐시제' 때 시상하고 있다는 사실이다. 올해 23회가 되니까 지난 1975년부터 시작된 걸로 알고 있다.
　　명칭이 지큐상이어서 그런지 최근엔 해외 시인에까지 시야를 넓혀 번역 시집에도 대상 범위를 확대, 그 첫 번째 수상(제21회)을 지난 1996년에 필자가 누린 바 있다.

　지난 11월 22일 이 상의 제23회 시상식이 도쿄 다이아몬드 호텔에서 있었다. 해마다 여기서 '지큐시제'가 베풀어지는데 다음날에는 문학산책에 나선다. 당일치기라서 무사시노(武藏野)나 가마쿠라(鎌倉) 쪽으로 가기 일쑤이다. 이번 심사위원은 7명. 아키야, 이시하라, 기즈가와, 싱카와, 츠지이, 미즈노와 필자 등이었다. 이 중 이시하라는 쿠바 여행에서 돌아와 고열로 입원 중이어서 참석치 못했다.

　외국인으로는 처음으로 이 상의 심사위원으로 위촉되어 지난 9월 20일에 수상자 선정 작업을 마치고 돌아왔지만 심사위원 위촉을 받은 것은 7월 초였다.

　기타가미(北上) 현대시가문학관에서 있은 제2회 '한·일·대 3국 시서전'을 마치고 돌아오기 전 도쿄 다이아몬드 호텔에서 베푼 '한국 나들이와 시를 말하는 모임'에서였다. 이들이 내가 일본의 쇼와 전후시에 대해 자기들보다 더 알고 있다고까지 칭찬(?)하는 바람에 심사위원 교섭을 받았는지도 모른다.

　국내에서는 몇 군데 심사를 해보았지만 일본에선 어떻게 하는지 호기심도 동해 선뜻 응했다. 심사위원 위촉 통지서에는 '폭넓은 문학적 시야에 선 상'이란 말이 적혀 있었는데 과연 이번 경우만 해도 전국의 시인, 평론가, 詩書 출판사 관계자 4백 명에게 후보 시집 추천의뢰를 하고 있다.

　그중 312명한테서 회답이 있었는데 고득점자 순으로 시집 14권, 번역시집 5권, 평론·에세이 4권이 후보로 선정되어 심사위원회에 회부되어 있었다. 이 가운데서 심사위원은 으레 사퇴하는 걸로 되어 있어 세 명이 빠지고 그밖에 천거된 두 후보가 사퇴 의사를 밝혀 와서 18명으로 좁혀졌다.

　사전에 읽고 온 후보 시집들도 있겠지만 나의 경우 국내에서 이들의 일부밖에 접하지 못했기 때문에 심사현장에서 살필 수밖에 없었다. 그래서인지 심사시간 네 시간 중 절반은 사무국에서 준비해 온 후보 시집들을 섭렵하는 시간으로 할애하고 있었다.

수상 대상자는 역시집이나 평론, 에세이보다 시집 쪽에 쏠렸다. 심사가 끝나면 으레 심사평을 6매씩 쓰게 되어 있어 나는 〈자웅을 가리기 어려웠다〉는 제목을 달아 다음과 같이 써 보냈다.

> 이웃나라 문학상 심사에 부름을 받는다는 것은 바랄 수 없는 일로서 영광스러웠다. 그러나 돌연 아내가 가버리는 바람에 망설였는데 장례가 끝나자 자식들의 성화에 못 이겨 참가하게 되었다. 녀석들은 나를 기분풀이 하라고 내몬 셈이었다. 우리나라에 있을 때 나에게 온 해당 시집은 ≪어머니의 귀≫(野田壽子) ≪침묵≫(大井康暢) ≪黃泉草子形見祭文≫(尾花仙朔) 등이었다. 그래서 심사 때 일차투표에서 다섯 권을 천거하라기에 이 세 권에다 현장에서 살펴 본 많은 시집 속에서 ≪나를 조율한다≫(柴田三吉)와 ≪풀같은 글씨≫(三井葉子)를 밀었다. 이 속에서 최후까지 남겨진 것이 시바다(柴田)씨와 오바나(尾花)씨의 시집이었다. 어느 쪽으로 할 것인가에 심각한 의견 교환이 있었으나 좀처럼 매듭을 지을 수가 없었다. 각자의 뛰어난 특징성에 자웅을 가릴 수 없었기 때문이다. 나는 통틀어 공동수상으로 하면 어떻겠냐고 제안했다.
> 오바나씨의 경우 구약성서에서 불교세계에 이르기까지의 종교적 이데올로기를 천착하고 있는 데는 크게 배울 바가 있었다. 그리고 깊이 인류의 위기를 파헤치고 있는 데 공감했다. 시집 제목이 되어 있는 ≪黃泉草子形見祭文≫은 무려 660행 남짓 되는 서사적 장시였다. 서두의
>
> 태양에 죽고/달을 묻고/그날 인류의 모두는/우주의 황천에 숨을 것이다/그것은 신과 허무와 왕과의/계약이다
>
> 라는 〈얌書〉의 인용구가 인상적이었다.
> 한편 시바다씨의 시는 권두의 ≪나를 조율한다≫부터 끌려들었다.

나는/사소한 습도에도 늘어났다, 줄어드는 한가닥 더리칼 당신에 닿아/아주 사소한 진동에도/금이 가서 터지는 樂器//목소리는 갑자기/음계를 벗어나 버리기 때문에/나는 자주 조율되지 않으면 안된다//퓸叉에 나를 겹쳐/나를 퓸叉에 겹쳐/조용한 〈때〉의 조율사에게/몸을 맡긴다

장르가 다른 음악과 조형이 매치되어 있는 것 같아 좋아졌지만 평소 나도 지향하고 있는 표현 뒤에 숨겨져 있는 배경을 크게 흔들어 놓는다는 생각에 들어맞는 것이 있어 밀었던 것이다.
앞서 든 시집 외에도 내가 관심을 기울인 것은 ≪달밤의 아틀리에≫(槇さわこ) ≪반란 혹은 범람≫(吉永素乃) ≪다게스탄≫(林堂一) 등이었다. ≪黑兎의 집≫은 쉬 다가갈 수 없는 인상적인 시집이었으며 ≪冷害≫는 농민시의 모범이라 할 만했다. 그리고 ≪中原中也論≫(大井康暢)은 근래의 거작으로 주목되었다. 시와 평론에 큰 몫을 한 동갑내기 이 시인에게 경의를 표하고 싶어졌다. 한국 시인의 역시집 네 권이 후보에 올라와 있어 믿음직스러웠고 고마웠다.

슬픔의 그물을 손에 끌고 외 1편

오바나 센사쿠(尾花仙朔)

黃泉에 갈까 돌아올까 이
세상 밖의 다리 위 어둠깊이
허공에 모습 숨기고 금빛 독침을
꼬리에 단 전갈 같은 달이 뜬다

그 하늘의 계단 '幽冥의 깊은 데'에
磔刑된 당신의 모양새가 선명히 드러나 보였다
손과 겨드랑이를 찌른 못과 창 자국에서

끈적끈적한 피가 검게 고여 있었다
―저 흔적은
세상 모든 사람에게 죄의 검은 사마귀가 되어 남을 것이다
당신은 당신의 모양새를 되돌아보고 그렇게 생각하며
필름색 바다 물가에 가볍게 몸을 흔들며 섰다
새벽녘 그물을 버리고 고기잡이들이 다가왔다
매달리는 듯한 눈초리로 당신을 바라보았지만
당신은 빵 대신 은유의 굶주림의 씨앗을 주었다
그로부터 이천 년 역사의 지붕에 망령처럼 서서
默示의 날은 너무도 멀고 억 년의 거리와도 같다
그 옛날 모세와 백성이 계약의 땅을 찾아 황야를 헤매 다녔으니
지금 소란한 나라 나라에서 백성은
神의 오두막이 아닌 캠프에서 굶주리면서
커다란 붉은 노을 속에 붙여진 당신의
모양새에서 흐르는 피를 빨 듯이 응시하고 있다
대륙에서 대륙으로 노예를 보낸 계약없는 이정표에서
당신의 사도들의 후예는 당신의 슬픔의 장막에서
인류의 어떤 영광을 보았다는 것일까
'굶주림'의 영상을 전하는 飽食의 나라에서 은근히 생각한다
문명이란 당신의 地와 知의 바다에 던져 펼친 슬픔의 그물이다
인류에게 민족이란 검은 사마귀가 있는 한
그 그물 속에서 사람들의 삶은 괴로워하고 몸부림치다 망한다
잡는 것도 잡히는 것도 떨어지는 곳은 모두
윤회라는 허깨비 덫에 불과하다
아아 문명에 저주의 꼬리표를 달고 이 나라 항구를 떠난다
푸른 바람과 사랑과 죽음이 장난치는 원초의 돛배가 탐난다
당신이 되살아나서 나타난 데베리아 해변에 다니는
아득한 영혼들이 사귀는 동양의 바다
동양의 장막을 투명하게 하여 나타나는 신기루
그 普陀落을 목표삼아 한 사람의

하늘에도 못 가고 황천에도 못 가는 쓸쓸한 修羅가 걷고 있다
그 하늘의 계단 '幽冥의 깊은 데'에서 당신의 모습은
이미 골고다(髑髏)가 되어 있다
신앙이라는 겉치레에 좀 먹혀서
더욱 세상을 범하고 있는 어둠
이 세상 밖을 쓸쓸한 修羅가 걷고 있다
슬픔의 그물을 손에 끌고 地와 知의 바다를 떠내려간다
修羅의 등에 금빛 독침의 꼬리를 단 전갈처럼
달이 힘차게 찔려 있다

腐刻畵

—유리이카 靈歌

햇빛 속에서 오다 말다하는 비가 내리고
있었다 검은 박쥐 우산에서 목을 살짝
기울이고 당신은 신쥬쿠의 군중 속에
사라져갔다

니진스키의 망토를 걸치고 당신은
하늘의 계단에서 왔다 손바닥에는
牧羊神의 피리를 갖고 있었다
언어는 은유의 거울, 하지만 그것은 엄했다
"그대의 얼굴은 먼지 얼굴이 아니다
곰팡이 얼굴이다"라고
"그렇다면 나는 흙으로 돌아갈 수 없는가
—그런 난폭한"
되물으려고 한 목소리의 어둠에 번갯불이 스쳐
피의 祭文을 등에 진 수컷 소새끼가
戒律의 보루를 도망쳐 가는 것이 보였다

"이 핏줄을 흐르고 있는 것은 풀색의 문명 풀색의 祭文
램프를 켜고 나는 동양의 白夜를 읽는다"
―목청이 사나워지기 시작한다 나의
얼굴에 난처함을 지닌 채 당신은 슬픈 듯이 고개를 저어
감시병들이 트럼프 놀이에 몰두해 있는 언덕 쪽을 향해 갔다
계단을 등에 뒤돌아서서
두 손바닥의 못 자국을 보일 정도로 펼쳤을 때
숨어 있던 어둠이 허둥지둥 나타나
가시나무처럼 들어차기 시작했다
訃告의 종이 구름처럼 울려퍼졌다

*

당신이 서 있던 자리에 양치기의 모습이 있었다
피리를 손바닥에 들고 그가 웃었다
그것이 신호였다
노을에 장치된 피의 덫
地平에 고정시킨 단두대에 몸을 기울이면서
나는 천천히 모가지를 늘어뜨렸다

*오바나 센사쿠(1927~) 도쿄 출생. 시집 ≪縮圖≫ ≪奧의 細道句景詩抄≫외. 현재 센다이시 거주.

나를 조율한다 외 1편

시바다 산키치(柴田三吉)

나는
사소한 습도에도 늘어났다 줄어드는 한 가닥 머리칼
당신에 닿아

아주 사소한 진동에도
금이 가서 터지는
樂器

목소리는 갑자기
音階를 벗어나 버리기 때문에
나는 자주 조율되지 않으면 안 된다

音叉에 나를 겹쳐
나를 音叉에 겹쳐
조용한 〈때〉의 조율사에게
몸을 맡긴다

물밑에서 母音을 뻗어나게 하는 나는
바람에 조율되어
이윽고 물을 조율한다
세계가 언젠가
어두운 질서에서 해방되기를
나는 꿈꾼다
사람의 鼓動에 맞춰
음악이 되는 시대를

피 리

저것은 사람의 뼈이다
적갈색 갸름한 뼈에 구멍을 뚫어
야윈 소년이 숨을 불어넣고 있다
죽은 사람에게 말을 건네듯이
삶의 숨을 불어넣고 있다

가냘픈 내음이 일고
풀을 가만가만 흔들고
여름의 멜로디를

넓적 다리 뼈에 입술을 대는 사나이
넓적 다리 근본 부분에 입술을 대고
사랑한 모습 그대로
계집을 자랑하는 사나이
빙하를 미끄러지는
바람처럼
그것은 사람의
언 마음을 녹여간다

새가 사람을 조상하는 마을
鳥葬의 언덕에서
단 하나의 뼈를 찾는 젊은이
저녁 하늘에 소리개 빛 바람이 흘렀다가
사라져간다
어둠이 내리기 전에
젊은이는 그것을 손에 넣었다

* 시바다 산키치(1952~) 도쿄 출생. 시집 ≪文字의 숲≫ ≪바람의 복도≫ 외.

일본 시인들이 다룬 이산의 아픔

1. 한국판 율리시즈에 대한 관심

 지난 20세기 후반에 이 땅에서 있었던 두 차례의 세계시인회의와 한·일, 대만 및 몽골에서 있었던 여러 차례의 아시아 시인회의는 시인 상호간의 친목과 작품 교류에 적지 아니 기여한 듯하다.
 또한 우리만이 겪고 있는 가혹한 역사적 현실, 즉 남북 분단으로 야기된 이산의 아픔을 고발하는 계기가 되기도 했다.
 그 증표가 슬슬 나타나기 시작, 근래 우리나라를 다녀간 시인들 가운데 몇몇 시인은 나의 이산의 아픔을 제임스 조이스의 ≪율리시즈≫에다 비유하여 詩化하기도. 이는 단순한 동정이 아닌 엄청난 인권문제로 다뤄져 있어 주목되었다.

太陽이 곁에 있다
— 세 兄들에게

시라이시 가즈코

(전략)
마지시의 태양이 쏜 어두운 시간을 보낼 때
북에서 남으로 온 사내는 어찌하고 있는지?
나의 서울의 오빠여
상냥하고 사려깊게 노여움도 드러내지 않고
마음속에 아픔의 지옥을 지니고 있는 사람
사람의 자식으로 태어나 옛 이야기처럼
그는 40여 년의 시간을 예순 살에서
빼주지 않으면 안된다
그는 살아가며 밤낮으로 영그는 거목이 되어
머리칼은 영광의 흰 구름마저 얹고 있는데
그의 눈에 어리는 어머니는 40여 년 전의 젊은 모습
아버지도 건장하여 굳센 등을 보이다가
뚝 필름은 끊겨
―묻지 말아 주세요. 어버이에 대해, 형제에 대해
그 날 이후 생사의 소식조차 모르고 살아있는 잔혹함
그의 신음 밑바닥에서는 덜컹 하고 큰 소리가 난다
―심오한 것만이 울려 메아리치지요
아픔의 깊숙한 곳에 작은 새의 울음소리가 떨어진다
사랑이 차례로 몸을 던진다
그는 말하지 않는 것으로 말하는 시인
그의 더할 나위 없는 상냥함이 너무도 가혹한
운명 괴로움에서 온다니
나는 부른다 흰 나라의 형제를

진달래 술이 맛있는 나라의 진달래보다 맛나는
金光林 그 마음의 술이여
(후략)

　자타가 공인하는 일본의 국제적인 여성시인 시라이시(白石) 가즈코 (1931~)의 〈태양이 곁에 있다〉이다. 여성시지 ≪現代詩 La Mer≫(1992, 여름호)에서 특집을 했던 〈사나이에게〉라는 작품에 '세 오빠들에게'라는 부제를 달아 발표한 작품이다.
　그가 말한 세 오빠란 남아프리카 시인 마지시 크네네와 나 그리고 유고슬라비아 작가 미오드라그 브라드윗치 등을 다룬 것인데 여기서는 나의 경우만을 픽업했다.

북에서 남으로 온 사나이

고향은 以北이라고 사나이는 말한다
열 여덟살 때 이남으로 왔더니 경계가 생겨
그로부터 45년
사나이는 부모와 매제 누구 하나의 생존조차 모른다
한 통의 편지 한 마디의 소식조차 끊기고
사나이는 남쪽에 와서 시인이 되었다
네 자식과 딸 손자들도 생겨
사이좋게 부부싸움도 하며 농도 하는데 어느덧
고향인 북쪽 하늘에 날아가는 한 마리 새조차
사나이 양친의 생사조차 일러주지 않는다
머리칼은 흰 구름이 되어 슬픔의 머리 위에 떠돌고
망향의 심정은
너무도 속 깊은 동굴 밑에 있어 아무에게도 안 보인다

"율리시즈까지도 고국에 돌아갔지요 하지만
시라이시씨 한국의 율리시즈는 아직
돌아가지 못해요" 사나이는 말한다
더 나이가 들면 나는 북의 고향의
산이나 하늘이 보이는 곳에 살래요
산이여 소리내어 뭔가 말하지 않으려나
하늘이여 푸르게 개인 눈에 눈물이 어리는 것 안다면
뭔가 소식의 꽃잎 같은 것
무궁화꽃에 가까이 오게 해서 하늘하늘 이쪽에 보내주지 않으려나

시라이시는 시 〈태양이 곁에 있다〉를 발표하고 나서 이번엔 아사히(朝日) 신문에 〈1998년의 神話〉를 연작으로 매주 썼는데 아홉 번째로 이 〈북에서 남으로 온 사나이〉를 발표, 그 날이 바로 3월 1일이었다. 당시 나는 대학을 정년퇴임하고 일본의 붕쿄(文敎) 대학에 연구원으로 가 있을 때였다.

북에서 남으로 온 시인은 나뿐만이 아닌데 이 작품이 발표되자 일본 시인들한테서 전화가 걸려왔다. 하긴 발행 부수가 7백만 부나 된다는 대신문이니 적지 아니 눈에 뜨인 모양이다.

내겐 사전에 아무런 귀띔도 안 해준 그가 지난 해 이 땅에서 열린 3국 시서전에는 이 작품을 큼직한 용지에 붓글씨로 쓰고 나서 나에게 바친다는 말까지 곁들이고 있었다.

그때 시라이시는 나에게 이런 당부까지 해왔다. 이 작품은 절대로 팔아서도 안 되며 남에게 주지도 말고 내가 꼭 간직해 두라는 것이었다. 이쯤 되면 그가 나를 '시의 오빠'라 부르는 심정을 이해할 만도 하다. 그러고 보니 나도 1998년의 신화 속의 한 인물이 된 셈이었다. '한국판 율리시즈'로서.

최근 그는 일본의 시가잡지인 ≪星座≫(2001. No. 6)에 〈세계에서 만

난 시인들〉을 연재하면서 여섯번째로 '한국의 율리시즈 김광림'을 들먹이고 있었다. 이에 앞서 시지 ≪るしおる≫에 연재한 〈詩의 風景, 詩人의 肯像〉에서 열 한 번째로 나의 인생 체험을 곁들여 시 16편을 인용 논술하고 있다.

훗날 그에게 확인한 바에 의하면 모두 12명을 다뤘는데 그와 친근하게 사귀고 있거나 좋아하는 시인들이라 했다. 이를테면 미국의 케네스 렉크로스, 알랜 킨즈버그, 브로디간, 이스라엘의 타골이라 불리는 예프다 아미하이, 에스토니아의 얀 카프린스키, 남아프리카의 마지시 크네네, 일본의 西脇順三郞, 北園克衛, 田村隆一, 富岡多惠子, 吉岡實 등과 나였다.

〈詩의 風景·詩人의 肯像〉에 실린 나에 관한 논술만 해도 너무 길어 이를 축소한 듯한 〈한국의 율리시즈〉를 전문 인용하련다.

    아아 한국 하면 김광림, 나에게 한국의 입구를 보여주고 그 아름다운 마음씨, 뜻, 전통, 갖가지를 가르쳐 준 사람, 틀림없는 오빠이다.
    한국의 중요한 현대시인의 한 사람, 김광림씨를 처음 만난 것은 1980년, 아키야 유타카가 리더인 〈地球〉 주최 세계시인제가 도쿄에서 열렸을 때이다. 그 때 나의 무지개빛 옷을 보고 김광림씨는 "한국에서는 무당 옷이에요. 시골에 가면 지금도 볼 수 있어요."라고 말했다. 그때까지 일곱 빛깔의 무지개빛 옷은 일본에서 악취미, 색정광으로 취급당하고 있었는데 이게 웬 차이. 이 한 마디로 나는 이 멋진 나라에 꼭 가야겠다고 마음먹고 있던 참에 1986년 서울에서의 아시아 시인회의에 초대되었다. 비로소 백의의 나라 한국에 닿은 감격은 어느덧 나의 세계관을 바꿀 정도의 것이었다. 맑게 개인 하늘, 사원 등의 밝은 블루도, 빨강도, 노랑도, 녹색도 모두 투명한, 탁한 데가 없는 빛깔로 내가 아주 좋아하는 상쾌한 색채이다. 조상의 넋에 3대 거슬러 올라가서 저승에로 성묘하는 그 습관, 품위 있는 長老를 섬기는 기풍, 아아 본체가 한국, 분가가 일본이라고 나는 생각했다.

김광림씨는 북조선, 원산에서 1929년 태어났다. 그는 18세 때 선배인 시인 구상씨와 더불어 북에서 남으로 왔는데 오자마자 국경은 완전히 봉쇄되고 북쪽과는 72세가 된 오늘까지 통신 불통. 설마 그날부터 머리가 흰 구름처럼 될 때까지 50여 년이나 고향의 부모와 만날 수 없게 되리라고는 틴에이저였던 그는 상상도 못했을 것이다.

어느 날 10센티도 채 안 되는 잉꼬 새가 없어지자 나는 울상 지으며 그 소식을 모르는 고통을 무심코 그에게 호소하자 "시라이시씨 그 얘기만은 그만두세요. 가슴이 아픕니다."라고 말하므로 멈칫했다. 18세 때 고향을 떠난 이래 72세의 오늘까지 양친의 생사에 대한 소식조차 모르고 사는 고통에 뜨거운 인두를 댄 격이었다.

千斤의 憂愁

아무도/이 무게를 들어올릴 수는 없다
하지만/내 얼굴은/능히/이를 감내한다
아무렇게나/움켜잡아/내꼰지는
크레인일 수는 없지만
나일강의 흙탕물을/들이키고도
말없는/스핑크스처럼

김광림의 시는 아픔, 노여움, 슬픔, 망향을 시니컬한 해학, 유머, 아이러니로 바꾼다. 아무렇지도 않게 읽어버리게 되는 다음의 시

광대에게

이승에서 으깨진 사람은/모두 하늘로 간다지만/너는 허공에 머물러/지상보다 더 편하게/신바람 나는구나

막상 줄을 타면/잡념 하나 얼씬 않는다/공중에 매달린 빨래의/티없이 바래이는 마음을/너는 아는 듯

중천에 걸상을 내놓고/가장 확실한 자세로/그 어느 누구보다도/더 깨어 있는 분명한 존재로/너는 앉아 있구나

한국에서는 이미지스트 시인으로 불리고 있는 그는 생생한 비극을 비극으로 쓰는 게 아니라 그것을 아픈 웃음거리, 스스로의 어둠이 깊음으로 해서 마치 희극같이 유머로 바꿔칠 때 일맥 하이`카이(俳諧)와도 통하는 세계를 생각하게 된다.

석 쇠

도마 위에서/번득이는 비늘을 털고/몇 토막의 단죄가 있은 다음/숯불에 누워/香을 사르는 물고기
고기는 젓가락 끝에선/맛 나는 分身이지만/지도 위에선/자욱한 초연 속 총칼에 접히는 영토가 된다.

半島의 동강난 무참한 현실의 아픔을 응시, 잠시도 거기서 도망치지 않고 멍청히 농담을 하며 웃는 얼굴을 없애지 않고 에로스를 즐기는 김광림씨. 그와 만나면 따스한 웃는 얼굴로 지구를 전 인류를 있는 그대로 감싸는 듯한 대범함에 얼마나 마음이 놓여 행복해지는지.

女 體

震源이다 잠들지 못하는 대륙은

늘어났다 포개졌다
포개졌다 늘어났다
(牛島는 颱風圈內)
자벌레가 한 마리 접근해 오고 있다

    재작년 가마쿠라 춘추사의 꽃구경에 김광림씨를 동반하여 바다가 보이는 하야마 언덕 위의 꽃구경 연회에도 얼굴 기웃거리게 했다. 하지만 언제나 말하길 좋아하는 그가 아무에게도 입을 열지 않고 일어나 바다를 바라보고 있었다. 고향 바다를 닮았다고 하면서 거의 울상이 된 무언이었다.
    "나이가 들면 적어도 고향 하늘이 보이는 북의 산쪽에 살고 싶어"하더니 지금 차남인 건축가가 지은 집에 살며 사랑하는 아내도 먼저 가버리고 혼자 거기에 있다. 날아가고픈 심정이지만 전화놀이 하고 북의 오빠와 남쪽 섬의 누이는 이따금 기운 차리게 하면서 언제 만나지? 등 대화를 하고 있는 거다.

2. 고통을 얼버무리기 위한 농담

A

亂反射考(나들이에서)

                      마루치 마모루

존재의 상실감만큼 헛된 것은 없다
나는 나를 돌이키기 위해 이국 나들이에 나선다
이국의 어느 마을에서도 목이 메일 정도로
소금 냄새가 남아 있기 때문이다

나는 이국땅을 밟자마자
소금의 흙을 소금의 물을 소금의 입술을 입에 머금는다
마음의 상처에 바른다
얼떨떨하지만 따뜻한 소금의 감정이 물들어서
씻긴다
소금에는 神에의 통로가 숨겨져 있는지도 모른다

늦가을의
공상의 굽이 길에 멈춰 서 있으면
테러마냥 낙엽이 우수수 떨어진다
이국 사람들의 말은 알아들을 수 없지만
마음은 벌거숭이로 보듬듯이 잘 알 수 있다

새 떼가 의외로 행방을 바꿔서
저 편으로 날아가는 것도
어떤 결의에 의해서이다
미련 없음이 가슴을 상쾌하게 해 준다

쳄발로*가
잔등의 체온이 닿는 듯한 곳에서 울리기 시작한다
뒤돌아보니
그럴싸한 악기를 가진 사람은 아무 데도 없지만
혼자 벤치에 외톨이로 생각에 잠겨
코가 붉어진 백발의 사내가
파이프 연기를 내고 있다
바하의 가식없는 멜로디가 불쑥 그의 뇌리에서 솟았는가
그런 牛王 모습의 사내의
곁에 앉아서 새의 행방을 좇고 있는 더러운 생물은
동반한 개일 것이다

그는 때때로 아이러니컬한 말을 내갈기고는 상쾌해지지만
모종의 체념을 등지고 있다
등지지 않으면 안 되는 등지는 방법으로 등지고 있다
드디어 개가 바람이 되어 어딘가에 달려가 버렸지만
그는 소금 눈물이 글썽한 눈길을
산 저쪽에 방치한 채로다

분단의 산 저쪽에는
일어나는 불길 덩어리를 싸주기로 약속한
과일의 가슴의 파도가 지금도 기다리고 있을까
아니면 어스름한 묘비가 되어
멍청히 머물러 서 있는 것일까
그가 가버린 후의
짭짤한 인내의 그림자가
조각난 바람에
절실한 생각을 말하고 있다

*피아노의 전신인 건반악기 이름. 하프시코드의 이탈리아 명칭.

마루치 마모루(丸地 守 1931~)의 이〈亂反射考〉는 나들이 길에서 보고 듣고 느낀 것을 서술하다가 끝내는 고향 상실자의 처지까지 표출하기에 이른 듯하다. 사전에 의하면 '亂反射考'는 "표면이 매끄럽지 않은 물체에 광선이 부딪쳐서 사방팔방으로 반사하는 것"으로 되어 있다. 그래서인지 나의 이산의 아픔은 4연에 가서야 그것도 등 뒤에서 쳄발로가 울리기에 뒤돌아본 데서 비롯되고 있다. 그는 시지 ≪同時代≫(1999.6)의 〈고찰 한국의 현대시〉에서 이런 말을 하고 있다.

일본에 많은 벗을 가진 김광림은 앞서도 말한대로 북에서 남으로 온 시인이다. 그는 나에게 말한 적이 있다. "개성(고려의 수도) 근처에 송악

산이 보이는 곳(국경 가까이)에 자식이 땅을 사 주었다. 장차 거기에 집을 짓고 부모 자매를 생각하며 지내고 싶다"고.

그는 지금 현재도 산 하나 넘으면 북쪽과의 휴전선이라는 산기슭에 살고 있다. 부모나 매제들이 살아 있는지 죽어버렸는지 전혀 소식을 모른 채 보내는 나날. 찢어지는 듯한 그의 참다운 심정을 누가 그 깊이까지 헤아릴 수 있으랴. 그 내면의 아픔에 견디면서 境界에 대한 심정을 그는 시로 다음과 같이 쓰고 있다.

말 뚝

말뚝이 잘 뽑히지 않았다
반쯤 부러진 채
끊긴 가시줄에 엉기어 있었다
출품되지 않은 조각처럼
뒷발을 든 강아지가
오줌을 갈기고 달아나자
에펠탑을 보고 화를 버럭 내었던
말라르메의 기침 소리가 들렸다
　(중략)
이웃간의 지경처럼 망측한 것은
또 없었다

김광림은 歐美 그리고 일본시에 특별한 관심을 갖고 있다. 그 통찰력도 깊다. 시집 외에 시론집 ≪존재에의 향수≫ ≪오늘의 시학≫ ≪아이러니의 시학≫을 갖고 있으며 역시집도 ≪시라이시 가즈코 시집≫ 등이 있으며 또한 일본 시인을 문예지에다 시리즈로 특집하여 소개하고 있다. 그밖에 遠藤周作, 大江健三郎 등의 소설집 번역이 있다.

그는 대화 중에 농담을 기관총처럼 지껄여댄다. "그의 농담의 원천은 대체 뭣일까"하고 생각한 적이 있다. 평일의 신쥬쿠(新宿) 정원에서 단 둘만의 산책을 즐기고 있을 때였다. 나는 감히 그것에 대해 그에게 물었다. 그는 잠시 아래를 쳐다보고 있다가 고개를 들어 "하긴 나의 고통을 얼버무리기 위해 농담을 하고 있는 거예요."라고 이야기해 주었다. 그의 조크와 유머 뒤에 인간의 진실이 큰 소리로 울고 있었던 것이다.

새

새를 겨누어
호흡을 멈추었다
멈춘 호흡 사이로
한 마리
사나운 짐승이
눈을 부라렸다
야만의 창끝처럼 번득였다.
켕긴 나뭇가지
始源의 나뭇가지를 두고
마지막 잎새가 떠나갔다
휑하니 공간이 뚫렸다
죽음이 소용돌이를 빠져 나오는
一瞬에도
총끝에서 노래하는
天然의 새가 있다

살의의 탄도가 소용돌이치는 속에서 태연하게 노래하고 있는 새의 마음가짐을 자신의 정신성과 연관지은 멋진 시이다. 이 자연의 새와 총과의 대비는 실로 시사적이다. 김광림은 어디서 이 모티브를 색출

했을까? 그는 남쪽에 와서 문학을 공부하다가 동란 때문에 징집되어 종군하지 않을 수 없었다. 때로는 남북이 얽힌 쌓이고 쌓인 주검을 넘어 때로는 자기 고향을 향해 날아가는 포탄 바로 밑에 있기도 했다.

또한 북쪽을 폭격하는 경금속의 커다란 새의 그림자가 몸을 도려냈다. 그런 속에서 그가 일순 본 것은 자연의 가냘픈 한 마리 새가 아니었던가? 지옥이라 할 수밖에 없는 상황 속에서 그는 신의 화신으로서의 새를 본 것이 아니었던가.

B

서울의 아침

아쇼 나노코

여름 뜰에 무궁화꽃을 떨어뜨리고
아침의 서울은
엷은 안개 속에서 모습을 드러냈다

어제도 그제도 들려온
弦 소리가
오늘은 비둘기 꼬리 언저리를 붙들고 놓지 않는다

새처럼 나들이 나무에 멈춰서
남쪽으로의 탈주에서 40년 동안 아버지나 어머니의 소식을 모르고 있다는
김씨의 머리칼의 흰 것을 보고 있다

지상을 갈라놓는 철의 말뚝이랑 강철을 칼날은 새도 가까이 못 오

게 하고
　높게 낮게 울리는 絃 소리는
　한반도의 슬픈 가락이었다
　때는 나날이 새롭게
　새는 이방의 나뭇가지에서 떨어진다
　만나고 싶은 사람을 만날 수 있는 자유를 갖고 있는 것은 멋지다

　만나는 자유를 잃어버린 김씨의
　한강을 보는 눈에 석양이 비치고 있다
　나에게도 만나고 싶은 사람이 있지만

　아쇼 나오코(麻生直子, 1941~)의 이 〈서울의 아침〉은 일본의 앙가쥬망 詩誌라 할 수 있는 ≪潮流詩派≫(1991, 144호)에 발표, 후일 앤솔러지 ≪전후 50년 시선≫속에 수록된 것이다. 지난 1990년 서울에서 개최된 세계시인회의에 참가한 일본 시인의 작품 7편과 다른 나라 시인 5명의 것을 이 시지에서 〈서울 詩篇〉으로 특집하고 있다.
　같은 해 나오코는 ≪라·멜≫ 가을호에다 〈반도, 그리고 각각의 갈라진 이야기〉를 쓰고 있다. 서두에 서울에 왔을 때 듣고 본 나의 이산의 처지를 그해 여름 나와 동갑나이인 친오빠를 잃는 슬픔과 결부시켜 그야말로 갈라진 이야기를 구구절절 실토하고 있다.

　　작년 여름, 한국에 갔다. 거기서 만난 사람들이라든가 38도선의 풍경이라든가 에사시(江差)의 노동가와 비슷한 연주곡이 지금도 마음속 깊이 있다. 지난호 ≪라·멜≫의 이 코너에서 대선배인 石川逸子씨가 〈'히로시마 나가사키를 생각한다'를 중심으로〉에서 원폭을 만난 전쟁 희생자에 대해 언급, 일본에 있는 동안 히로시마에서 피폭된 한국 사람을 찾아 올 3월에 서울 교외의 농촌에 갔었다고 한다.
　　내가 서울에서 만난 김광림씨는 조선 전쟁의 종결과 더불어 가족이산

이 된 1929년 태생의 시인이다. 1948년에 김씨는 38도선 이북에 있는 집에서 홀로 월남했기 때문에 휴전선이 그어진 그날부터 40년 남짓 양친을 만날 수도 소식조차 들을 수도 없게 되었다는 것이다. 그 때문에 철조망으로 가로막힌 경계선 근처인 월롱면 위전리에 살면서 그 시골 마을의 집에서 버스로 편도 두 시간 이상 걸리는 서울 시내의 일터까지 다니고 있다. 자유로이 만날 수 있는 그날이 오면 맨 먼저 양친을 찾으러 달려갈 작정이다.

(시 〈석쇠〉 생략)

白兎半島로 불리는 조선반도의 지형은 뛰는 토끼모양으로 보이지만 반대 방향으로는 동해(일본해로 적혀 있음—역자)에 머리를 향한 고기모양과도 닮았다. <석쇠>는 그 반도의 역사 그 자체인 것이다.

나의 오빠는 김광림씨와 같은 해 출생으로 종전시 8월에는 15일간 입학했을 뿐인 오오즈(大津)의 비행학교에서 북해도 집에 돌아왔다. 위태롭게 특공대원이 되는 것을 면했다는 이야기를 오빠 입에서 들은 것은 어느덧 45년 전의 일로 그때 나는 12세 연상으로 아버지 대신이었던 오빠의 성장 과정은 거의 모른 채 자란 사실을 알았다. 그 오빠가 반년 남짓 투병 생활 끝에 지난 여름 깨끗이 떠나가 버렸다.

관에 매달려 놓지 않겠다고 통곡하던 늙은 어머니의 모습은 오빠의 죽음보다도 견디기 어려울 만큼 가슴이 더 벅찼다.

3. 10년이면 강산도 변한다는데

A

境界線
— 詩人 金光林씨에게

혼다 히사시

그 사람의 가슴속에
보이지 않는 한 가닥 줄이 있고
그 한 가닥 줄에 분단된 나라가 있다
한 가닥 줄에 가담한 나라가 있다

하지만 참말로 분단된 것은
부자·형제 자매·벗·아는 이
사실은 그것들이 아니다
분단된 것은 낱낱의 넋이다

서로 불러대고 있는데
마침내 찢긴 채
앞으로 오랫동안 하나가 될 수 없는 넋이다
통곡을 해도 틀어막을 수 없는 상처이다

세월의 쌓임이 그대로 고뇌로
고뇌가 그대로 눈물로 바뀌어 마침내
눈물이 쓴 유머로 되고
아이러니가 되어 솟구친다

그리고 그 사람의 입가에
지금 수줍은 웃음이 새어 나온다
쓸쓸함이 새어 나온다
그 사람은 그것을 가지고 깨끗해진다

스스로의 슬픔을 사랑으로 바꿔쳐서
외려 스스로를 깨끗하게 한다
한가닥 줄에 가담한 나라의 나를
외려 포옹한다

   * 두 개의 상반된 것 사이에 아날로지가 발견되어 상반된 것이 조화를
   이루면 메타포가 되지만 대립하는 것 사이에 아날로지가 발견되지 않
   고 조화되지 않으면, 즉 부조화의 상태라면 아이러니가 발생하는 것이
   다

보이지 않는 줄로 분단된 북과 남
보이지 않는 줄로 대립하는 나라와 나라
그 사람의 슬픈 소원이 그대로
그 사람의 시론이나 아날로지의 발견을 꿈꾸고 있다

상반되는 것 사이에 시로서 무지개를 걸려는 사람
그 사람은 스스로의 가슴속에
위태롭게 흔들리는 보이지 않는 한 가닥 줄 위에
대립하는 것의 연결을 꿈꾸며 서 있다

   * 한국의 시인 김광림씨의 시론 〈뛰어난 상상력, 아이러니—21세기 시
   문학의 한 방향〉(《韓國詩三人集》土曜美術社出版販賣刊)에서 인용함.

 이 땅의 젊은 시인들이 이산가족의 아픔을 이렇다 할 작품으로 다룬
것을 아직 접하지 못한 탓인지 이웃나라 시인의 것은 얼른 눈에 띈다.

그 중의 하나가 최근에 발표된 50대의 시인 혼다 히사시(本多 壽, 1947~)의 작품인데 나에게 보내는 걸로 〈境界線〉을 쓰고 있다. 그는 21세기에 접어들면서 시지 ≪노기(禾)≫를 반년간으로 발행하기 시작, 이번 4집에다 이 이산의 아픔을 다루고 있다.

나의 수중에는 작금의 3집과 4집밖에 없는데 3집에서는 서두의 초대석에다 졸작 〈반도의 아픔〉을 다루고 있었는데 우리말을 아는 편집자(혼다)가 나의 양해를 구해 게재하고 있었다. 그런데 이번 4집에서는 3집에 수록된 작품들에 대해 일일이 촌평을 가하고 있어 주목되었다.

"초대석의 김광림씨의 작품 〈반도의 아픔〉. 어느 날 보듬고 있었던 사랑하는 손자에게 남성의 어느 부분, 반도를 물렸다는 작품이다. 얼핏 보아 유머러스하고 웃음을 자아내는 작품이지만 좀처럼 보통 수단으로는 납득이 잘 안 된다. 비평이 역사적 무게를 거느리고 독자를 묵직하게 덮쳐 누른다. '귀여움에 겨우면 물릴 수도 있다'는 말이 절실하다. 시의 직감적으로 느끼는 데를 꼭 짚은 관록이 충분한 작품이다."라고 〈왜 시가 아니면 안되는가〉에서 피력하고 있다.

이 땅에서는 거의 들어보지 못한 '이산의 아픔' 즉 좀더 확대하면 '반도의 아픔'에 대한 이야기가 나온 김에 그들의 견해를 더 들어본다.

이마고마 타이세이(今駒泰成, 1926~)는 시지 ≪詩와 創造 16호≫에다 쓴 나의 시집평에서 "……북에 남겨두고 온 양친의 소식은 알길 없이 지금도 망향의 정에 사로잡혀 있는 65세의 시인. 게다가 이처럼 쓰디쓴 경지에 있으면서도 그 사람됨이나 작품은 실로 따뜻하고 해학과 웃음, 유머와 풍자의 시편인 것이다. …… 〈반도의 아픔〉은 이빨이 돋아나기 시작한 손자로부터 돌연 급소를 물려 '귀여움에 겨우면/물릴 수도 있다'는 어느 시인의 말을 상기한다고 했지만 동시에 솟구치는 시구는 '어수룩 멍청하다간/떼일 수도 있다는/이 어처구니없는 수난을/지금 반도가 치러야 하다니'로 전개된다. 이처럼 민족이라든가 국가에 생각이 미치는 것은 전후의 일본의 현대시에서는 드문 일이 돼버렸으니 지금도 여전히 남북 분단이라는 현실을 관념적으로가 아닌 무거운 짐으로 여기는 한국 시인의 정황과 심정이 섬칫하다. 하지만 여기에서 보는 부드러움과 강직 엄격의 多聲樂이 억세게 독자의 가슴을 친다.……"고 말하고 있다.

여기에서 "귀여움에 겨우면/물릴 수도 있다"는 발상은 어느 시인의 것이 아니라 필자의 넋두리이고 이에 앞서 어린것을 두고 '강아지 같은 것'이라 한 대목이 어느 시인 즉 박목월 시인의 것임을 밝혀둔다.

한편 이께 스이치(池 崇一, 1927~)는 ≪黑の會通信 no. 17≫에서 서평 〈아픔이 있는 유머〉를 쓰고 있다.

    ……저 녹는 듯한 미소와 유머로 그득찬 말투는 변함이 없다. 하지만 시라이시 가즈코씨가 엮은 김씨의 시집을 읽으면 그 따뜻한 미소와 유머 속에 깊은 아픔이나 슬픔이 있는 것을 잘 알 수 있다. 직각적으로 판단한 외침으로 표현하지 않는 만큼 아픔은 증폭되어 깊이 전해온다. 가령 〈반도의 아픔〉이라는 시.

    칭얼대는 손자를 아랑곳없이
    조간 사회면에 눈길이 쏠렸다가
    돌연 반도에 통증이 일었다
    이중섭의 게발이 접은 듯

으로 시작되는데 생긴 일이 이가 돋아나기 시작하는 손자에게 급소를 물렸다는 것이다. 듣고 보면 과연 저것은 반도임은 틀림없지만 불쑥 참지 못하고 웃음을 터뜨리는 당돌한 비유이다.

    어수룩 멍청하다간
    떼일 수도 있다는

　　　　이 어처구니없는 수난을
　　　　지금 반도가 치러야 하다니

　　까지 오면 급소의 비유는 한반도의 가혹한 과거의 비유로 돌아갈 즈음 느닷없이 옆구리를 보이지 않는 비수로 찔리는 듯한 두려움을 느낀다.
　　……

　〈반도의 아픔〉을 두고 분단과 이산의 아픔을 언급한 시인은 더 있지만 이쯤에서 〈境界線〉에 눈길을 돌리기로 한다.
　그는 참말로 우리의 분단을 가족과 이웃이 아니라 낱낱의 넋으로 보고 있다. 통곡을 해도 틀어막을 수 없는 상처란다. 그리하여 그는 시를 쓰는 나로 하여금 "세월의 쌓임이 그대로 고뇌로/고뇌가 그대로 눈물로 바뀌어 마침내/눈물이 쓴 유머가 되고/아이러니가 되어 솟구친다"고 했다. 그리고 나의 입가에 수줍은 웃음과 쓸쓸함이 새어나와 이것으로 나는 깨끗해진다니. 또한 자신의 슬픔을 사랑으로 바꿔쳐서 스스로를 깨끗하게 하고 나의 슬픈 소원이 그대로 나의 시론이나 아날로지의 발견을 꿈꾸며 상반되는 것 사이에 시로써 무지개를 걸려고 대립하는 것의 연결을 꿈꾸며 서 있다고 했다.
　이런 사실을 미처 내가 자각하기도 전에 그가 그토록 구구절절 일러주는 바람에 "옳지 그래!"하고 비로소 고개를 끄덕이기에 이르렀음을 고백한다.

B

秋 夕
이 기 동

음력 8월 15일은
일본에서는 중추 명월이다
하지만 한국에서는 명월이 틀림없지만
그보다는 일대 명절의 제삿날이다
그리고 그 날의 2, 3일 전후엔
민족의 대이동이라 할까
2천 5백만 명이나 되는 시민이 제각기 시골에
돌아가기 때문에
기차표는 일주일 전에 동이 나고
고속도로는 지체에 지체가 계속돼
라디오 TV는 그 보도에 여념이 없다

하지만 돌아갈 데가 있어 돌아가는 사람들은
한껏 복되다고 아니 할 수 없다
일단 고속도로를 탄 사람들은
설령 하룻밤이 걸려 아침이 되더라도
목적지에 닿아
몹시 기다리는 친족이나
그리운 사람들과 만날 수 있기 때문이다

그러나 돌아갈래야 돌아갈 수 없는 사람이
얼마나 있을까
하물며 남북의 이산가족들에게는
돌아갈 데가 있어도 돌아갈 수 없다

38도선이 얼마나 밉겠는가

나의 벗 시인 김광림은 갈 데가 없다
북의 고향 원산을 떠나
월경해 와서 45년
고향길은 북으로 북으로 어디까지나 이어지지만
단지 희미하게 하얗게 있을 뿐이란다
돌아가는 길은 있어도
그것은 집 앞에서 한 발도 내디딜 수 없는
슬프고도 너무나 가혹한 길이란다

설령 성묘는 못하더라도
적어도 부모형제 소식의 안부라도 안다면
다소 기분은 가라앉을 테지만……
그 때문에 북쪽 하늘을 우러르면
하늘은 한없이 넓고
오직 푸르를 뿐이고
북쪽을 향해 떠나는 구름을 멍청히 바라보고 있으면
어느덧 눈물이 어리고
맑고 밝은 하늘이 얼룩져 버린다
장남인데도
조상의 제사 지내는 일 없이
자신에게는 오랜만에 끌어안고 울
가족이나 친척이 없기 때문이라고

올해도 또 가을이 되어 추석이 오면
사람은 그날이 하루하루 다가옴에 따라
사람들의 마음은 어쩐지 안절부절 못하게 된다
공양품들의 준비에 쫓기면서
웬지 조바심하게 되기 때문이다

얼마나 그날이 기다려질까
부모형제나 많이 모이는 친척을 만나고 싶어서
오랜만에 친구들과 만나고 싶어서

하지만 시인 김광림에게는
그런 것 일체 없다 무엇 하나
10년이 지나면 강산도 변한다는데
전란으로 폐허가 된 고향의 주소가
45년이 지난 지금도 그대로 있을 리가 없다
시민이 나가버린 서울의 거리에서
아니 자네도 자기 집에서 어떤 하루를
탄식하며 있는가
얼마나 긴 하루가 되는가
올해도 저 푸른 하늘을 바라보고 있겠지
점점 더해가는 생각을

— 詩集 ≪나의 聖地≫(1997)에서

　내가 일본의 교포 시인 이기동(1921~)을 만난 것은 60년대 중반쯤의 일로 기억된다. KBS 방송국 문예계장을 하고 있을 때 불쑥 찾아든 그였다. 그는 제3시집 ≪물가의 윤리≫(1988) 후기에서 이런 말을 하고 있다. "…마지막으로 이 시집을 간행함에 있어 내가 20여년 전 처음으로 서울을 방문했을 때 KBS 방송국을 찾아가 벗이 되고 어떤 때는 스승이 되어 은근히 내가 죽을 때까지의 벗으로 생각하고 있는 김광림 교수……" 운운한 대목이 있는데 그는 5세 때 떠난 고향(昌寧)에도 가볼 겸 내한한 듯하다.
　어떻게 나를 알고 찾아왔느냐 했더니 동아일보 문화부에 가서 시인을 소개해 달라 했더니 어느 여기자가 나를 지목하더라나. 그와의 인연은 이렇게 시작되었다. 세계시인대회와 아시아 시인회의 때는 거의 만날 기회를 가졌고 자주 그는 고국을 찾아들었다. 그와 함께 그의 고향에 가 본 기억도 있다.

그와 사귄 지 얼마 안되어 한국에서 최초로 만난 외국 시인 기타카와(北川冬彦)가 주재하는 동인지 ≪時間≫(1971. 5)에서 나의 시 특집을 할 때 그의 도움을 받게 되었다. 시 7편과 나에 대한 소개문이 그것인데 그는 여기에서 이런 말을 하고 있다.

김광림은 1929년 북한의 원산시 교외의 산마을에서 태어났다. 부친은 애당초 그를 의사로 만들려 했던 것 같다. 그는 어릴 적부터 그림을 그리기 좋아하고 배움에 불타 있었다.

이 무렵은 일본의 황국신민화 정책에 의해 한국 사람들은 글과 말을 빼앗기고 있었다. 그리고 당사자인 일본도 패전에의 코스로 그것이 자신의 종점인지 모르고 내쳐 달리고 있었다.

북한의 원산은 만주나 블라디보스톡의 유민지와도 가까워 정보는 흘러 이곳 사람들도 다가오는 일본의 패전을 피부로 느끼고 있었다. 마침내 전쟁이 끝났다. 김광림은 16, 7세 때이며 그는 이 무렵 중학을 마치고 평양의 대학으로 진학했다. 곧 공산당 정권이 들어서고 세상은 확 바뀌어 버렸다.

이때 원산에서 발행된 ≪凝香≫이라는 사화집이 당국의 탄압을 받아 몰수되었다. 이 쇼크로 그는 학교를 그만 두고 고향에 내려와 천재화가로 불리고 있는 이중섭과 가까이 하게 된다. 이중섭의 그림을 통해 예술을 접한 그는 이를 계기로 시를 쓰기 시작한다.

그는 진작 보들레르의 ≪惡의 꽃≫ 萩原朔太郎의 ≪달에 짖는다≫그리고 한국의 서정시인 서정주의 ≪花蛇集≫ 등을 읽고 있었다.

마침내 그는 월남을 결심, 영하 25도에 가까운 한탄강을 넘어 38선 남쪽의 서울에 당도했다. 그의 나이 18세 때이다. 서울에 와서 우선 ≪연합신문≫에 〈門風紙〉라는 시를 발표한다. 이것은 그가 처음 발표한 작품이다. 그는 갖가지 일에 종사하면서 꾸준히 시를 썼다. 이때가 그의 기초를 이룬 시기라 할 수 있다.

21세 때 동족상잔의 한국동란이 발발했다. 그는 징집되어 육군보병학교에 입학, 임관과 동시에 전선에 투입되었다. 나는 그에게서 이러한 사정을 들은 바 없지만 얼마나 비통한 심정이었을지 짐작할 수 있다.

전쟁이 끝나 제대하여 KBS 방송국에 들어가 문예계장이 된다. 이 무렵 그는 무척 분주해 보였다. 일을 하는 한편 시를 쓰고 시인, 작가, 여러 문화인, 배우 등과 사귀면서 점차 시인으로서의 위치를 굳히고 있었다. 하지만 상사와의 불화로 공보부를 떠나 은행에 입사, 10여 년 근무하다 그만둬 버린다. 근무는 그의 성격에 맞지 않는 듯 싶었다. 그는 본래 자유인이었다.

은행을 그만 두고 나서 문예강좌 강사도 하고 일본의 소설을 번역도 하며 여러 가지 집필로 생계를 이어 나가고 있었다. 나는 이번에 그와 협력하여 그의 시 30편을 번역했다. 그 자신이 번역한 것을 밑천 삼아 했는데 질문 깨나 했다. 그는 일본어는 능숙하지만 일본에서의 생활 경험이 없고 나는 오랫동안 일본에서 생활했지만 한국에 대해 모르는 것이 많았다.

한 자도 소홀할 수가 없었다. 조금이라도 의미가 틀려지면 큰일나기 때문이다. 간신히 마무리되어 한숨 쉬었지만 여기에는 ≪時間≫ 30편 중 7편만 골라 기고했다. 이중 현재를 중심으로 〈어제와 오늘〉, 〈새〉는 초기 작품이며 나머지는 중기 후기에 속한다.

나는 언젠가 훨씬 전에
―자네 시에는 의미가 없군. 순수일변도로군.
하고 말한 적이 있었지만 그때 그는 이렇게 대꾸했다.
―그렇지 않아. 근래의 시에는 뚜렷한 의미가 있지.
이 대화에서 이미지스트, 쉬르 레알리스트가 일종의 변모를 한 사실이 읽혀지는 게 아닌가?

사실 그는 주지적 서정시를 지향한 이미지스트였다. 그것이 지금은 저항성과 사회성을 띤 아이러니컬한 면모를 보이면서 니힐한 사상도 표출하고 있는 것이다.(이하 생략)

세기 말에 접어들면서 그의 발길이 뚝 끊겼다. 고향산천이 많이 달라지고 아는 이가 거의 없는 데서 오는 어쩔 수 없는 현상같다. 그러고 보니 나와의 교접도 뜸해졌다.

지난 1997년에 네 번째 시집 ≪나의 聖地≫를 내고 나서 그만 침묵해 버린 듯하다. 그의 발길과 시작이 동시에 멈춰버리자 나도 그에 대한 애착이 소홀해지기 시작했다. 시작이 안 보이는 데도 기인하지만 그보다 그가 일본 사람으로 귀화해 버린 데 있다. 즉 이와모도 도시오(岩本俊雄)가 본명이 되고 李沂東이 펜 네임으로 전락해버린 사실을 아는 순간, 정 붙일 데가 막막해졌다.

그러나 아무튼 그의 〈추석〉은 우리 겨레의 슬픔과 이산의 아픔을 구구절절 표출해냈다는 데 경탄과 고마움을 금할 길 없는 것이다.

찾아보기

ㄱ
가네코(金子光晴)의 추억 31
가다오카(片岡文雄) 273, 282
가와무라(河邨文一郎) 236
가위 280
감바야시(上林猷夫) 14
거부하는 새 93
겨울 휴가 126
겨울벌레 275
境界線 310
고개 266
고카이(小海永二) 265
광대에게 300
君子蘭 232
鬼號 129
균형 76
기시마(木島 始) 211
기즈가와(木津川昭夫) 273, 276
기쿠다(菊田 守) 85, 87
기쿠하루(高橋喜久晴) 245
기타카와(北川冬彦) 20, 99

길 위 93
김소운 24

ㄴ
나귀 243
나를 조율한다 292
나이토(內藤保幸) 27
亂反射考(나들이에서) 302
男根 184
남북의 여인들 23
노다(野田壽子) 208
綠陰 279
니시(西 一知) 89, 91

ㄷ
다끼구치(瀧口雅子) 44
다니카와(谷川俊太郎) 16, 142
다무라(田村隆一) 11, 114, 124, 139
다카하시(高橋喜久晴) 245
다케무라(竹村照代) 85

도바시(土橋治重) 13, 88, 236
徒然草 22, 23
독서 17
동양의 시심 24
두레박 248

ⓜ
마루야마(丸山 薫) 51
마루치(丸地 守) 93, 94, 302, 304
말뚝 305
매미소리 231
먼 깃발 90
메아리 80
모기의 생애 85
모던 타임스 175
모리자키(森崎和江) 38, 43
無花果 꽃 204, 207
문 앞에서 76
물건 126, 134
미야자와(宮澤 肇) 79

ⓑ
바다 40
바람 60
바람의 마중 232
반도의 아픔 312
방랑 242
白石 가즈코 180
변명 269

별이 될 때까지 225
병든 뜰 50
보들레르 20
복숭아꽃 13
腐刻畵 291
북에서 남으로 온 사나이 297
北川冬彦 99
비 260
빵굽는 인부 259

ⓢ
사가와(佐川亞紀) 39, 204
사마귀 67
사이토(齋藤 忠) 33, 34, 36
死者들의 숲 255
山中與幽人對酌 121
새 250, 306
序詩 72
서울의 아침 307
서정주 20
석쇠 301
蟬 242
禪의 전설 24
星座 57
소박한 바보 56
술 도깨비가 가다니 137
스즈키(鈴木 勝) 50, 56
스즈키(鈴木 俊) 76, 77
슬픔 16

슬픔의 그물을 손에 끌고 289
시라이시 (白石 가즈코) 296
시마자키(島崎藤村) 80, 239
시바다(柴田三吉) 286, 292
신도오(新藤凉子) 236
신뢰 253
싱카와(新川和江) 38

ⓞ

아쇼(麻生直子) 39, 308
아유카와(鮎川信夫) 12
아이자와(相澤史郎) 60, 62
아키야(秋谷 豊) 17, 20, 26, 236
악어 86
악의 꽃 20
야리타(鎗田淸太郎) 72, 74
야마모토(山本耕一路) 50, 57
若菜集 239
에모리(江森國友) 236
여름버섯 172
女體 301
列島 9, 12
오구마(小熊秀雄) 190, 192
오바나(尾花仙朔) 289
오오이(大井康暢) 67, 69
오타키(大瀧淸雄) 84
올해 55
요시다(吉田兼好) 23
위안부 208

이기동 315
이발소에서 173
이시카와(石川逸子) 187
이시하라(石原 武) 64, 65
이와세(岩瀬正雄) 53, 217
이츠코(石川逸子) 211
이케다(池田克己) 12
이토(伊藤桂一) 229
仁寺洞에서 85
1999 133
日本未來派 9, 12
日常 247
林語堂의 파이프 106
立棺 129
入棺 141
入山寄城中故人 122
잉어요리 233

ⓩ

잔등 생각 274
잔등의 어머니 281
長芋戰爭 206
長長秋夜 192, 193
轉生의 새 222
電柱에 대하여 89
堤防 64
제임스 카카프(James Kirkup) 24
조그만 혹성 185
조선 50

朝鮮海峽　43
죄수　68
주먹　273
죽은 사내　12
즐거운 번갯불　187
地球　20
지넹(知念榮喜)　236
地圖　38
지바(千葉 미쓰코)　206
질마재 神話　119
질투　176

(ㅊ)
天劇　227
千斤의 憂愁　300
체격 좋고 가난한 자　209
寸志　32
秋夕　315, 320
춤병　174
츠브라이(粒來哲藏)　236

(ㅋ)
칼날이 한 장　57
코끼리와 개똥벌레　73

(ㅌ)
濁流　14
彈자국　79
台灣의 北京 오리　61
太陽이 곁에 있다　296

(ㅍ)
푸른 말　46
풀잎　19
피리　293

(ㅎ)
하기하라(萩原朔太郎)　240
하늘　223
하세가와(長谷川龍生)　29, 167
夏時刻　27
한강　35
韓國所見　107
한국의 율리시즈　299
해바라기 씨　53
現代詩 50人　34
협박당한 채 석 달　247
彗星의 밤　234
혼다(本多 壽)　312
花蛇集　20
화석　224
황제　11
荒地　9
후지모토(藤本直規)　252
휘트맨　19
黑人兵　64
흔들리는 무궁화　187
히말라야의 여우　27

韓·日 現代詩 交流의 私的 斷面

交流 年譜

1964. 6.　일본 月刊詩誌 ≪詩學≫ 6月号에 교포시인 李沂東에 의해〈韓國 現代詩〉9篇 特輯.
　　　　拙詩는〈어제와 오늘〉이 日譯 소개됨.
1970.　　서울의 국제펜대회 때 草野心平의 시〈北漢山〉을 東亞日報에 譯載한 것이 因緣이 되어 그를 만나러 갔다가 北川冬彦와 첫 相逢.
1971.　　同人誌 ≪時間≫ 5月号에 李沂東譯으로 詩7篇 特輯.
1972.　　北川冬彦編『現代詩のアンソロジー1972年下』에 拙詩〈沙漠〉이 收錄.
1974.　　≪時間≫4月号에 北川冬彦의〈金光林紹介〉揭載.
1976. 11.　金素雲 日譯版 ≪現代韓國文學選集⑤詩集≫(冬樹社)에 拙詩 5篇 收錄.
1979. 10.　第4回 世界詩人會議 서울大會 開催.
1980. 10.　日譯詩集 ≪千斤の憂愁≫(文藝苑) 발행.
　　　　詩誌 ≪風≫에 李沂東譯〈어제와 오늘〉등 7편과 그의〈金光林

紹介〉特輯.
1980. 11.   國際詩人會議(東京) 參加.
            ≪아시아 現代詩集≫ 한국측 편집위원
1982. 1.   臺灣에서 개최된 韓・中・日 現代詩人會議에 韓國代表團長으로 참가.
1983. 9.   遠藤周作의 ≪예수의 生涯≫(弘盛社) 韓譯版및 唐十郎의 ≪무도회의 수첩≫(文學世界社) 上梓.
1984. 7.   遠藤周作의 ≪그리스도의 탄생≫(弘盛社) 韓譯版 上梓.
1984. 11   第1回 아시아詩人會議 東京大會 參加.
1985. 4.   열음世界詩人選④ 田村隆一 詩集 ≪四千의 날과 밤≫(열음사) 韓譯版 上梓.
1986. 3.   아시아詩人會議 서울大會 執行部 副委員長.
1987. 3.   姜晶中 日譯版 世界現代詩文庫⑪ ≪韓國現代詩集≫(土曜美術社)에 拙詩 3篇 收錄.
1988. 1.   아시아詩人會議 臺灣 臺中會議 參加.
            〈아시아現代詩의 發展樣相〉 발표. 第1回 아시아詩人功勞牌 受賞. 選詩集 ≪멍청한 사내≫上梓.
1988. 11. 陳千武(臺灣), 高橋喜久晴(日本) 등과 3人詩集 ≪東方의 하늘에 무지개를≫(志成文化社) 발행.
            地球詩祭(일본 개최)에 초청되어 〈韓國詩의 現在〉 講演.
            日本現代詩人會 理事會 주최 晚餐會에 招待됨.
            白石가즈코 詩選 ≪사랑의 낙인≫(志成文化社) 한역판 출간.
1989. 5.   上本正夫編 ≪日本詩集≫(癸詩書財團刊)에 〈죽음이후〉 收錄.
1989. 9.   3人詩集 ≪東アジアの空に虹を≫(日文版)을 日本에서 발행.
1990. 1.   上本正夫編 ≪日本詩集≫(癸時書財團刊)에 〈담배〉 收錄.
            사이토 마모루의 譯詩集 ≪청진의 아이들도 벌써 늙었겠지요≫ 문학아카데미) 上梓.

1990. 8.　世界詩人會議 서울大會 分科 모임에서 〈詩에서의 동·서양적인 것과 그 만남〉 발표.
1992 4　韓國詩人協會 세미나에 日本 小海永二, 臺灣 陳千武를 특별연사로 초청.
1992. 5.　姜尙求譯 ≪韓國の現代文學⑥ 詩集≫(柏書房)에 日譯詩 5篇 收錄
1992. 11　日本 民主1世代 代表詩人 谷川俊太郞와 對酌歡談.
　　　　　'92地球詩祭에서 〈詩에 나타난 韓民族의 아픔과 平和의 의식〉을 주제로 강연. 강연 요지를 ≪統一日報≫에서 轉載.
1993. 3.　現代世界詩人選③ 白石가즈코 詩集 ≪등줄기가 아름다운 남자≫ (고려원) 韓譯版 上梓.
1993. 6.　日本現代詩歌文學館에서 개최한 世界詩人시리즈 첫 번째로 〈한국 시인은 말한다〉에서 具常과 더불어 小海永二 司會로 좌담.
1993. 8.　아시아詩人會議 서울大會(300명 참가) 執行委員長.
　　　　　≪아시아현대시집≫6집 및 ≪아시아시인들≫2집 上梓.
　　　　　村田正夫編 ≪現代植物詩集≫(潮流出版社)에 〈꽃씨〉 收錄.
1993. 11.　白石가즈코의 안내로 鎌倉의 田村隆一을 訪問, 對酌歡談.
1994 4.　日本現代詩研究者 國際네트워크編 ≪昭和詩人論≫에 〈村野四郞論〉 집필.
1994. 9.　日本의 月刊詩誌 ≪現代詩手帖≫에서 인터뷰 〈具常+金光林 韓國現代詩의 歷史와 現在〉, 拙詩 〈당당한 恥部〉 揭載.
1994. 11.　'94地球詩祭에서 〈日本現代詩에 대한 私的 感想〉 발표.
1995. 8.　世界詩人叢書⑤ 白石가즈코編 ≪キムクヮンリム(金光林)詩集≫ (靑樹社) 上梓. 大江健三郎의 ≪상처를 딛고 사랑을 되찾은 나의 가족≫(고려원) 번역 上梓. 臺灣 日月潭大會에서 〈뛰어난 상상력 아이러니〉를 강연.
　　　　　村田正夫編 ≪戰後50年詩選≫(潮流出版社)에 〈觀光臺詞〉 收錄.
1995. 11.　日譯詩集 出版記念會가 東京 新宿 소재 〈모노리스〉에서 개최되

어 일본시인 80여명과 교포시인 10여 명이 참석, 盛況을 이룸.

1996. 1. 아시아현대시인선 秋谷 豊의 ≪램프를 든 여인≫(서문당) 한역판 上梓. 일본 靜岡쿠울회관에서 〈한국의 문학사정〉을 강연.

1996. 5. '동아시아 文化交流의 모임'(일본)에서 〈한국 현대시〉에 대해 강연.

1996. 8. 日本에서 개최된 第16回 世界詩人會議에 초청되어 〈한국전통시가에 대하여〉를 강연.

1996. 11. '96地球詩祭에서 외국인으로서는 최초로 '地球賞' 수상.

1997. 1. 澁澤龍彦의 ≪쾌락주의 철학≫(동화출판사) 번역 상재.

1997. 3. 제1회 韓·臺·日 詩書展을 '藝術의 殿堂' 美術館에서 開催.

1997. 4. 일본에서 발행되는 ≪韓國文化≫ 4月号에 秋谷 豊의 〈韓國文化人 프로필16 金光林〉 발표.

1997. 6. 日本 文敎大學의 石原 武 교수와의 韓·日 現代詩 共同硏究次 同大學 言語文化硏究所 客員硏究員으로 渡日.
알렌 킨즈버그 追悼會에 초청받아 追悼辭 낭독.

1997. 8. 日本의 月刊詩誌 ≪詩와 思想 詩人集 1997≫에 拙詩 〈무더울 때는〉,〈합승〉 收錄.

1997. 9. 第1回 韓·日 詩歌 세미나를 漢陽大 圖書館에서 개최.

1997. 11. 地球詩祭에 초청되어 戰後詩 52年을 回顧하는 심포지움에 參席. 丸地 守의 案內로 伊豆半島 下田 旅行. 陳千武, 高橋喜久晴과 會同, 連詩 작성.

1998. 1. 日本의 月刊詩誌 ≪詩와 思想≫1·2合倂號 '97베스트콜렉션 100에 拙詩 〈幻想痛〉 수록.

1998. 2. 世界現代詩文庫 25 (日本 土曜美術社 出版販賣)로 ≪韓國三人詩集 具常／金南祚／金光林≫이 發刊됨.

1998. 3. 東京新聞의 요청으로 〈韓國의 詩·日本의 詩〉를 5回에 걸쳐 連載.

1998. 4. 우리나라 古代史蹟을 探訪하는 日本詩人들과의 祝祭를 위해 歸國.
1998. 5. 出版文化會館에서 '東亞細亞 詩의 祝祭' 開催.
1998. 7. 第2回 韓·臺·日 詩書展(日本現代詩歌文學館 開催)에 參加.
1988. 9. 第23回 '地球賞' 審査委員으로 委囑되다. 尾花仙朔와 柴田三吉를 선정. ≪詩와 思想 詩人集 1998≫에 拙詩 〈0〉 收錄.
1999. 1. 日本의 月刊詩誌 ≪詩와 思想≫1·2合倂號 98베스트콜렉션 100에 拙詩 〈0〉 收錄.
1999. 8. 22~23일 蒙古 울란바토르에서 열린 아시아詩人會議 參加 講演.
1999. 9. 日本의 月刊詩誌 ≪詩와 思想 詩人集 1999≫에 拙詩 〈昆蟲記〉 收錄.
1999. 11. Volume 49 No. 2 PEN International에 拙詩 〈0〉 收錄.
1999. 12. 〈현대시의 이해와 작법〉 (을파소) 上梓.
2000. 1. 石川逸子 시집 〈흔들리는 무궁화〉(을파소) 번역 發刊.
   日本의 月刊詩誌 ≪詩와 思想≫1·2合倂號에 '99베스트콜렉션 100에 拙詩 〈行方〉 收錄.
   第3回 韓·臺·日 詩書展 臺灣 臺中文化中心에서 開催.
2000. 8. 東京新聞 서울支局長 청탁으로 이산 가족 상봉에 관한 〈기다림에 지친 가족 아직 山만큼이나〉를 발표.
2000. 9. 詩誌 ≪るしおる≫에 白石가즈코의 연재물 〈詩의 風景·詩人의 肖像 金光林〉 발표.
2000. 10. 日本의 ≪詩와 思想 詩人集 2000≫에 拙詩 〈10秒間〉 收錄.
   日本의 月刊詩誌 ≪詩와 思想≫ 10월호에 拙詩 〈0〉이 바잉갈포엠으로 日·英 譯詩가 수록됨.
2000. 11. 世界詩人祭 2000 東京(地球 開催)에 참가하여 공동 테마인 〈20世紀 속의 나〉를 발표.
   동아시아호 연시 ≪뗏목을 타고≫(한·중·일어판) 陳千武/高橋

           喜久晴 /金光林/丸地守 共著(書肆 靑樹社) 發刊.
2001. 5.   제4회 韓·臺·日 詩書展 大學路 電鐵驛 展示場에서 開催.
2001. 6.   歌誌 ≪星座≫에 〈세계에서 만난 詩人들 韓國의 율리시즈 金光林〉
           白石가즈코 발표.
2001. 12. 評論集 ≪日本現代詩人論≫(국학자료원).
           日本의 月刊詩誌 ≪詩와 思想 詩人集 2001≫에 拙詩 〈握手〉 收
           錄.
2002. 6.   第5回 아시아 詩書展 北海道文學館 特別展示室에서 개최. 〈韓國
           詩의 現狀〉 강연.
2002. 8.   世界詩人叢書⑩ ≪續·キムクヮンリム(金光林) 詩集≫(靑樹社) 上
           梓.
2002. 10. ≪續·キムクヮンリム(金光林) 詩集≫도쿄에서 출판 기념회.

   이밖에 일본의 同人詩誌 ≪岩礁≫ ≪ゆすりか≫에는 特別同人으로 매호 작품 발표. 詩誌 타이틀을 지어준 ≪吠≫에는 記念号에만 寄稿. 그 밖에 ≪地球≫ ≪舟≫ ≪潮流詩派≫ ≪幻≫ ≪禾≫ ≪極光≫ ≪西毛文學≫ ≪こだま≫ 등에도 청탁에 의해 寄稿하고 있음.

● 일본현대시산책

초판인쇄　2003년　4월　25일
초판발행　2003년　5월　1일

지 은 이　김　광　림
펴 낸 이　한　봉　숙
펴 낸 곳　푸른사상사

출판등록　제2-2876호
주　　소　100-193 서울시 중구 을지로3가 296-10 장양빌딩 202호
전　　화　02) 2268-8706－8707
팩시밀리　02) 2268-8708
이 메 일　prun21c@yahoo.co.kr / prun21c@hanmail.net
홈페이지　prun21c.com
편집●박영원／김윤경／홍선화
기획/영업●김두천／김태훈／곽세라

ⓒ 2003, 김광림
ISBN 89-5640-112-8-03830

정가 17,000원

*저자와의 협의에 의해 인지 생략함